营销新道

——社群营销的发展与实践

王卫东　著

中国商业出版社

图书在版编目(CIP)数据

营销新道 ：社群营销的发展与实践 / 王卫东著. -- 北京 ：中国商业出版社，2018.7

ISBN 978-7-5208-0462-2

Ⅰ. ①营… Ⅱ. ①王… Ⅲ. ①网络营销 Ⅳ. ①F713.365.2

中国版本图书馆 CIP 数据核字(2018)第 146616 号

责任编辑：武维胜

中国商业出版社出版发行

010－63180647 www.c_cbook.com

（100053 北京广安门内报国寺 1 号）

新华书店经销

北京亚吉飞数码科技有限公司

* * * * *

787 毫米×1092 毫米 16 开 18.25 印张 237 千字

2019 年 3 月第 1 版 2024 年 9 月第 2 次印刷

定价：73.00 元

* * * *

（如有印装质量问题可更换）

前　言

互联网技术的快速发展，使得社群媒体对于现代经济的运作模式产生了颠覆性的影响。社群营销，是基于圈子、人脉、六度空间概念而产生的营销模式。它通过将有共同兴趣爱好的人聚集在一起，将一个兴趣圈打造成为消费家园。2017 年社群营销发展迅速，互联网重归部落化。罗辑思维、吴晓波频道、年糕妈妈、咪蒙、餐饮老板内参、一条、铁血论坛、宝宝树等众多自媒体或社群商业主体快速发展。随着社群互联网生态圈的形成，传统意义上的营销和广告方式的有效性被大大削弱。移动互联网、社交网络改变了游戏规则，以前习惯从家人或朋友处了解产品口碑并获得建议的消费者，开始查看在线评论，通过手机等移动设备对产品性能和价格进行比较，并通过社交网络平台对各种选择进行讨论。随着用户对社交网络平台日益依赖，社群营销逐渐成为企业品牌推广的重要方式，而且在未来很长一段时期内，都将是企业的重要营销方式。

本书详细研究了在移动互联网时代下，企业应当如何利用新方式、新平台来取得理想的营销效果。本书共八章。第一章为社群与社群营销，对社群的基本内涵、特征、质量评估、社群营销的优点等进行分析。第二章至第三章对社群的构建与运营、社群营销的注意事项、步骤和方法进行分析。第四章至第七章分别从微信、微博、网络论坛、QQ 社群等方面对社群营销进行研究。第八章为社群营销的案例分析。

本书在写过作程中参考了众多学者的著作，在此表示衷心的感谢。随着社会和科学技术的发展，营销的方法和手段也会不断进行创新,书中一些观点可能会随着时间的变化而不再具有新意。此外,由于水平和时间所限,书中观点难免有所不足,恳请广大读者批评指正。

王卫东

2018 年 3 月

目 录

第一章 社群与社群营销 …… 1

第一节 社群的基本内涵 …… 1

第二节 社群的质量评估 …… 9

第三节 消费变迁带来营销变革 …… 19

第四节 社群营销的特点和优势 …… 30

第二章 社群营销的基础——社群的构建与运营 …… 35

第一节 社群构建的基本要素 …… 35

第二节 社群活跃度的维持方法 …… 46

第三节 社群运营团队建设 …… 57

第三章 社群营销的注意事项、步骤和方法 …… 68

第一节 社群营销的注意事项 …… 68

第二节 社群营销的步骤 …… 81

第三节 社群营销的主要方法 …… 88

第四章 社群营销之微信 …… 105

第一节 微信的营销价值 …… 105

第二节 微信驱动 CRM 升级 SCRM …… 114

第三节 微信公众号营销 …… 124

第四节 微信朋友圈营销 …… 133

第五章　社群营销之微博 …………………………………………… 143

第一节　微博的营销价值 ………………………………………… 143
第二节　微博营销的模式 ………………………………………… 151
第三节　微博营销的策略 ………………………………………… 157

第六章　社群营销之网络论坛 …………………………………… 178

第一节　网络论坛营销的步骤和策略 …………………………… 178
第二节　网络论坛营销的实例 …………………………………… 195

第七章　社群营销之 QQ 社群 …………………………………… 211

第一节　QQ 社群的构建………………………………………… 211
第二节　QQ 社群的营销方法…………………………………… 216
第三节　兴趣部落营销 …………………………………………… 235

第八章　社群营销的案例分析 …………………………………… 248

第一节　旅游行业社群营销案例分析 …………………………… 248
第二节　快消行业社群营销案例分析 …………………………… 256
第三节　游戏行业社群营销案例分析 …………………………… 263
第四节　影视行业社群营销案例分析 …………………………… 268
第五节　教育行业社群营销案例分析 …………………………… 274

参考文献 ……………………………………………………………… 279

第一章　社群与社群营销

随着社会的发展和建设，市场竞争的不断加剧，企业若想扩大市场份额，取得营销的竞争优势，就必须要打破常规，而社群以及在其基础上产生的社群营销正是打破常规的具体体现。本章从社群的基本内涵、社群的质量评估、消费变迁带来的营销变革、社群营销的特点和优势几个方面对社群以及社群营销来进行进一步的研究。

第一节　社群的基本内涵

一、社群相关概念梳理

（一）社交

人是社会的产物，因此人具有社会属性，需要与他人进行信息交流或情感互动，从而维持肉体与精神的需求。社交就在这种情况下应运而生。社交（Social Contact）指社会上人与人之间的交际往来，是人们运用一定的方式（工具）进行交流，从而达到某种目的的社会活动，例如一次商业洽谈。

社交很难避免，除了传统的面对面交流和书信交流之外，以手机、平板电脑、笔记本电脑等便携工具为载体开展社交的现象越来越普遍。如今，网络成为主流社交方式之一。现在并不乏可以一天不说话,但不能一天不上网的"御宅族"。从积极的一面来看,这些载体以文字、语音片、视频等丰富的社交手段强有力地打破了时间与空间的界限,使人们可以随时随地接收信息进行社交,为现代人的生活带来了极大的便利。

移动电商就是在社交的基础上形成和发展起来的。社交既是移动电商开展活动的方式,也是其产生的根源。移动电商(M-Commerce)一说是发端于朋友之间晒照,感兴趣和询问的人多了,晒的人就发现了商机,自己做起了生意;另一说是海外代购(Overseas purchasing)。某人在国外留学,国内的亲朋好友请求代为购买某类产品,人们发现有利可图,便有人以此作为"兼职"或专门以此为职业。

电商具有很强的虚拟性,它们通过图片、视频等不同方式来展示自己的商品,将相应的产品或服务以虚拟的形式呈现给消费者。消费者要想对自己感兴趣的产品或服务有进一步的了解,同时电商企业要想获得消费者的信任,吸引消费者购买都需要进行进一步的沟通。正是因为有了社交,交易才能正常进行,营销企业才能不断地获取、转化和维系着客户,并不断发展下去。因此,从一定程度来说,社交是营销活动的基础。

(二)社区

社区(Community)是在较密切的社交行为的基础上形成的群体。传统的社区,一般可以分为地理空间类,如某住宅小区;情感空间类,如轮滑社等。

作为市场营销的组成部分,社区有着巨大的潜力,这主要体现在以下几方面。

1.较大的人流量

影响市场营销的因素多种多样,其中人流量是市场营销的关键因素之一。如果没有人流量的支持,营销方案设计得再巧妙也难以取得较高的传播量,自然也就无法吸引到足够多的消费者。

而社区，恰恰能够提供充足的人流量保证。

相对于传统的居住区，社区的居住密度更高。尤其是高层建筑居多的现代化社区，住户数量要远远超过相同面积的传统居住区。这样，商家开展同等规模营销活动便能够吸引更多的消费者，无疑提高了营销的效率。

2. 较为固定的消费群体

传统的营销模式中，商家只能在与消费者的初次接触中，竭尽所能地引起消费者的兴趣，促成交易达成。一旦没能成交，消费者各回各家，商家就很难跟进做二次销售，而在社区内，消费者的数量、住所是完全固定的，商家也能够轻易掌握，并进行及时的、有针对性的跟踪营销。由于将社区变为了营销活动的现场，因此能够让该社区内的消费者第一时间获取有关产品、营销活动的信息，能够保证营销的针对性和有效性。

3. 较为相同的情感联系

社区内的居民，由于有着共同的生活区域、相似的生活方式，因此他们之间很容易产生信任感和认同感。一旦“攻陷”了一小部分消费者，让他们购买你的产品，往往能够吸引一大批消费者。

在互联网时代，社区大部分是以兴趣爱好集结起来的网络虚拟社区。兴趣是成员之间相互连接的基础，人们根据自己的兴趣爱好在QQ、微信、微博、论坛等交流平台上搜索相关群体或个人，经常讨论与兴趣相关的事件、活动或者互相切磋，从而形成一个围绕兴趣爱好进行密切社交的社区。

构成兴趣的要素有很多种，如对某款产品或某个公司的喜爱，拥有共同的行为习惯、拥有相同的标签和社会职业、拥有相同的空间属性、相同的情感诉求等等。

兴趣不是一成不变的，也并不是唯一的，每个人的兴趣对象和维持时间都会随着环境阅历等的变化而变化。比如说，一个人可以以前喜欢阅读，现在喜欢打球；或者既喜欢阅读又喜欢打球；

或者以后的某一天对二者都不感兴趣都不喜欢了。因此,由兴趣集结的社区成员关系较为松散,也缺乏一定的长期稳定性。但是一般情况下,有一点可以确定,那就是社区成员的兴趣大小和他们的需要成正比,需求越大,感兴趣的程度越大。

例如,乔布简历集结的是一群未找到好工作而对简历产生浓厚兴趣的应届毕业生。成员们因为急需找到好工作,往往会有非常强烈的参与和学习简历制作、应聘面试技巧的欲望,对社群的活动都会积极参加并及时给予反馈。

但是,事物一般都有两面性,一部分社群的特点和优势或许也正是它的弱势。一是单一的服务对象,会导致成员需求单一化;二是黏度不强,成员一旦达到目的,对社群的需求就会大大减弱,于是很快就会退出或者成为彻头彻尾的"旁观者",不再参与社群的任何活动。这样的社群由于兴趣爱好的不稳定,人员更迭会非常迅速,其存活率也十分堪忧。因此,社群需要经营。

二、社群

(一)社群的概念

社群(Association/community)是在社区成员之间的关系得到进一步强化的基础上形成的稳定群体。就没有地缘优势的虚拟网络社区而言,如果进化不到社群这个阶段,其生命必定不会长久。一旦社区成员的新鲜感过去,或社区不能带来价值,该社区很快就会成为"死群",直至解散。因此,相对于社区,社群的着力点在于提供价值,例如某明星的粉丝群,能够不断地放送一些偶像的"独家私密信息"、照片等或者是某类技术群,定期放送计算机使用技巧、软件教程等,这样才能留住成员。

(二)社群形成的基础

《无组织的组织》的作者克莱舍基曾在他的书中讲述得非常

清楚，形成社群的基础主要有三个，那就是共同的目标或纲领、高效率的协同工具、一致行动。

高效率的协同工具。微信、微博这些实时工具的出现使得协同变得非常容易，而这也是传统营销时代所不具备的，这就是社群比较难以建立的原因。

一致行动。共同的目标或纲领、高效率的协同工具为社群的一致行动奠定了基础，使得一致行动变得比较容易，而这个一致行动反过来也促进了社群的内部稳固。

（三）社群的发展阶段

在中国互联网市场，社群经历了三个阶段（图 1-1），即社群 1.0、社群 2.0 和社群 3.0。

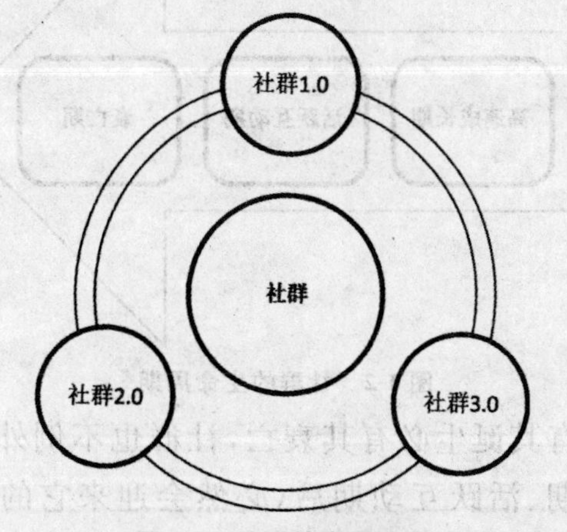

图 1-1 社群的发展阶段

2002 年腾讯 QQ 群首创的群聊形态是社群 1.0 模式的典型代表，它以互联网人群聚集、信息互通与传递为核心目的。社群 2.0 阶段是基于共同的兴趣爱好的陌生人社群崛起，社群运营者的差异化策略，逐渐形成社群独有的文化效应和归属感，品牌号召力日益显著；社群 3.0 时代就是移动社群时代，这个时代以连接一切为目标，包括人的聚合，以及连接信息、服务、内容和商品载体。

据第 40 次《中国互联网络发展状况统计报告》中，截至 2017

年6月,我国网民规模达到7.51亿,半年共计新增网民1992万人,占全球网民总数的五分之一。我国手机网民规模达7.24亿,手机网民占比达96.3%!随着手机终端的大屏化和手机应用体验的不断提升,手机作为网民主要上网社交互动终端的趋势越来越明显。移动互联网时代的到来,使网络社群呈现出强烈的移动化趋势,这为社群的爆发带来了契机。

(四)社群的生命周期

社群的生命周期一般包括萌芽期、高速成长期、活跃互动期、衰亡期、沉寂期(图1-2)。

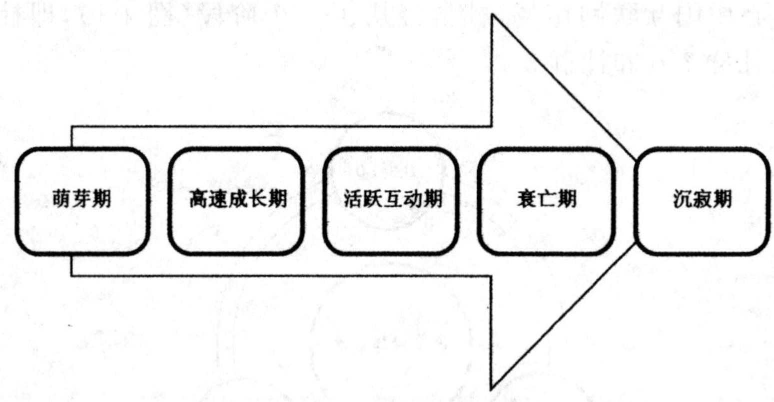

图1-2 社群的生命周期

每一事物有其诞生必有其衰亡,社群也不例外。当社群在经过了高速成长期、活跃互动期后,必然会迎来它的衰亡期和沉寂期,这主要是由于以下几方面的因素。

第一,在两年内,社群的运营给社群成员带来的新鲜红利会消失殆尽。

第二,在两年的生命周期内,一个群已经完成了商业价值的转换。

即使企业品牌有大量的忠实粉丝,产品也在不断地升级换代,在两年时间内,该挖掘的商业价值也被挖得差不多了,若继续维护社群,成本会超过回报。

第三,群主未达成目的而不再维护,群员的需求未满足而不再活跃。

互联网时代却打破了这一社群遵循的规律，因为互联网时代的社群更加本地化、富媒体化、去中心化、碎片化，因此，其更为活跃、生命周期更长。

（五）社群的作用

社群作为互联网形式，通过它我们可以跟用户零距离地接触，可以和用户进行直接的互动，这体现在以下几个方面。

1.销售自己的商品

这里以青瓜社群来举例说明。当青瓜推出升级课程或者新课程时，只要放在群里，大家就会直接付费购买，不需要客服，也不需要介绍，服务用户的成本非常低。公众号“小小包麻麻”也是这样，直接通过公众号做团购。再举一个例子，小米开始也是通过社群来传播即将上线的商品。用户在社群里购买东西是在一种氛围里购买，大家的生活方式相似，都使用类似的东西。

大家需要注意的是，如果想利用社群销售自己的商品，前提是自己利用的社群必须要有一定的用户数量，且用户质量很高。此外，销售的东西也一定要是精品，只有这样才能形成良好的口碑，营销之路才能走得长远。

2.直接接触用户

很多 App 都会有意见反馈，让用户填写意见或者建议，但是这样做并不是明智之举，它会使用户体验变得很差。现在 App 泛滥，每人的手机里都有好多 App，一旦不好用，例如，出现卡顿、闪退，直接就卸载，谁又会在手机上一个字一个字地浪费时间去填写反馈。想要用户反馈，可以设置一些选择项，让用户直接提交就行，选择项之外可以设置一个输入框，让用户自愿填写反馈。之所以出现这样的问题，一是我们不了解用户，二是用户距离我们太远了。

用户是非常直接的,有什么问题后,用户可以在社群里直接说,例如,用户反馈"充值时,软件直接退出了,我还要重新登录一遍,太麻烦。"再如,"这次东西还行,就是包装太差。"或者"你们选择的快递公司实在太慢,下次能不能快一点。"

除了能直接接收用户的反馈信息外,利用社群还可以深度挖掘用户的需求。我们做活动组织大家出去玩时,发现单身的人并不少,于是就组织一比一的单身派对,参加的用户特别多,很多用户还愿意付费参加。

3.进行公关

社群的另外一个含义就是,用户在你手里,你有什么,可以直接对用户说,具有很强的公关意义。

例如,假如有竞争对手攻击你,说你们的产品有什么问题,你马上可以设计这样一个活动,让社群的用户出主意:"如何优雅地打压我们?"让大家参与进来。这样就把对手的打压变成了一场好玩的游戏;如果自己的产品确实存在问题,我们可以大大方方地承认,同时让用户提意见如何改进,采纳的给予奖励,甚至可以采用不同的方式,如卖萌,告诉大家,我们可以通过社群进行非常有效的公关活动。

社群成员是产品流行的源头,通过社群用户,产品向大众流行,这里以小米手机为例。小米手机的成功在很大程度上是"米粉"的功劳。米粉经常混在小米的群和论坛里,除了每次都准时抢购小米的新手机外,他们还会抓住机会向周围的人推荐小米的产品。每一位米粉都是小米社群用户的一个结点,都在时时刻刻地向外在的世界传播着相关的信息,如小米 5s 发布后,米粉就开始向周围的人宣传 5s 的黑科技。

4.帮助管理人员提供创新的思路

社群可以帮助管理人提供创新的思路,例如当年在做社区时,就有一个使用 Discuz 程序的站长经常在一个群里讨论他们需要一个什么样的功能，以提高运营效率。随后让相关技术人员直接按照大家的要求写成程序，在经过大家使用后没有问题，便发布在 Discuz 的官方网站里，然后 Discuz 官方再把它写到软件的版本里。

第二节 社群的质量评估

本书在社群的质量评估的研究中主要采用的是 ISOOC 模型，下面就以“十点读书会”“罗辑思维”“橙子学院”为例从同好、结构、输出、运营、复制等几方面对社群的质量评估进行研究。

一、十点读书会

在 2015 年新媒体排行榜 9 月份的“中国微信 500 强”排行榜中，“十点读书”总排名第九，文化类排名第一。十点读书是 2012 年底开设的，后获得投资估值数千万。而十点读书会社群是十点读书新媒体矩阵中的一个子品牌，建立于 2015 年 4 月 23 日世界读书日这一天。

(一)同好

十点读书会吸引的是一群爱读书的人。十点读书会认为一个人的知识储备等于阅读力乘以阅读量，他们在关注每一个人阅读量的基础上，关注提升大家的阅读力，通过潜移默化的影响，促进社群成员的进步。社群成员每日阅读打卡，每周探讨阅读话题，每月组织线下活动，十点线上直播间，作家见面会，每一个有关读书的环节环环相扣，把相同频率的读书人联系到一起。

(二)结构

仪式感：十点读书会的训练营每次开营都会有开营仪式和结

业仪式,给了社群参与人员一种强烈的仪式感,从而更加认真严肃地对待100天的训练。

参与感:十点读书会的训练营活动,每天都是以固定的打卡模式,在朋友圈或者微博提交自己的作业,并每周填表提交,让自己的成长得到系统的输出总结。

组织感:十点读书会的训练营都会进行分班,从社群成员中选拔出组长,还配备助教等,非常有组织。

归属感:训练营因为有分班制度,所以能让小团队更有凝聚力,归属感也就更强。

(三)输出

十点读书会公众号中的文章曾经以名家授权转载为主,原创性不强,后来开始做约稿、领读模式,极具特色的训练营矩阵更让整个社群有所输出。

100天训练营:2015年6月27日,十点读书会联合warfalcon面向全国读书人发起100天阅读训练营活动。仅3天时间该计划招募文阅读量超过10万,最终确定2500人进入训练营。2015年7月1日,十点读书会在新浪微博发起"100天阅读计划"话题,当天就成为新浪微博热门话题,拥有超4000万的话题阅读量,此后每天将会有几千名营员在微博上进行阅读打卡。读书类相关内容迅速冲上新浪微博话题排行榜,为全民阅读时代的到来添砖加瓦。

PPT训练营:2015年7月7日,十点读书会联合秋叶面向全国发起PPT训练营活动。这是史上最大规模、最火爆的一次PPT集体学习。仅3天时间该计划报名帖阅读量12万,最终确定4500人进入本次PPT训练营。7月10日,十点读书会在新浪微博发起"PPT训练营"话题,次日即拥有超百万的话题阅读量,此后每天将会有几千营员在微博上进行PPT训练打卡。导师携手助教团进驻10个营员群,零距离悉心指导,秒问秒答。训练营作为十点读书会首创的线上学习分享模式,不管是宣传规模还是招募营员数量均再次创下新纪录。

100天改变自己训练营：2015年8月8日，十点读书会联合古典老师面向全国发起100天改变自己训练营活动。这是史上最大规模的一次集体学习活动。仅3天时间该计划报名帖阅读量累计超过20万，最终确定9500人进入训练营。8月12日，十点读书会在新浪微博发起“100天改变自己训练营”话题，现已拥有超4000万的话题阅读量，此后每天将会有几千营员在微博上进行100天改变自己训练打卡。古典老师携手90名助教团入驻20个微信班群，零距离悉心指导，秒问秒答。

正是这样杰出的输出能力，使十点读书会社群与社群成员产生了高黏性，为社群的发展打下了良好的基础。

(四)运营

目前十点读书会做了几大矩阵，包括新媒体矩阵(公众号、微博、十点直播间、十点电台等)、作家见面会、十点训练营、十点课程和全国分会等。

十点读书会的微信公众号在6个月内粉丝量达30万，新浪微博粉丝超过80万，多个千万级阅读量话题成为微博热门话题，还有强大的千万粉丝级自媒体资源“十点读书”作为后盾。

十点直播间：通过严格筛选，面向全国招募了20多名高质量专业十点读书会专属主播，全程参与线上直播间访谈节目、各地读书会活动主持，以及建立了十点读书会电台。另外，还面向会员建立十点文字营，撰写十点读书会的相关文字内容。

作家见面会：举办多名知名作家的见面会。

十点训练营：分别与多位大咖合作训练营，都有不错的活动效果和曝光率。

全国分会：线下读书会、线上分享会与兴趣小组活动等。

线下读书会：目前已在30个城市开设分会，约3000名正式会员。其中超过24个城市已经举办完第二场线下读书会，会员们积极踊跃地自发组织了各种各样的线下读书会，已达近百场。

线上分享会:各城市已开展六一“致童年书”、父亲节主题分享、班委跨城分享、班委风采展示、达人课堂等数十场线上主题分享,以及开展书的线上共读活动。

兴趣小组活动:在社群的引领下,会员们还建立了各种兴趣小组,有共读一本书,有跑步团、羽毛球团、PPT 提升组、原创文字营及主播团等,读书会云集了各种各样不仅爱读书更爱学习的伙伴,其中不乏各种专业技术人才。

(五)复制

十点读书会围绕着读书,在线下全国性的复制能力上是做得比较好的,线下黏性也比较好。相对于吴晓波书友会来说,它更偏向于个人品牌化。以十点读书这个品牌作为辐射点进行复制。

十点读书也开始涉足在线教育,借助自己的导流能力,整合优质社群,特别是能够产出优质课程的社群,一起运营在线课程,通过教育型社群扩展十点读书群的后续规模。如果十点能打通整合优质社群的商业模式,在复制上的潜力是可观的。

二、罗辑思维

在 2012 年 12 月 21 日,传说中的“世界末日“那一天,罗辑思维出现在了大众视野之中。当天,同名微信公众号开通运营,第一期视频也同时上线。主讲人罗振宇开始了每天早上 6 点半推出 60 秒音频和每周一期的视频节目更新。

其口号是“有种、有趣、有料”,倡导独立、理性的思考,推崇自由主义与互联网思维,并由一款互联网自媒体视频产品,逐渐延伸成长为互联网社群品牌,致力于打造的是一个有灵魂的知识社群——一帮自由人的自由联合。

在三年多的时间里,罗辑思维拥有了超 600 万的微信订阅用户,视频点击量近 3 亿,考验“真爱”的限时限量的会员招募也轻松收入过千万,2015 年 10 月 20 日,罗辑思维正式对外宣布完成

B 轮融资，估值 13.2 亿元人民币。2016 年 3 月，新一代网红 papi 酱拿到了 1200 万元人民币投资，由真格基金、罗辑思维、光源资本和星图资本联合注资。罗辑思维集微信公众订阅号、知识类脱口秀视频及音频、会员体系、微商城、百度贴吧、微信群等具体互动形式于一体，主要服务于 80、90 后有“爱智求真”强烈需求的群体，成为目前影响力最大的互联网知识社群。

(一)同好

罗缉思维社群的形成是基于大家对罗胖以及他所倡导的理念的认同。不能否认，初期很多人了解、认同、加入罗辑思维，其实都是因为对于那个歪嘴胖子的喜爱。很多人每天早晨都会听罗胖的语音起床上班，像天天追剧一样。但罗胖在有意识地通过各种活动与输出，将大家对自己的认同转移到对罗辑思维社群的认同。

随着社群的壮大与边缘扩展，形成以“有种，有趣，有料”为核心价值观的社群，像一个磁场一样不断地吸引着同类或者想要变成此类的人们，让不少围观的人开始基于三观的认同而加入社群，再然后就出现了很多罗友或者打着罗友名号的罗友。不少人靠“罗友”两个字开发出各种利益和好处。投资、创业合伙、旅游、相亲……但罗胖本人并没有参与，大家也不是为了罗胖，就是为了自己。论社群生态以及目前的影响力，基于“三有”的罗辑思维在当下国内确实最大。

(二)结构

罗辑思维社群里分高级会员和一般会员，设立了进入门槛，第一次会员招募原计划是 5500 人，6 个小时就被抢光，集资 160 万元之多，第二期更有 800 万元入账。用掏钱方式筛选真爱是最直接有效的手段。到后来，罗辑思维融资后，会员暂停招募，会员资格可转让。

除了会员群，罗辑思维在全国各地自发建成的群也有不少，活跃度还可以,但是自组织的社群缺乏有序管理,导致刷屏严重,很多人加入后选择了屏蔽。虽说有发红包才能发广告的规则,但并没有一套成体系的管理规范,所以群结构在明朗度、管控度、规范度上还有欠缺。

(三)输出

罗胖坚持每天一条语音和定期的视频,群内会分享拓展阅读,分享罗胖推荐的好文章、好活动,还有的罗友组织读书会等。

但在输出上,第一,有点单一,基本以罗胖的语音、视频为主打,稍显单薄;第二,罗辑思维早期文章授权问题一直被诟病,不过罗缉思维已经全面和出版社合作,推出知识产品——“得到”App,也是在输出方面的一大突破;第三,社群整体的输出能量不足,大多成员只是参与,从未输出:第四,罗缉思维转型电商平台后,虽然商业运营非常成功,但是什么都卖的模式让社群定位变得模糊不清。

(四)运营

仪式感:成为铁杆会员不仅仅有钱就行,还得老会员推荐,构成一种仪式感,还增强了门槛与新老人之间的关系,强化了弱关系。

参与感:营造“参与感”最重要的就是找到“连接”,在各有收获的前提下连接不同的社群。罗辑思维经常让人津津乐道,就是因为他们的很多想法是基于互联网群体试验的探索,让每一个好奇的人都可以连接。比如每年一度的霸王餐可谓轰轰烈烈,只要你敢来,我们就敢玩,激活了所有认同者的参与动机。霸王餐顾名思义就是吃白食,罗辑思维向全国的餐饮业发出邀请进行霸王餐活动,首先招募会员参加,然后团队去运营。这里就用到了罗辑思维的“连接”这一概念,罗辑思维社群中的每一个人本身就是社群的中流砥柱,加上团队与商家的配合,充分发挥了社群的组织性。会员的“参与感”来自可以免费去吃一顿大餐,商家的“参与感”来自一次利用平台与话题提高知名度的机会。

组织感：罗胖为精神领袖，不参与管理，各地自发组织，自选负责人，碰到运营组织能力强的人，结果就不错，比如，众筹的一次“失控的儿童节”就是很好的案例。

归属感：仅仅是三观认同还不够，罗胖鼓励罗友组织线下读书会、线下各地建立基地等，一切没有线下活动的社群都是要流氓，网络社群还得回归现实生活中的连接。而且罗辑思维还会给铁杆会员送铁牌、送书，这也是建立归属感的一种手段，有了身份标签，就有了炫耀的资本。

由于罗胖的互联网试验“新奇特”，所以大多参与度都不错，运营还是很成功的。

（五）复制

罗辑思维做这么大，围绕着罗胖，又不完全依靠罗胖。以高级会员为核心，然后在各地又有自己建立的群和基地，整体形成了一个开放的、好玩的、有干货的文化氛围。但鉴于复制过程中质量把控和文化传承的不足，加上罗胖已经开始逐步转型电商平台，会员发展开始停滞，社群运营投入力度在下降，目前运营模式更多是与不同社群和牛人进行跨界联合，构建商业生态链条。从长远看，罗缉思维会更倾向于变成一个带人格化媒体的电商平台，而不是社群联合体。

三、橙子学院

“成长，长成自己的样子”取首尾二字，即为“橙子”，橙子学院是一个专注个人成长与职业发展的互联网学习社群。橙子学院是新精英旗下的专注培养未来人才核心技能的青年学习社群，开设有高效能训练营、影响力 Lab、自我探索公园与整合共创学院四个系别，努力为大家搭建由“自我—伙伴—导师”组成的成长支持系统。

(一)同好

创造变化的人,适应变化的人,橙子学院希望汇聚这两种人。虽然未来不确定,虽然自己还没有成为最好的自己,但是依然前行,因为内心有信仰。通过对新技能的尝试,逐渐探索自我的生涯规划。

基于橙子学院的口号:成长,是面向未来的信仰。

社群同好聚集的方式分为线上训练营与线下活动。

(二)结构

按照橙子学院的设置,可以把学习分成 4 类:开眼界、提技能、解困惑、建系统。

线上训练营的结构:

提技能是最直接也是最花时间的,因为需要大量的练习。建议 1 个月学一门,甚至 2 个月精通一门比较好。橙子学院每个月都有一门技能训练营。解困惑是针对一个已经遇到的具体问题提供小技巧。遇到就听,听完学会马上就用,方便有效。

橙子学院中的"达人开腔","选对"一对一咨询服务,以及平时公众号里的"新技能 GET!"栏目都属于这一类,会员可以找到有共鸣的话题和导师学习这些小窍门。

建系统是比较难的,需要经历"困惑—技能—困惑—技能—困惑—系统"的过程,也就是需要成员在困惑与方法之间反复实践和验证后,才会对建系统的方法有感觉。

线下社群的活动结构:

围绕着生涯工具——生命之花(平衡轮)的 8 个维度展开:"职业发展、财务、朋友与重要他人、家人、健康、个人成长、娱乐、自我实现"。多维度平衡橙子会员成长的过程,由各地线下合伙人做主导,每月策划不同维度的活动。

(三)输出

橙子学院的理念是根据自己的喜好、精力选择不同的"橙长"

套餐，根据不同的情况可以多吃点儿或者少吃点儿。“橙长”的标准套餐有以下几种。

每个月参与：(1)1个训练营(如果没时间练习，可以两个月一次，月初听导学课，月底结束后再听一次)；(2)1次自己感兴趣的“开腔”，如果要深入沟通可以去“选对”找到老师咨询；(3)1次开脑洞或者经典精读。至少试试看两次橙子 school 周末带领的“橙会玩”，做个有趣的人。坚持参加生命之花研习会。

目标：(1)1年内了解5项技能，掌握3项；(2)坚持12个月做“生命之花”，300天3件事打卡；(3)学会不少于20个“玩法”，带大家玩；(4)通过“开腔”和“选对”，解决长久以来困惑自己的小问题；(5)至少主持或者张罗两次活动，认识一群有趣好玩的好朋友。

如果你在“节食”，那推荐你用第二款“橙长”轻松版。

参与：(1)2个月一次训练营；(2)每月初听导学课；(3)参与感兴趣的开脑洞和经典精读；(4)参与感兴趣的开脑洞和经典精读；(5)1个月至少试试看一次“橙会玩”；(6)看到适合自己的“开腔”就参与，能找到适合自己的“选对”老师；(7) 坚持参加“生命之花”研习会。

目标：(1)在不影响工作生活的前提下，学会1～2项技能；(2)对于橙子学院的4个院系有系统的了解和具有理论基础；(3)坚持10个月“生命之花”，3件事200天；(4)学会不少于10个“玩法”；(5)懂得求助，通过“开腔”或“选对”解决自己的困惑。

(四)运营

橙子学院开设高效能训练营、影响力 Lab、自我探索公园和领袖孵化器4大院系以及橙汁儿伙伴圈等线上线下活动。

4大院系线上的课程：“21天高效能训练营”“21天影响力倍增的人际沟通术”“分享力——表达自我，成为社交节点”“用 MBTI 了解自己，洞悉他人”“无冕领导力”。

橙汁儿伙伴圈：是橙子会员专属的高效能社群花名册，成长资源圈。会员可以通过搜索筛选,来实现你感兴趣的同行同城小伙伴个人展示信息相联系方式的快速查找。

线上线下活动:橙子组建了200多人的橙市合伙人团队并持续壮大,截至2016年10月,6个月内已经在全国32座城市开展了260多场以成长为核心,围绕“生命之花”的各类主题和形式的线下活动。

成员可以找到身边的橙子伙伴,建立就在身边的支持系统、成长小组。

(五)复制

橙子学院通过第一批1000人初始会员共同建设,完成了5000人的会员招募,现在已经由之前的定期招募升级为随时加入随时成长。

线上媒体:通过橙子School公众号文章进行理念宣导,促进会员成长行动。

线上课程:全员免费的公开讲学导学课最大限度地宣传,全年12门技能训练营课程能够覆盖所有会员,保证会员的成长质量。

线下活动:达人“开腔”线下大课能够凝聚橙子会员,线下生涯规划、读书、技能交换等活动能够让会员有一个成长的团体,实践监督的平台,能够将橙子学院更深度化地传播出去,提高成长质量。

线下活动:线下城市活动由橙子学院提供基本支持和帮助,提供“标配——生命之花”研习社活动的基本运营手册,其他各类型成长活动则是由各地橙子合伙人团队为主导策划组织,不同城市会员数量以及当地现状不同,平均线下每个城市每月会有1～6场不同主题的活动。

第三节　消费变迁带来营销变革

管理大师德鲁克曾经说过："大型企业的灭亡，往往不是因为自身销售体系出了问题，而是客户需求发生了根本性变化。"

一、消费的变迁

消费时代的变迁就如整个人类的发展一样，消费时代也经历了漫长的发展和变迁，我们通过一个案例，来向大家呈现这种变迁。

世界四大汽车集团之一的福特汽车公司，创立于20世纪初，至今已有一百多年的历史，也是最早的汽车公司之一。其创始人亨利·福特从小有一个梦想，就是要发明一辆"没有马的马车"。虽然关于到底是亨利·福特还是卡尔·本茨发明了汽车，至今仍然有争议，但是，亨利·福特创建了福特汽车公司之后，将"制造人人都买得起的汽车"作为自己的梦想和公司的宗旨，因此，福特公司是世界上第一家利用生产线，大批量生产汽车产品的公司。汽车作为公众产品走入大众生活，是从福特汽车公司的建立开始的。

福特汽车公司在早期生产汽车的时候，只生产黑色汽车，亨利福特说我知道有很多人会喜欢白色、红色、橙色等其他颜色的汽车，但是我们就只生产黑色汽车，然而，有梦想、有个性、有原则、有坚持的福特公司，这一句听起来格外霸气的豪言壮语并没有坚持太长的时间就不得不做出调整与妥协。

随着世界各大汽车巨头的崛起，汽车行业的竞争日益激烈。福特汽车不再仅仅生产黑色汽车，只要是消费者有需求的，其他五颜六色的汽车，福特公司都开始生产，今天去福特汽车4S店购买汽车，不仅有各种型号各种颜色、各种款式可以选购，而且还可以免费试驾，并享受赠送车险、免费维护、赠送各类汽车用品等优惠。其实不仅福特汽车，其他汽车商也是如此，如果不这样，就很难再吸引消费者，因为消费者面临的选择实在是太多了。

我们可以设想，在将来，福特汽车公司生产的汽车将更加色彩缤纷，款式也将更加新奇，而且更为重要的是，汽车要生产成什么样，不再完全是由设计师坐在办公室苦苦思索、反复修改图纸决定的，而将是由消费者参与并共同决定的。福特汽车公司的改变，不止反映了自己公司在一百多年的转变，也不止反映了汽车这个行业的改变，而且反映了整个消费行为随时代的改变而发生的改变。在这种改变的浪潮中，能够像福特公司一样随时做出调整的，就活了下来，不能随之改变的，就被时代无情淘汰，埋葬在了岁月的尘埃里。

二、消费变迁的具体体现

（一）互联网社群

大家是否还记得北京三里屯优衣库试衣间的一段私密视频在网上疯传，一分多钟的视频在网站、微博、微信、朋友圈等各类平台，在短短两个小时内引起了过亿的疯狂转发。优衣库也因此在一夜之间刷爆了网友的眼球。有人预计，在短短的两个小时内，优衣库获得了价值超过1200万的广告宣传。“我在优衣库试衣间等你，约吗?”这句话瞬间覆盖整个网络，但是，事情还没有结束。在广大网友的疯狂宣传之下，整个事件持续发酵，这样难得一遇的疯狂事件，怎么会逃过广大营销人员的眼睛？整个营销界随之跟着疯狂，都想第一时间抱紧优衣库的大腿，省点广告费。从服装行业蔓延开去，影响到家居、地产、酒店等多个行业领域。不到一天时间各种版本的营销内容席卷整个网络，刺激着大家的神经，从新鲜刺激，到视觉疲劳，再到深恶痛绝。

事件爆发之后，虽然优衣库官方第一时间否认了营销炒作的质疑，但是在朋友圈等相对不太严肃的平台，也忍不住要借势再火一把。优衣库中国的微信号随后发出了“优衣库决定对试衣间改造升级，扩大空间，欢迎大家继续光临”“优衣库决定在单间试衣间加入床位”等具有调侃意味的信息。首先表示不服气的自然是H&M、ZARA、美特斯邦威等竞争对手说：“我们有世界顶级的试衣间。”随后家居行业争先恐后要和优衣库试衣间事件攀上关系。索菲亚衣柜的广告词是：“试衣间，NO！衣帽间OK！”爱依瑞斯的广告词则是：“优衣库的试衣间再舒服，也不如爱依瑞斯的床舒服”；慕思的广告词改为：“爱你的人只会在慕思”；房地产行业也不示弱，我身边做地产的朋友纷纷在第一时间出台海报“何必试衣间，XXXXXL衣帽间，约吗？XX平方米豪华房，超大衣帽间”；7天酒店也发出了“看来要倒闭”的声音。就在第二天，淘宝上就充斥了号称和视频主人公同款的衣服、鞋子，甚至是内裤。就连百度卫士等貌似和本次事件扯不上关系的，都要想方设法插上一脚。就是这样一个事件，在众多网友的推波助澜下，让所有的商家都眼红不已，这里面有知名的品牌企业，也有街面地摊小铺。最终，好事的网友还对视频里的主人公进行了人肉搜索，公开了当事人的个人信息。声势浩大，最后导致公安部门不得不介入调查，事件才告一段落。

回过头来，我们反思，这一切是怎么发生的呢？一个事件能够在一夜之间传遍全网，家喻户晓，这背后给我们带来什么启示？

发生这一切的基础是数字互联网技术的高度发展，特别是自媒体的高度发展，如果没有互联网，看到一个好奇的信息，我们最多只能告诉身边的人，两个小时的传播范围最多不过十个人，如果恰好正在集会，也不过几十上百个人。如果仅有互联网，却不能自主传播，这样一个信息在深夜两个小时，最多也就能让上万个人看到。但是，我们面临的现实却是转发过亿，浏览的人次更是不计其数。达到这个效果，互联网和自媒体缺一不可，现在的世界是被发达的数字互联网连接成的一个社群，这个社群是一个充满活力的有机整体。我们回想一下，现在我们要买一件衣服，将有哪些因素影响我们的决定。是广告吗?或者是某些人在微博、朋友圈、论坛等发布的评论吗?仔细想想,我们就会发现,线上的互联网信息,对我们的消费行为产生了深远的影响。我们会根据这些信息判断什么样的衣服在当下是流行的、时髦的,我们会根据评论判断某件衣服性价比高不高、商家服务好不好……而这一切都将会影响我们的消费行为。更加重要的是当我们买了一件新衣服之后,是否也会将自己的感受、经验发表出来与人共享?就是这样,参考别人的经验,然后分享自己的经验,我们共同生活在这个21世纪最大的社群里,在数字互联网连接的社群里,任何人都可以在任何时候说自己想说的话,而且能够让每个人看见,并能够被自发、无限制地传播。如今,人们在微博、朋友圈、QQ空间等发表的一篇评论,可能比任何一家广告公司的影响力都要大。而且,大家对某一产品或品牌的印象,可能因为这些评论在一瞬间发生惊人的一致的改变,或被捧上云端,或被踩入地狱。通过互联网,我们可以了解到世界各地任何一家公司、任何一种产品在消费者心中的评价。这种意见可以形成一种强大的力量,这种力量正在推动着社会的变革,改变着我们的思维方式和商业理念。

(二)功能式消费

在物资匮乏的年代,几乎人人都处在温饱挣扎线上。这主要是因为那个年代生产力低下,供给严重不足,无法满足社会成员的基本温饱和社会需求。在连生存都无法得到满足的情况下,我们可以认为需求是无限的。只要有产品产出,就一定会有人买走,甚至是抢着买。

比如,20世纪80年代,我国还处在计划经济体制下,居民收入水平较低,市场也没有完全开放,即使有钱也买不到东西,消费水平也相对较低,最具特色的莫过于城镇居民必须凭粮票才能购买粮食。

除此之外,人们在日常消费活动中还需要用到食用油票、豆腐票、布票等各种票证。由于各种必需商品只能凭票购买，因此，钱无用武之地是当时的普遍现象。1983 年，北京开了中国第一家超市，但所有的消费都是刚性需求。买食物是为了不挨饿，买衣服是为了不受冻，买工具是为了提高生产。有关娱乐、享受的消费，在大众消费中是极少的。因为生产活动只能满足消费者最低层次的需求，消费者也只有能力满足自身最低的需求。我们把这样的消费时代称为“功能式消费时代”。在功能式消费时代，商品的出售者和消费者之间无须进行沟通。出售者没有必要做任何形式的广告和宣传，也不必投入任何资金来吸引消费者，甚至是交易完成后无须提供任何售后服务，而消费者也不是慕名而来的，只是出于自身的需求，双方交易一完成即宣告结束。

在这种简单的消费模式时期，交易双方之间是以产品功能为纽带的弱关系，一旦有其他替代产品出现，彼此之间的关系就会终止。不过，即便如此，产品营销在当时也几乎是不存在的。

(三)体验式消费

当市场竞争越来越激烈时，如何赢得消费者的青睐，是企业和商家都很头疼的事情。消费者日益表现出个性化、情感化等需求以及直接参与等偏好，从注重产品本身转移到注重接受和使用品牌时的感受，消费者对彰显个性的产品或服务的需求越来越高，“非从众”心理日益增强，此时的消费目的不再是以功能为主。体验式消费时代的到来，促使向消费者提供产品或服务之外的体验来满足他们个性化需求的营销方式的兴起，并且成为企业营销方式转变的一种重要趋势。那么，什么是体验式营销呢？

所谓体验，是指企业以服务为重心，以商品为素材，从生活与情境出发，塑造感官体验及思维认同，以此抓住消费者的注意力，改变其消费行为，并为产品找到新的生存价值与空间的营销方式。

伯恩德·H. 施密特博士在《体验式营销》一书中指出：“体验式营销站在消费者的感官、情感、思考、行动、关联等方面，重新定义、设计营销的思考方式。"体验式营销,即"SHUP"模式,它主要是由看(See),听(Hear)、用(Use)、参与(Participate)四个环节有机组成的。实践证明,"SHUP"模式的应用对新业务、新产品的推广起到了助推的作用。

比如,有的宾馆在装修上很讲究个性,营造出一个亚马孙热带原始森林的环境。整个宾馆的餐厅被茂密的森林、淙淙的流水围绕。造型古朴的假山点缀其间,连餐桌、餐凳也是石头的。并且,还24小时播放着热带原始森林自然景观的音乐。在这样的环境下就餐会给人一种心旷神怡的感觉,这时吃什么都不重要,重要的是体验消费环境。

由此可见,体验并不是一种虚无缥缈的感觉,它可以变成真实的感觉或者一种实实在在的产品。消费者一旦在体验中被感动了,就会心甘情愿地花钱购买。比如上面提到的宾馆,如果消费者能深深地体验到自然环境下的放松,就会非常愿意花钱消费,甚至会经常光顾。

如何让消费者忠诚于自己,这是商家一直都在思考的问题,而体验式营销就是一个很不错的方法。因为体验式消费不同于功能式消费,交易结束后,就不再搭理消费者,甚至躲得远远的,这种"一锤子买卖"的做法已经不适合体验式消费时代了。

所以,要想博得消费者的欢心,售后成了重要的一环。真正的体验式消费,从产品设计就开始了,广告营销、营销推广、交易服务、售后服务保障等,每一个环节都必不可少。任何一个环节出现问题,都会让消费者产生不愉快的体验,从而失去消费者。

体验式营销是体验式消费时代的必然手段,谁能牢牢地把握住,谁就会讨得消费者的欢心,最终赢得市场竞争的胜利。不过,体验式营销的兴起是建立在企业的产品及服务质量、功能出色的基础上的,顾客已经淡化了对物质的功能需求,而是追求更高层次的"特色"和"利益"。如果企业的产品和服务质量、特色、功能都不尽如人意,体验就无从谈起,甚至会将自己埋葬。

(四)参与式消费

人的欲望总是难以满足的,在体验式消费时代,消费者过足了瘾。然而,这并没有让消费者满足,因为不管怎样体验,产品总是有不如意的地方,消费者希望产品应该是这样的或是那样的。于是,参与式消费时代就来临了。

消费者想参与产品的设计,除了出于自身需求外,乐趣也是一方面。比如,你非常喜欢骑行,很享受在路上的感觉。如果一辆自行车很适合你,骑着自然很享受。而如果有些设计是你参与改进的,是不是更完美呢?比如原本坐垫太小、太硬,车把不能升高等,经过你的改进后,长时间地骑行就会舒服多了。

正因为消费者的这种诉求,使得一些知名企业迅速调整营销手段,参与式营销渐渐兴起,越来越多的企业通过开展创新性的参与式营销,将品牌话语权交到了网络用户的手中。到目前为止,我国参与式营销还没有特别好的案例,因为在这个体验式消费的鼎盛时期,大部分的商家还没有意识到这点,唯一值得一提的就是小米。

提到小米,我们第一想到的就是手机。不过小米的第一款产品并不是手机,而是 MIUI 系统。在开发这套系统的时候,小米就充分做到了参与式营销。小米首先从爱好者中挑选了 100 名志愿者,让他们参与设计和改良,并不断扩大队伍,直到最后有意愿的“米粉”也可以进来讨论,把所有的建议汇集在一起,最后生产了千元以下的红米手机。“米粉”们拿着自己参与设计的 MIUI 系统手机,自豪感油然而生。因此,开放自己,让消费者参与,征求消费者的意见,制造出消费者真正想要的产品势在必行,这主要体现在以下两个方面。

第一,消费者已经居于品牌之上。在 Marketing2.0 时代,任何品牌若只是按照自己的推断去制订策略,去满足消费者的体验,这种一厢情愿的做法很可能会失败。因为消费者有自己的喜好,而且品位越来越高。企业要想让自己的品牌真正得到消费者的认同,让他们亲自参与品牌的建设是最好的办法。让他们主动提供自己的想法,然后把值得借鉴的想法融入自己的产品中,如此才能受到更多消费者的青睐。

第二,信息制造、传播的个体化。在 Web2.0 时代,网络媒体传播不再是单向性的,它成了一个信息支持平台和人气聚合平台。消费者不仅能获得信息,还能充当媒体。比如,商家通过网络媒体进行营销活动,消费者会根据自己的需要选择适合自己的信息,然后分享给周围的人,起到制造信息和传播信息的作用。因此,消费者的积极参与无形中起到了宣传的作用。

总之,在参与式消费时代,消费者的参与程度和营销活动娱乐性的要求日益凸显,单纯的广告宣传已经不能满足品牌互动营销的深层次需要。企业只有进行参与式营销,才能一方面持续了解消费者的想法和需求,另一方面在价值交换时与消费者进行更紧密、更及时的互动。企业只有培养了消费者对产品的感情,才能让消费者对自己的产品情有独钟。

三、营销变革的体现

(一)消费者对话语权的掌控

社会曾经发生过三次工业革命这是人尽皆知的事情,人类近代社会的进步,特别是经济社会的进步,完全是得益于这三次工业革命。其实在零售领域,也出现了三次革命性的变化,第一次发起零售革命的是山姆·沃尔顿,标志性事件就是他 1962 年在阿肯色州成立了沃尔玛百货公司,从此翻开了零售业历史上新的一页,沃尔玛开启了零售连锁大规模发展的先河,并且开始致力于"一站式购物"的建设。以往,消费者购买不同的产品需要跑到不同的商店或市场,但是沃尔玛解决了客户这一问题,只要到沃尔玛商店,就可以找到日常消费品中的绝大多数。沃尔玛的出现,改变了人们日常的消费习惯。沃尔玛建立之后,迅速壮大,很快就遍布整个美国，并延伸到全世界。各大商品厂商，纷纷希望自己的产品在沃尔玛上架销售。而且沃尔玛开始着手建立自己统一的信息网络，发布了属于自己的通信卫星，全世界各个门店的信息和数据，能够在第一时间汇总，并及时分析，适时做出调整。这也许是沃尔玛能够快人一步的原因。第二次零售革命的发起者是杰夫·贝佐斯，标志性事件是1995年亚马逊公司的成立，这也是人类社会步入电子商务时代的标志。如今的亚马逊是商品种类最多的购物网站。

亚马逊公司成立的基础是互联网技术的发展，将购物场所从线下搬到线上得益于互联网技术，电子商务的店面可以无限大，商品种类可以无限多，完全没有时间与空间的限制。理论上，任何人在任何地方、任何时间坐在随意一台联网的电脑面前，就可以在网上搜索到自己想要的产品，下单之后，就可以坐等物流公司送货上门了。线上有比线下更为丰富的商品种类，但却更容易检索。消费者可以根据自己的实际情况，进行各种参数设定，然后实现快速、自动筛选，更丰富但是更简单的选择，不用出门，不受时间限制，只要将鼠标轻轻点，就可以买到世界各地自己心仪的商品，直接有人送货上门，这些让电子商务具有了不可替代的优势，并且逐渐成为时代的潮流。第三次零售业革命的发起者则是全体消费者，目前正在如火如荼地进行，它主要是宣布了零售业一个新时代的到来：消费者主权时代。消费者完全掌握了话语权，曾经以生产作为主导的零售时代一去不复返了，在消费者主权时代，消费者掌握着一切话语权，什么样的产品可以在市场上存活下去，什么样的产品会被淘汰，都是消费者说了算。然而消费者并不满足于当独裁者，他们还希望在这个过程中得到非常多的乐趣，比如前文说到的参与的乐趣，还有和商家做朋友、平等相处的乐趣，等等。

在第三次零售革命中，营销也随之发生了诸多的改变。经历了单向的灌输式营销，到教育、暴力的喇叭式营销，再到互动、交流的营销。最终，我们会发现，最有效的是把自己敞开，让消费者都参与进来,联成一个整体,这不是现在大家常说的"粉丝",而是战友。消费者和商家一起战斗,切下属于自己的那块蛋糕。

(二)消费者选择恐惧高发

消费者在掌握了足够的话语权的同时,也面临着选择的恐惧。过去买肉对我们来说是一件相当简单的事情。在计划经济时期,凭票购买。当人们手中有票,而此时市场上刚好有肉卖的时候,就可以拿着票排队购买。改革开放后,肉的市场供求量大大增加,买肉不需要再去排长长的大队,有钱就可以买肉解馋。

但是随着社会的发展,大家物质条件的提高,买肉反而成了一件比较麻烦的事情。

楼下有三个菜市场,两个超市,都可以买到肉。每个能够买到肉的地方,至少都有五种不同的品种。有农家散养的,有农场集中养殖的,有东北的,有西南的,有华中的,有华南的,还有外国进口的,有白猪,有黑猪,有花猪……各种各样的分类标准每类都有各自不同的营养价值,足以让每个人眼花缭乱。如果愿意再走一个公交车站的路程,还有几个菜市场、几个超市,可供选择的更多。从早上一直到晚上,你也没办法确定晚饭到底该吃哪一种猪肉。当然,这似乎有些夸张,但是这确实是我们现在生活的真实写照。特别是对有选择困难症、容易陷入纠结的人来说,将是一件非常痛苦的事情。

容易陷入选择困难的不仅仅是买肉,任何商品都是。无论你需要买什么产品,去超市或者专卖店看看,任何一类商品的货架都是满满的,形形色色,不同的型号、不同的厂家、不同的材质、不同的外形、不同的产地、不同的生产技术……完全是商品的海洋,让人眼花缭乱。如果上网搜一搜,所面临的选择就更多。

在这样一个环境下,任何一个细小的因素都足以影响一个消费者的决定,或许仅仅是包装上一个字母的颜色,就会让消费者决定买还是不买。对商家来说,如何在浩瀚的商品海洋中,让消费者选择自己,并愿意在下一次有需求的时候,依然选择自己,是煞费苦心的事情。

在这个可能人人都面临选择困难的时期，如果有一款产品或一个品牌，能够为一部分人解决这个难题，当他们有需求购买某一产品的时候，可以毫不犹豫地选择自己钟爱的产品，就像提到搜索，绝大部分人会在第一时间想到Google一样。如果企业真能如此，就不会因没有自己的一席之地而发愁。

(三)过去一对多的营销方式没落

在过去的商业社会里，我们通常采用的营销方式是一对多的独白式营销，商家说，消费者听；商家展示，消费者看。但是，消费者能不能听懂，能不能看明白，商家无从得知；消费者有什么意见，喜欢还是不喜欢，商家也不知道。商家企图通过传统的传媒渠道，企图向那些从大街上匆匆走过、在地铁上班途中草草浏览报纸、坐在电视机前无聊按着遥控板的人宣传自己的产品希望他们能够购买。更为重要的是，商家希望通过这个过程，在消费者心目中建立自己专有的形象，即品牌。让消费者在以后有同样的消费需求的时候，还能想起自己的品牌。这是一种商家和消费者之间一对多的独白式营销，这种影响施予的对象是一定的人，这些人是彼此没有连接的个体，相互之间没有交流，和商家之间也没有沟通。商家站在茫茫人海中激情澎湃地发表演讲。商家自说自话，匆匆路过的消费者听不听、看不看、有没有话说，商家没办法知道。今天，这种传统的一对多独白式营销显然已经失效，这种失效不仅仅是看电视、看报纸的人少了这种物理性质的变化，还有大家都已经对传统的营销推广失去了兴趣。对他们来说，一块树立在街边的广告牌和一棵站立在街边的大树已经没有了区别。更为重要的是，在现在数字互联网高度发达的社会环境下，传统的营销模式也必定会被新的营销模式所取代。这是社会发展过程中新陈代谢的规律所在，任何人无法左右和逆转，即所谓的历史趋势不可违逆，在传统的信息传播体系中，有发言机会的总是少数人，少数的人在说，大多数人在听。这是传统营销存在的机会。

现在,我们面临的是通过计算机数字技术连接起来的,会信息共享、快速反应并立刻行动的社群。在这个社群里,每个人都有发言的机会,每个人也有信息共享、传播的机会。在这个社群的集体意识面前,单个人的话语权就显得微不足道了,一个人的声音很快就会被淹没在众多声音当中,除非你的信息有足够吸引人的地方,但是,也一定存在一种力量,能够对社群产生深远的影响。正是这种能够对社群产生影响的力量和潜能,激发我们的商业营销正在发生着翻天覆地的变化。

人类正发生着这样一种转变:曾经彼此相对独立,大多数人处于被动接受信息的状态;今天彼此相互联系,能够自由、主动地发出信息,并彼此传播互动的群体。从商业营销的角度来说,如果想要取得成功,就必须想办法成功影响这个群体,而不是像传统营销那样,试图通过歇斯底里的呐喊去影响芸芸众生中的无数个个体。

第四节　社群营销的特点和优势

一、社群营销的特点

(一)传统营销的特点

1.销售渠道与传播渠道的统一

传统营销渠道更多的是担任销售渠道的角色,而随着同类产品和渠道的竞争加剧,便会很快地趋于同质化。想要使产品有更高的辨识度,就需要传播渠道的引导。社群营销既能促进销售,又能同消费者进行实时的交流,是种同时具备销售与传播双重角色的营销渠道。

2.注重品牌建设

在品牌引领消费的今天，单靠优质的产品是不够的，必须要建设强大的品牌。传统的营销套路无非是发个传单，搞个活动，最后现场促销。而社群营销，不仅仅关注销售，同时关注与社区内消费者进行零距离的交流和沟通，这无疑能给消费者留下更深的品牌印象。

3.最佳信息接触点

营销离不开宣传，传统的营销宣传总是铺天盖地的广告攻势，虽然来势凶猛，却很没效率。社群营销的宣传，更注重的是“精确度”。虽然宣传面向的消费者数量不是很大，但是由于消费者和地点的固定性，可以进行更为精确细致的针对性宣传，保证宣传对象尽可能接触到广告并产生兴趣。

4.活动的共同策划

传统的营销活动通常都是企业或商家独立策划并实施的，而社群营销，就需要同社区物业进行咨询合作，共同策划。物业公司更为了解社区的实际情况和住户的实际需求，而且同住户间更为熟悉融洽，这些都有助于营销活动找准方向。如果仅从企业或商家自身角度出发，难免会“剃头挑子一头热”，活动很热烈可消费者不买账。

5.精细化营销模式

社区的封闭性和住户的固定性为社群营销的精细化运作提供了有利的条件。企业和商家可以建立数据库，将社区内的消费者的信息全部录入，再根据消费者的年龄、爱好、职业等进行有针对性的宣传、推介，提高营销的效果。

(二)移动互联网时代社群营销的特点

移动互联网的大范围覆盖,加剧了营销的变革。如今,无论是 PC 端还是移动端,社群营销都占据着主导地位,也体现出了一些新特点,这主要表现在以下几方面。

1. 弱中心化

社群营销是一种扁平化网状结构,人们可以实现一对多、多对多的互动,进行传播,并不是只有一个组织人和一个富有话语权的人,而是每个人都能说,使得传播主体由单一走向多重,由集中走向分散,这是一个弱中心化的过程。

2. 多向互动性

我们知道,社群营销是通过社群成员之间的互动交流,也包括信息和数据的平等互换,使每一个成员成为信息的发起者,同时又成为传播者和分享者的。正是这种多向的互动性,为企业营销创造了良好的机会。

3. 情感联系进一步加强

社群都是基于共同的爱好、兴趣而聚集在一起的。因此,彼此间具有情感优势,易建立起情感关联。社群成员能够产生点对点的交叉感染,并且还能协同产生叠加能量,从而合力创造出价值,使企业从中获得利益及有价值的信息。

4. 自行运转

由于社群的特性,社群营销在一定程度上可以自我运作、创造、分享,甚至是进行各种产品和价值的生产与再生产。在这个过程中,社群成员的参与度和创造力能催生出多种有关企业产品的创新理念或完善企业产品、服务功能的建议,使得企业交易成本大幅度下降。

5. 呈现碎片化

社群的资源性和多样性特点，使得社群在定位上也呈现出多样化、信息发布方式松散的特点，这就意味着社群在产品设计、内容、服务上呈现碎片化的趋势。虽然碎片化会使社群缺乏统一性，为企业的社群营销带来很多的不确定因素，但企业只要善于挖掘、整理，就能挖掘出社群的价值。

二、社群营销的优势

社群营销集宣传、推广、体验于一身，深入消费者内部，有着其他营销方式无法比拟的优势，这主要体现在以下几方面。

(一)针对性强

由于同一社区内的人们往往有着相似的生活习惯、认知和消费意识等，因此社群营销有很强的针对性，可以根据产品和社区内消费者的特点进行集中重点的宣传，使营销更具穿透力和杀伤力。

(二)氛围好

社群营销由于贴近消费者的生活，很容易引发消费者的共鸣，配合社区内长期的宣传推广，可以显著提升消费者的购买欲望。在消费者尝试产品后，可以提供优质的售后服务，培养消费者的品牌忠诚度，甚至是培养或改变消费者的消费观念。

(三)口碑宣传比例高

社群营销形式直接，消费者能够现场体验，可信度较高，而且消费人群密度高，为口碑扩散提供了有利条件。同时，社区内消费者有着相似的认知，相互之间有较高的信任感，这些都能使口碑宣传的效果更加明显。

(四)投入少,见效快

社群营销由于范围固定,而且主要依托于社区内的宣传媒介,因此并不需要很高的资金投入。社群营销能够直接接触消费者,省略了一切中间环节也不需要苦苦等待消费者前来,往往能够更快地取得成效。

(五)培养典型消费者

社群营销的运作范围相对较小,因此可以集中有限的资源和精力向消费者做推荐,做跟踪,提高产品的试用率。社群营销直接面向消费者,双方容易建立信任和情感纽带,使消费者成为产品或品牌的"粉丝",这些消费者能够使产品在社区内的影响力迅速扩大。

(六)快速掌握反馈信息

社群营销能够近距离、多频次地接触到消费者,因此能够更快、更容易地掌握到消费者对于产品、价格、活动的意见建议。企业和商家可以根据消费者的具体需求及时调整产品策略和活动内容,改善营销方案,同时也为社群营销战略提供了可靠的信息支持。

移动互联网时代的社群营销几乎已经是企业推广的标配,它在结合网络的应用过程中也在原有的基础上有了一些新的优势。

本章小结

本章主要研究的是社群与社群营销,探讨了社群的基本内涵、质量评估。社群营销是在社群基础上而形成的一种不可或缺的营销方式,它依赖于消费的变迁。社群营销具有自身独有的特点和优势,如传统营销时代的销售渠道与传播渠道的统一、注重品牌建设、针对性强等,移动互联网时代互动变得更加多向、碎片化等。

第二章　社群营销的基础
——社群的构建与运营

社群是关系连接的产物，这种形态一直存在于人们的生活中，但随着媒介的发展，社群有了新的内涵，产生了社群营销这个新概念。开展社群营销的基础就是构建并运营好一个社群，本章对此进行分析研究。

第一节　社群构建的基本要素

一、构建社群的五大要素

构建社群必然需要重视一些必要要素，为了更直观地认识和评估一个社群，从社群运营的实践过程中可以总结出构成完整社群的 5 个要素，分别为同好、结构、输出、运营和复制。按照 5 个要素的英文首字母，可以将其简称为“ISOOC”，如图 2-1 所示。

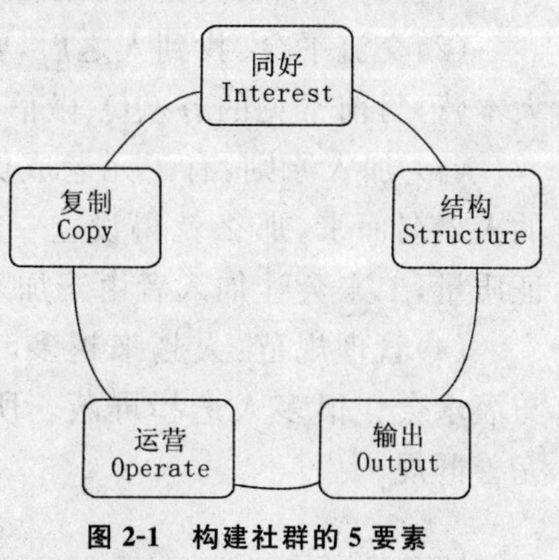

图 2-1　构建社群的 5 要素

(一)同好

同好是构成社群的第一要素,只有存在同好才可能形成社群。同好是对某种事物的共同认可或行为。一群人聚集起来可能是乌合之众,也可能成就一番雄图大业,最重要的是和什么人一起干什么。任何事物,没有价值就没有存在的必要,社群同样如此。可以使同类聚集在一起的原因有很多。

基于某种产品,比如苹果手机、锤子手机、小米手机;基于某种行为,比如爱旅游的驴友群、爱阅读的读书交流会;基于某种标签,比如星座、某明星的粉丝;基于某种空间,比如某生活小区的业主群;基于某种情感,比如老乡会校友群、班级群,等等。由此可以看出,人们集聚的原因有很多。

(二)结构

结构决定了社群的存活。只有对社群结构做出有效规划,才能保证一个社群的长期存在并保持一定活跃度,这个结构包括组成成员、交流平台、加入原则、管理规范。这四个组成结构做得越好,社群活得越长。

(1)组成成员:发现、号召起同好抱团形成金字塔或者环形结构。最初的一批成员会对以后的社群产生巨大影响。

(2)交流平台:找到人之后,要有一个聚集地作为日常交流的大本营,目前常见的有 QQ、微信、YY 等。

(3) 加入原则:有了元老成员,也建好了平台,慢慢会有更多的人慕名而来,那么就得设立一定的筛选机制作为门槛,一来保证质量,二来会让加入者由于加入不易而格外珍惜这个社群。

(4)管理规范:人越来越多,就必须有管理,不然大量的广告与灌水会让很多人选择屏蔽。所以,一要设立管理员,二要不断完善群规。

(三)输出

输出也是构建社群的要素,它决定了社群的价值。保持社群生命力的一个重要指标就是保持有价值内容的持续输出。

罗辑思维作为最大的互联网知识社群，深厚的知识积累和视频输出便是其生命线；最开始做微营销的万能的大熊，曾持续产出大量高质量的文章和培训，在微信红利期迅速积累了海量的粉丝群。由此可以看出，如果没有相应的能力和沉淀，是不可能构建出一个高质量社群的。

在一个社群刚刚成立的时候，通常都会有一定的活跃度，但是如果不能实现有价值内容的持续输出，活跃度就会逐渐下降，慢慢地就沦为广告群。没有足够价值的社群迟早会成为“鸡肋”，群主和群员就会选择退群或者解散群。也有一些人会再去加入一个新的“好”群或选择创建一个新群。还有一种情况是群员并不退群，继续留在这个群里，他会看一看这个群能不能给他带来价值，如果观察一段时间以后，发现这个群完全不能给他带来想要的东西，他就会在里面捣乱，因为他已经不在乎会不会被踢出这个群，发些广告也许还能拿回一点沉没的时间成本。因此，想要构建高质量社群就必须为群成员提供稳定的服务输出，也就是要为成员加入和留在社群提供一定价值。

另外，需要衡量群成员的输出成果，可以做到全员开花才是社群，一枝独秀的社群根本上并不能称为社群，而只是走粉丝经济路线。

例如，秋叶团队核心成员中一个偶然冒出的玩法，用 PPT 画肯德基风格头像，风靡朋友圈被秋叶老师看到后，达人们把自己的玩法系统化，迅速打造成了课程，并在短时间内有了不错的销量。这样让一个不经意闹着玩的想法从萌生到迅速变现，表明秋叶 PPT 团队在 PPT 领域的运营能力和人才储备很难复制。

(四)运营

运营是决定社群寿命的关键性构成要素。只有科学有效的运营管理才能保证社群有比较长的生命周期，通常来说，运营要建立“四感”。

(1)仪式感。比如,加入要通过申请、入群要接受群规、行为要接受奖惩等,以此保证社群规范。

(2)参与感。比如,通过有组织的讨论、分享等,以此保证群内有话说、有事做、有收获的社群质量。

(3)组织感。比如,通过对某主题事物的分工、协作、执行等,以此保证社群战斗力。

(4)归属感。比如,通过线上线下的互助、活动等,以此保证社群凝聚力。

一个社群通过科学运营,切实打造社群的"四感",从而加强了社群的战斗力和凝聚力,当然会有效地延长社群的生命周期。

(五)复制

复制是决定社群规模的要素。由于社群的核心是情感归宿和价值认同,那么社群越大,情感分裂的可能性就越大,能够做到规模巨大还能情感趋同的,好像只有宗教了。对于社群的"复制"要素,需要思考两个重要问题。

1.判断是否需要通过复制扩大社群规模

对于社群存在一个常见性误区,认为没有几万人的社群并不能称为社群。其实,经过前面四个维度考验的群,完全可以称为社群了,小而美也是一种存在方式,而且大多活得还比较久。

在构建社群时应该思考一下,如果进入一个人数规模庞大的社群,是不是会屏蔽消息,因为遴选信息的成本高,人员相互认知成本高。相反,小圈子里,人员较少,大家相对话题集中,所以小圈子里人人都容易活跃起来。从微信群、QQ 群等社群的大数据中发现,90%的用户在不足 20 个人的小群里活跃。人人都想组建人多的大社群,但是许多大社群非常不活跃,人人都在小圈子里活跃。

因此,要以社群的成长阶段作为基础,思考是否要通过复制实现社群规模的扩大,每个社群都有一定的成长周期,应该根据阶段不同而控制扩大节奏。一般来说,规模越大的社群,越可能永远只是为新手及小白用户提供服务,在过滤优质信息上有很大的难度,这样的群如果不控制活跃度,看着每天的信息不少,但是信息价值太低,社群很快就会沦陷为一个聊天灌水群。这也会加速使高价值成员沉默或者离开,社群价值就无法得到提高。

对于社群创建者来说,必须考虑扩大规模的原因、扩大社群可以实现的目标以及社群定位是否适合扩大规模等问题,盲目复制反而会起到了副作用。

2. 判断是否有能力维护大规模的社群

通过复制扩大社群规模并不是一件不需要思考的事情,急于扩大规模却没有考虑自身的实际能力,反而会造成不好的结果。扩大规模时必须充分考虑社群的综合人力、财力、物力、精力等,之后再做出扩大与否的决定。

例如,2016 年 4 月底,微互动小黄人发出通告,主动删除自己建的全部几百个免费分享微信群,他们发现自己没有精力管理几百个群,很多微信群变成广告群,反而影响品牌形象。删除全部微信群后,微互动计划只对付费用户提供社群服务。

由此可以看出,规模的扩大意味着更多的投入,那么,相应的投入产出比能否支撑你将社群一直维护下去,这要打个问号。毕竟,情怀是很贵的。

二、社群构成要素的执行目标

每个社群构成要素有不同的执行目标,由于篇幅有限,这里针对同好要素——建立社群的目的、结构要素——社群的成员结构两个方面进行研究。

(一)建立社群的目的

构建社群首先要进行一项重要工作,就是明确目的,明确建群动机,只有做好这项工作才能顺利开展之后的工作。只有这样才可以明确后续整个社群运营及管理规则如何设置,用户价值闭环如何成型、商业闭环如何搭建。

如果一个社群的存在,既能够满足成员的某种价值需求,并在满足需求的过程中,又能够给运营人员带来一定的回报,就会形成一个良好的循环,甚至可以形成自运行的生态体系。

做社群绝对不可以在没有充分思考的情况下就运营,还没有想清楚到底能做什么的时候千万不要着急地去推广,在开始运营后再改变社群基调是一件十分困难的事情。一般来说,建群的常见目的有以下几种。

1.销售产品

这类社群成立的目的是能够更好地售卖自己的产品。如有一个人通过建群,分享绣花经验,分享完了就可以推销其淘宝小店。这种基于经济目标维护的群反而有更大的可能生存下去,因为做好群员的口碑,就可以源源不断获得老用户的满意度和追加购买。

2.提供服务

这类社群成立的目的是向群成员提供某种服务。如在线教育要组织大量的学员群进行答疑服务,还可以通过微课在线分享知识,有的企业建立社群与客户之间的连接,以提供一些咨询服务。

3.拓展人脉

对于职场人士来说,构建和维护一定人脉关系十分关键,这可能是基于兴趣,也可能是为了扩展业务关系。人脉型社群尤其要明确定位,因为很容易找不到自己的圆心。每个人的需求是不同的,如果做社群找不到圆心,是非常容易失败的。

例如,“正和岛”是定位企业家的群体,围绕创业者社群建立的生态链,下面有很多细分的组织:如“猫的剽悍江湖”定位是“不断走出自己的舒适区,突破自己的认知疆域,多跟优秀的陌生人做朋友,向他们学习”,所以该社群招募时只招陌生人。

4.聚集兴趣

这类社群成立的目的是聚集有相同兴趣的人。这类社群可以基于各种共同爱好,如读书、学习、跑步、艺术等,这类社群的主要目的是吸引一批人共同维持兴趣,构建一个共同爱好者的小圈子。尤其成长是需要同伴效应的,没有这个同伴圈,很多人就难以坚持,他们需要在一起相互打气、相互激励,很多考研群就是这样的。

例如,如 ScalersTalk 成长会以“持续行动,学习成长”为目标和价值观,口译等技能的练习只是一个实现成长的手段,其核心是聚集一群价值认同者。一起完成更有意义的事情,并从中得到成长。

5.打造品牌

这类社群成立的目的是打造品牌。这类社群旨在和用户建立更紧密的关系,并且并非简单的交易关系,而是实现在交易之外的情感链接。社群的规模大了,传播性就可以增强,对于品牌宣传就能起到积极作用。

但需要注意的是,并不是所有品牌都适合通过建立社群的方式提升与用户的关联度,也就是说并不是所有品牌都容易和用户建立产品之外的情感链接,这决定于品牌品类以及沉淀。如消费者不会觉得用一个洗手液就代表什么生活方式,因为其功能性太强;而如手机,作为有时尚度、高频度、潮流度的产品,用户对手机的关注度极高,可以讨论的话题较多,那么,社群就可以快速建立。

还有一些品牌并没有在消费者群体中建立起口碑,也就是说这些品牌并没有品牌沉淀,构建社群是比较困难的。

6. 树立影响力

利用群的模式如果能快速裂变复制的话,可以借助这种方式更快树立影响力。因为网络缺乏一定的真实接触,这种影响力往往能让新入群的成员相信或夸大群主的能量,形成对群主的某种崇拜,然后群主通过激励、分享干货、组织一些有新意的挑战活动鼓励大家认同某种群体身份,最终借助群员的规模和他们的影响力去获得商业回报。

(二)社群的成员结构

1. 创建者

创建者,顾名思义,就是指创建社群的人。作为社群的创建者,通常会具有一些特质,如吸引人的人格魅力、很强的专业能力等。除此之外,他还要具备一定的威信,能够吸引一批人加入社群,还能对社群的定位、壮大、持续、未来成长等都有长远而且正确的考虑。比如秋叶老师正是由于他在 PPT 领域的影响力才聚集了他核心群的成员,后来一起做课程、建学员群也都是按照他的规划一步步实施的。

虽然有威严、有影响力可以为社群的创建者带来一定好处,但这并不是必要特性。例如。BetterMe 大本营社群的创始人陈慧敏就是一位温文尔雅的女性,建立 BetterMe 大本营群的时候她还是位全职太太,没有任何网络影响力。

陈慧敏说,她在上学的时候有一件事对她产生了很大影响。当时班里有很多人才,谁也不服气谁来管。当时班里有位女生,虽然她并没有高超的才能,但是能让所有高手都愿意听她的安排,大家其乐融融就把活干好了,这其中最主要的原因是她没有攻击性。

因为她真正服气谦虚谨慎,认真从别人身上学习精华。只有真正从内心深处认同自己在很多方面不如别人,才能真正以学徒之心接受别人的意见，同时也能获得大家的尊重。

2.管理者

管理者的职责就是科学的管理社群。作为社群的管理者，需要具备良好的自我管理能力，要在群众中起到模范作用，率先遵守群规；有责任心和耐心，恪守群管职责；团结友爱，决策果断，顾全大局，遇事从容淡定；要赏罚分明，能够针对成员的行为进行评估并运用平台工具实施不同的奖惩。

相较线下管理，社群管理并不轻松，在一些环节上反而需要花费更多的时间和精力。管理的道理其实是相通的，线上还会经常遇到一些新的情况、新的问题，这就要考验社群管理者的应变能力。管理者还要能挖掘与培养核心社群成员，组建一个核心管理团队，遇到困难，想到一些主意，可以先放到核心群进行头脑风暴，各种天马行空的主意就像火花一样碰撞。一件看上去特别艰巨难以完成的事情，分解到多人后，解决效率就提高了许多。当社群扩大到一定规模时，就需要建立一个管理者社群，以此对社群进行更好的管理，如图 2-2 所示。

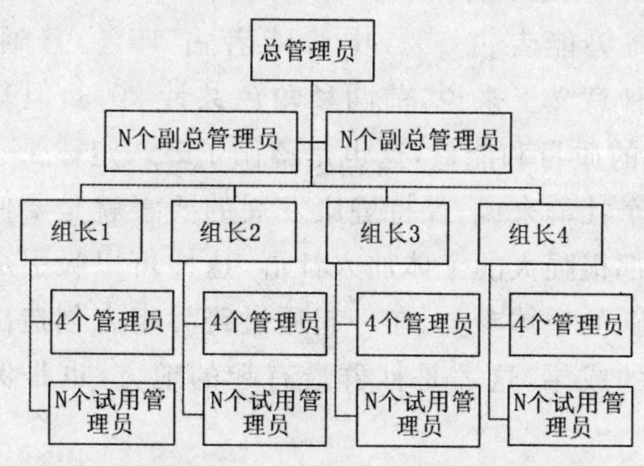

图 2-2　管理者社群结构

例如，成员人数超过 5 万人的太平人寿的 PP 琪社群，就需要一个规模相对较大的管理团队进行社团管理，对于这类社群的管理者，分为几种不同类型。

(1)试用管理员。这是初级的群管理，包括提醒新人规范群昵称、统计每日问早数据。

(2)管理员。这是试用管理员考核期满之后可以晋升为管理员,主要引导群的原创分享。

(3)组长。当一名管理员的组下管理员达到4名,则可晋升为组长,每位组长负责一个群,负责群的活跃度和群聊质量。

(4)副总管理员。一位副总管理员负责4个大群,也就是下面有4位组长,更多地分担总管理的管理成本,汇总统计整个社群的每日数据。

(5)总管理员。总管理员是最高级别的管理员,负责整个社群的管理活动,搭建群的管理架构,注入本群的文化基因,制定群每一个阶段的活动,负责整体的社群输出内容。

3.参与者

社群的参与者并不一定要步调一致,参与者可以是多元化的,多元连接才能更大程度地提升社群的活跃度,从而提升参与度,一个生命力持久的社群,需要每一位成员的深度参与。

在参与者中,建议分成高势能、中势能和普通势能3个维度。在比例上,高势能者占5%,中势能者占15%,普通势能者占80%。从某种意义上来说,前两种角色共计20%,但基本上决定了该群80%的质量和能量,这也是遵循了二八定律。

对于一个社群来说,保持健康发展的要素就是要使一些在不同领域势能都很强大的个体加入社群,这样可以吸引那些势能稍微低却很活跃的个体参与,在一起通过跨界组合创造出在自己领域难以达成的成果,这才是社群最有趣的地方,也是保持活跃度的秘诀。

社群的运营者,应该努力让社群成为有不同势能的人交换势能的平台,在平台上完成跨界合作,这种合作的能量整合起来,又可以吸引第三方参与合作。这样就可以实现社群的各相关者都能获益,实现多方共赢。

现在有很多社群会集合一些领域的普通群众,建立几个大型社群，这样就可以去邀请一些领域具有权威性的人来做免费分享，这样社群内的个体就可以收获福利，从而使社群持续运转下去，就有企业想做借势营销。社群中最热闹最活跃、成员参与度最高的时候，经常是发巨大福利或有冲突争论的时候。

由此可以看出，在一些情况下社群甚至可以引入温和反对派人物制造冲突，这样会增强社群的“使命感”，而使命经常源于某种“冲突”，通过营造冲突来强化使命，每一次冲突的解决都是社群的一次进化。

4. 开拓者

人是社群的主体、核心和资源，必须充分发挥资源，也就是人的作用，才能真正发挥出社群的潜力。所以开拓者要能够深挖社群的潜能，在不同的平台对社群进行宣传与扩散，尤其要能在加入不同的社群后促成各种合作的达成。因此，要求开拓者具备懂连接、能谈判、善交流的特质。

5. 分化者

分化者的学习能力都很强，他们能够深刻理解社群文化，参与过社群的构建，熟悉所有细节。分化者是未来大规模社群复制时的超级种子用户，是复制社群规模的基础。如 BetterMe 大本营社群的各城市营的营长都是从社群的老成员中精挑细选出来的。

6. 合作者

社群实现持续发展的一个途径就是拓展合作者，这样可以更好地进行资源互换，不同社群间相互分享，可以共同提升影响力，通过跨界合作的方式也可以为双方带来好处，可以提升社群的活跃度，延长生命周期。在这一过程中，要求社群的合作者认同社群理念，同时具备比较匹配的资源。

7.付费者

社群的运营与维护是需要成本的,不论是时间还是物料,都可以看作成本的消耗。所以社群的运作离不开付费者的支持。付费的原因可以是购买相关产品、社群协作的产出、基于某种原因的赞助等。

第二节 社群活跃度的维持方法

一、保持活跃度才能创造社群价值

社群对我们来说并不陌生,大到国家、宗教团体,小到 QQ 群、学生会等都属于社群的范畴。定义社群的概念是一个十分复杂的问题,简单来说,社群就是一个就某个方面达成共识的圈子。例如,小米社群就是对小米的某件产品达成了共识的圈子。就某个方面达成共识,这说明社群不是简单的一群人凑在一起,而是需要从精神层面寻找到某个共同点。数量不重要,但是质量很重要。质量就是“共识”,这种共识会直接影响消费者的购买行为。

但当前仍然有一些人没有意识到保持社群活力,达成群内共识的重要性,仍是一味地从表面追求量的变化。例如,有些企业在给自己的官方公众平台或官方微博加粉的时候,没有任何选择,统统拉进来。这其实和传统的一对多的营销思路没有区别,只顾自说自话,而不顾及消费者的感受。

开展社群营销需要社群有价值,而这就要求社群必须是“活”的,也就是说要保证一个社群可以不断地发声。就像小米社群,只有那些参与到小米论坛、官方微博、线下同城等活动中来,而且愿意将这些活动通过各种渠道和别人分享的粉丝才有价值,也正是这些粉丝保证了小米社群的活力。否则,一个死气沉沉的社群对营销来说,是没有任何作用的。

保持社群活力的基础是达成共识。需要注意的是,这里所说的共识并不能通过某种强制性手段强加于社群成员,而是需要他们自愿地达成某种共识。我们必须要遵循人的自然情绪和客观原因,强行推销某种观点是传统营销中经常看到的现象,这样的效果甚微。

另外,企业不应该去指挥、控制消费者社群。企业一旦有这种想法,就会人为地制定出很多规则、制度。无论是出于什么动机,这些规则、制度最终都会成为束缚社群活力的桎梏。所以,对消费者社群而言,企业唯一应该做的就是满怀热情地去拥抱并参与其中,让社群活跃起来。

二、充分发挥社群的领袖作用

社群领袖是维持社群健康成长、运行,并爆发出巨大的能量的关键。不过,前提是你必须要有优秀的产品、适合传播的话题,以及清楚自己要达到什么样的效果。因为社群的能量是强大的,它能够瞬间成就一个品牌,也能瞬间毁灭一个品牌,所以,运营社群要把握好度,不可盲目进行。

保持社群活跃度的一个重要核心是社群领袖,其具有极强的煽动力,具有活跃组内成员参与社群的作用。对于企业和商家,最关键的就是如何能够有效动员社群领袖为自己服务。当然,作为信息的发起者和源头,企业和商家要掌握发动社群领袖的基本原则——明确传递信息、坚定立场、反复强调以及进行传染性传播。在数字化社群中,我们接触的信息实在是太多了。将某一信息植入大脑中是非常不容易的,而要想实现这一目标,传播的信息就必须做到简单而有力量。

对于商家而言,必须在信息输出前明确输出的核心内容,抱着尝试的态度往往会引起不好的结果;但是也不能过于复杂,当前人们的生活节奏都很快,并没有时间听你长篇大论,一定要抓准最重要的输出核心,点到为止。

例如,恒大冰泉在一年之内换了 9 次广告主题和代言人,这种做法让消费者无所适从,完全不知道该何去何从,最后不得不放弃,选择其他品牌。当然,恒大集团财力雄厚,没有受太大的影响,如果换作其他中小企业,就会导致资金链断裂,很容易陷入困境。

由此可以看出,一定要与明确的社群传播信息,并且要保证这种输出信息是简单有力的。当然,仅仅用一句富有力量且简单的广告词是不够的,还需要反复强调、多次传播,才能起到真正的作用。

当一个富有力量、简单、容易记忆的观点得到有效重复和传播以后,在人们的认知世界里便再也不存在异议,这就是所谓的流行观点。流行观点一旦形成,就会形成巨大的能量,在社群中具备巨大的传染力。传染的力量往往来自模仿,模仿也是人类与生俱来的天性,没有什么能比天性蕴藏更大的能量了。传染的威力之大,不仅可以让人接受某种观点,还可以改变一个人的感情模式。这也可以解释流行、时尚的由来。

总之,提升社群活跃度、保持社群长久运营,一个重要前提是企业可以提供高品质产品,在此基础上提炼一个简单而有力量的核心信息,进行反复强调,有效发挥社群领袖的作用,给消费者社群树立一个有力的榜样,进行传染性传播,从而形成流行观念。

三、确定好的社群主题

(一)主题设定的作用

1. 主题的设定会直接影响社群的活跃度,它是群体成员进行互动的共同指向

主题通常可以划分为小众主题和普遍性主题。好的主题首先要考虑社群成员的需求;其次则是提出者对该主题的熟悉程

度。主题本身没有优劣之分，它的评判标准在于是否能够激发社群成员的参与热情，提高活跃度。抛出问题、活动策划都有可能成为好主题。由于问题针对性强、参与成本低、反应效率高，通常是蜕变为好主题的最佳材料。例如，知乎每周都会发布本周知乎热词，还会发布年度最热话题，下面列举2016年知乎年度100问的前10问。

(1)你所知道最冷的冷知识是什么？

(2)年轻人如何在独居时有效地保持自律？

(3)过去的五年你经历了哪些重要的人生节点？对现在有哪些影响？

(4)《疯狂动物城》(Zootopia)中有哪些有趣的细节？

(5)有哪些适合在家里囤积的夜宵食物？

(6)有哪些国内性价比较高的旅游目的地？

(7)现在赚多少钱，多少岁以后才能实现财务自由？

(8)心理学领域有哪些事实是人们不愿相信的？

(9)从摄影构图与视角来看，有哪些能培养良好摄影感的方法？

(10)有哪些违背直觉的数学问题？

2.好主题有助于提高参与感，保持存在感

存在感一般指在某个空间认识到自我存在的感觉，包括实体存在和精神存在。存在感是一种比较正面的感觉，也是比较宽泛的概念，既指对自身存在的认识，也指他人对某人存在的发现。互联网空间的存在感，一般指精神存在，即在某个社区、社群的一种自我存在的感觉。

尤其是在当前的互联网时代，人们需要在这个去中心化时代中认识自身的存在价值，找到存在感，那么就需要一定主题，好的主题引起人们的共鸣，使他们更好地认识自己。这既是当代社会精神空虚的人们获得满足的重要途径，也是减少孤独感的重要方法。存在感产生的前提是参与感和自我价值的实现。只有认识到自己的参与对某个空间产生了影响,才会有存在感。表明存在感几乎没有捷径可走,一般就是通过在社群中不断刷消息。但如果消息杂乱无章,甚至没有内容,只是一些灌水、闲聊等,只会令人生厌。

人们可以通过一定主题建立并保持自身的存在感。首先,主题为社群的交流提供了方向,以免成员言之无物,产生一些无价值的言论;其次,主题,尤其是对于一个好主题总会吸引众多成员参加,这便意味着主题讨论会可以尽可能准确地传达到每一个社群成员面前,每个人都有可能在主题讨论中成为中心人物,体现或实现自身价值,影响他人的可能性大大增加。

(二)主题设定的方法

1.作为主题的提出者,提升地位和存在感

在一个社群中提出好的主题本身,就是对社群的贡献,作为主题的提出者,通过提出好的主题会提升自身在社群中的地位和存在感。一个好主题往往与时机、普遍性、提出者自身的经验和社群成员的普遍素养等相关。一般来说,具有共情性质的主题,由于几乎所有成员都有相关的实践经验,都能够参与和讨论,因此很容易引起共鸣和反思,并使成员收获到各自想要的东西。因此该主题一出场,就会比较明显感到群情激越,社群活跃起来了。

首先,主题的提出者必须有一双善于发现问题的眼睛,要保持好奇心,发掘周围的新奇事物;其次,提出者应对主题有一定的了解,最好有自己独特的见解;再次,主题应与当时的语境(包括社会语境、社群语境)相符合,例如新年喜气洋洋、万象更新,在社群讨论丧事习惯就不适当了,或者在一个科技群里讨论当下流行服装的主色调也不合适;最后,要考虑社群成员的接受能力,每个人的教育背景、生活习惯都会有很大差距,一般来说,一些普遍性、积极正面的主题,人们比较容易接受,并且乐于参与。

例如,南通群艺谜社为了迎接新年到来,对于确定主题展开

讨论,“春节群众展猜集中,谜面是尽显英雄本色,威风八面?还是必要的礼让群众猜中,义务辅导群众灯谜常识,扩大灯谜人口?”这一主题设定比较中性,既切合语境,成员易接受,也很新奇,是一个不错的主题。

2.作为主题回答者,提升关注度

在某个主题下提出好的回答,也会吸引其他社群成员的关注,会得到好评和点赞,其社群存在感也会随之提升。赞成的前提在于该回应其他成员答不出或者很难答出,由此而产生的膜拜和佩服。一般而言,优质的回应要么有用、要么有趣。有用表现在该回应分析透彻、鞭辟入里、有论有据,其专业性和完整度是其他成员不能匹及的;有趣则迎合了人们共有的新奇感,角度新奇、语言幽默都是有趣的表现,“段子手”的出现可能就与有趣相关。

3.作为主题参与者,加强存在感

对于一个主题,即使不是好主题的提出者,也不是好回复的提出者,但是积极参与和引导了主题的发展,成为一个主题讨论中的活跃分子,也可以增强自身在社群中的存在感。在主题讨论过程中,不会只有提出者和回答者两类成员存在,也需要普通参与者(闲聊者)来进行润滑。

一是因为万一出现争执情况,闲聊者可以进行巧妙的调解,缓解由争执产生的僵硬和尴尬的气氛,让主题能够顺利进行;二是在讨论过程中,如果主题本身比较有趣,社群的气氛自然不错,但如果主题比较严肃,没有闲聊者在其中进行“润滑”,社群气氛会显得很板滞,一些社群成员可能会受不了而退出讨论。

需要注意的是,虽然闲聊可以起到润滑作用,但是要掌握一个合理的度。太多闲聊、灌水会让想认真讨论的成员望而却步,不利于开展主题,同时,该闲聊者可能会让其他社群成员产生厌恶感,存在感反而会降低。

总之,好的主题可以使社群提升存在感,而这与提升活跃度之间有直接关系。一个社群的存在感强烈,它的活跃度一般会很高。

四、增加社群的专业分享

专业分享,是社群信息的有效更新。在社群里,信息可以没有很多,但如果每天推送有效信息,该社群的生命力就不会弱。例如,罗辑思维的罗胖坚持每天一分钟语音信息,"死磕自己,愉悦大家",获得了大量粉丝。

输入和输出是社群的必要构成要素,其中输入决定了社群输出的质量和成效。只有优质的输入才能为社群带来有效的输出,两者才可能形成互补的闭环结构。专业分享本身类似于闭环结构,它既属于输入,也属于输出。对于社群管理者来说,专业分享是为了诱导社群成员输入各自的知识和见解;对于社群成员来说,专业分享是切磋、交流,是在学习了社群分享的专业知识后一起讨论、共同进步的输出。无论专业分享由何方发出,都会对双方产生巨大影响。

社群管理者应该时常发布一些专业分享内容,这种分享带有官方分享的权威性,因此,大部分社群成员都会进行查看、审阅或学习,所以有必要保证专业分享的正确性。如果管理者发出的专业分享出现了错误,尤其是常识性的错误,那将会极大地影响该社群本身的权威性和专业性,以及社群成员对该社群的认可度和信任感。

另外,管理者上传的专业分享的质量会直接影响社群成员,尤其是新成员的摄取和在该社群的发展路径。在社群中,不可能每个人都是什么都懂的"大神",有很大一部分社群成员是抱着学习的心态进群的,因此,由管理者发布的专业分享很有可能是他在学习兴趣方面的唯一教科书,如果专业分享太过枯燥或艰涩,不适合成员学习,就会影响该成员在相关兴趣方面的学习进度,他们进而可能会另选更适合自身情况的社群。

一个社群中，有一部分成员对该专业有比较丰厚的知识基础，但也有一部分成员对该专业涉猎较少，由此，社群成员上传的专业分享分为权威性的和一般性的专业分享。对专业了解比较透彻的成员在社群中的地位会比较高，一般会被称作“大神”，他们上传的分享由于对专业的熟识和在社群的地位会自带光环，成为权威性的专业分享，有些质量很高的分享还会被社群永久收藏。

对于对该专业了解较少的成员上传的专业分享，需要进一步对其正确率和专业性进行考量，同时他们的专业分享往往集中在自身遇到的问题和困难方面，进行经验传达或答疑解惑。他们总怀着求教或忐忑的心情去上传专业分享。

但需要注意的是，这些社群成员上传的专业成员并不见得不受社群欢迎。相反，这部分分享占的比重较大，在内容上来说也比较通俗，成为专业分享中查看和接收较多的一类。而且，这类成员的分享还可以直接代表社群运营的成果和反馈，意味着该社群能够给成员们带来价值，这不仅有助于宣传社群，也是对新来成员的极大鼓励。

专业分享的内容丰富、形式多样，它可以以文档、视频、语音等方式存在和分享，专业分享的核心是内容。专业性强、正确率高但通俗明白的内容是优质分享。由于语境的特殊性，即成员非实体存在、以电子媒介为载体的观看方式和实时、异时的互动机制，使专业分享还需注意以下问题，即主题鲜明和言简意赅。

最好为专业分享设定一个主题，让成员知道分享的是什么以及分享的目的是什么。一些社群会为分享规定主题，或者要求是针对某一个事件或者活动动手操作之后的任务上传。此外，跟踪式的专题报道在专业分享中也可以采纳，因为它可以弥补异时传播而导致的信息破碎，让分享更加细致和深入。

另外，人们通常不会长时间集中精神在某项内容上，无论是在 PC 端，还是在移动端上，都是如此。因此，专业分享的内容应该做到言简意赅、讲清楚、说明白，只有这样才能吸引成员的注意和兴趣,才能让他们观看和学习。

专业分享多多益善。一方面,它可以体现社群价值和专业性,更好地服务社群成员,吸引更多志同道合的人加入社群;另一方面,可以增加社群成员对社群的信任感,增加社群黏性。更重要的是,专业分享本身就是一个不断进行输入与输出的双向互动过程。分享的次数多了,社群的活跃度自然会高,何况这还是一个有价值的互动过程。

五、加强社群的互动性

在搭建社群后,需要为社群成员创建一个良好的社群环境。当前有一些企业搭建的社群待人冷漠,给人冷冰冰的感觉,让人无法感到温暖。而想要社群有温暖,首先必须学会与用户互动。互动是社群的最大优势,企业一定要把握住这一点,通过互动来打造温暖的社群环境,活跃气氛,铸造高人气。

社群营销从某一层面来说属于网络营销,网络营销之间往往存在很多共通之处。开展社群营销不仅仅是简简单单的搭建平台,更要多动脑筋,学会通过互动搞定用户,营造气氛。

(一)利用社交网络,加强粉丝互动

目前大部分企业都了解互动的意义,通过与粉丝进行对话,开展一对一互动等,都可以帮助企业加强与用户的联系。而在社群营销中,企业更可以多方面采取措施来维护自己的群成员,让社群中的气氛变得活跃。

利用社交网络进行社会化社群营销是一个非常好的方式。如利用微博、微信、Instagram 等相对比较轻松的社交网络来积极塑造企业的形象,并在这一过程中不断倡导自己的生活方式,以取得前期用户的肯定。企业可以发表个人信息,与粉丝互动,如互相评论、点赞,回复留言,写一些好玩的段子吸引用户。

例如,北京稻香村是一家专门经营北京糕点和特色食品的企

业，随着网络的发展，目前在淘宝上也经营着天猫旗舰店，如图 2-3 所示。

图 2-3　北京稻香村天猫旗舰店

随着社群营销的大趋势，北京稻香村也开始通过社群互动的方式吸引用户，在微博和微信中构建自己的社群，通过加强与社群互动的方式开展营销。

例如，在 2018 年 1 月 24 日，北京稻香村就在春节来临之际，在微博中开展了与用户的互动。通过转发评论抽奖的方式，与自己的微博粉丝互动，如图 2-4 所示。该微博的互动意图在于增加自己的粉丝量和关注度，关注和转发都会帮其实现这个目的。这不但给用户物质上的诱惑，更在精神上给用户打造了一个可以互相评论、互相交换美食心得的通道。在这里，北京稻香村很好地抓住了微博的这种社群互动优势，在社群营销中为将来的营销打下了坚实的基础。

北京稻香村
1-24 10:00 来自微博 weibo.com

#有我有年味# 小孩小孩你别馋，过了腊八就是年；腊八粥，喝几天，哩哩啦啦二十三；二十三，糖瓜粘；二十四，扫房子...年味，是最无需解释的一种情怀，入在口里，融在胃里，印在心里，化入肌骨血脉。关注@北京稻香村转发评论说说那些深藏在心中的年味，截止到1月29日，就有机会获得小稻送给大家的"糕点匣子"年味礼盒，共5份。

图 2-4　北京稻香村的微博转发抽奖活动

北京稻香村不仅在微博中鼓励用户参与互动活动，还积极原创一些好玩的段子、图片、信息,用这种自主地发表信息的方式,打开了以往企业被动的营销端口,让社群营销更上一层楼。

(二)打造"社群+移动"互动模式

随着移动互联网的发展,出现很多移动社交软件,而这些社交软件与社群营销是息息相关的。企业要进行更好的社群营销就必须抓住移动互联网带来的新鲜事物。

在开展社群营销时,应该积极打造"社群+移动"互动模式,这样有利于社群的成长和企业的发展。针对移动、社会化两大重点,应选取一个热门应用为互动和营销平台,然后推出一系列活动等,营造购物氛围,让社群成员更好地参与购买和互动。

在日本,乐天有"日本亚马逊"之称,是日本最大的网络购物公司。乐天为用户提供搜索、邮件、新闻、词典等服务。2008 年,乐天正式进驻我国台湾,称为乐天市场,使其在亚洲乃至全世界的发展又进了一步。随着移动互联网的发展,乐天在进驻我国台湾的第五年,将营销的重点放在了迎合移动互联趋势方面,主打移动互联和社群的模式。

为了提高自身的互动性和移动性,乐天创建了自己的 line 账号,line 是一个来自韩国的热门移动社交软件。一方面利用具有 line 特色的官方专属账号和贴图进行社会化营销;另一方面在 line 中建立了移动购物体系,促成消费者进行更好的"组团"互动移动端购物。

此外,为了更好地开展社群营销,乐天以 line 为平台,搭建了很多社群,乐天在这些社群中与使用者进行更好的互动,如发表新的贴图,分享免费视频、活动等,用这些优质的互动,乐天赢得了用户的认可,也在移动端不再受冷落。

(三)创建多种粉丝互动群

社群的最大优势就是它是一个群体,在这里,有很多成员,成员之间可以互相调侃、聊天、宣传。社群互动,不一定必须在之前建立的社群中，还可以是以另外一种单独的形式来构成的互动。建立多种多样的粉丝互动群是社群互动的关键所在，这样可以让来自更多渠道的用户、成员进行更便利的交流和互动。

例如，某服装店开设了自己的淘宝店，有比较稳定的销量，而且该服装店的产品质量好、款式新颖，获得了很多用户的关注。后来，该店又将店铺延伸到了热门互动购物网站蘑菇街，在蘑菇街中凭借团购、心动的价格也获得了大量用户的喜爱。

为了更好地与社群营销接轨，该服装店根据不同平台为粉丝打造了两个不同的粉丝互动群，分别为蘑菇街优店粉丝互动群和淘宝店粉丝互动群。该服装店将这两个互动群的二维码印在了用户购物时的宣传卡片中，用户拿到实物的同时，还会看到这张卡片，可以顺手去扫描一下。当用户扫描蘑菇街优店的粉丝互动群时，就会看到该服装店的一个微信账号。在其个性签名中，将其让用户满意的综旨加入其中。用户添加之后，就可以与企业进行更好的互动，加强服装店的社群人气。通过这种方式，不仅为企业营造更好的销售气氛，还为用户营造更诚信互动的环境。

该服装店通过打造这种多粉丝互动群，获得了很高的社群人气，同时在淘宝店和蘑菇街也获得了更高的人气。很多优惠活动和促销信息会在这些互动群中传递，让更多用户获得了第一手的购物信息。

第三节 社群运营团队建设

一、科学合理的大运营团队

（一）正确地判断形势

1. 行业趋势

随着社区的成长，必然需要企业壮大自己的小运营团队，而这需要通过理性判断,看清当前形势。这就要求企业充分掌握以下问题。

(1)判断自身的成长阶段,是处于成长期、壮年期还是夕阳期。

(2)如果是成长期,需要考虑迎接风口需要哪些准备?这个风口是不是一定会到来?如果长时间不到来,团队该怎么运营?

(3)如果是壮年期,存在红利,那红利周期大概会是多久?自己是否能够抓住红利?如果抓住困难,那团队要做哪些努力才能追上?可以利用的资源有哪些?

(4)如果是夕阳期,寿命大概有多久?能否转型?如果需要转型,该做哪些准备?

当然,除了以上问题外企业还需要综合其他情况,而判断自身的成长阶段,选择合适策略是扩大团队的基础。

2.竞争对手

企业在壮大自身的社群营销团队时,要时刻关注竞争对手的动向,具体包括以下几个方面。

(1)确定自己的主要竞争对手有多少有哪些,以及自己的潜在竞争对手有多少有哪些。

(2)了解自己的主要竞争对手的情况,与自己相比是处于强势还是弱势,要进行具体分析。

(3)掌握竞争对手的优势和劣势,并弄清可以学习借鉴甚至复制创新的部分。

(4)预测竞争对手的未来发展方向,判断其与自身发展方向是否一致。

3.核心能力

企业必须明确自身的核心竞争力,并且还要判断自己能否凭借核心竞争力占据市场并且迅速发展起来。

(二)学会正确放权

对于运营团队管理来说，放权是一件十分重要的事情，但是一些管理者即使知道如此却不懂放权，主要原因有以下三点。

第一，本能厌恶。人本能对风险的厌恶。放权后，可能因为其他人办事不妥当，反而惹出更多事让你善后，甚至错过机会或者降低效率。那么，很多人就担不起这个机会成本，也不想冒这个风险。

第二，替代成本。有些关键职能短期内换人无法替代，有些关键性的职能岗位，替代成本高，短期内也很难找到高度匹配的人。

第三，没有章法。也就是不知道哪些权能放和该怎么放权。

随着团队的不断壮大，需要处理的问题也会增多，管理者会越来越觉得力不从心，而这就要求管理者必须学会正确地放权。越大，需要处理的事情越多，而管理者的时间却是恒定的，要求也就越高。抓大放小、学会放权是管理者进化路上的必修课。因此，要从小权开始放，逐步增强群员的办事能力。对于正确授权，需要注意以下几个方面。

1.确定授权对象

在准备授权时，首先要确定给什么样的人授权，根据对象相关的时、事、地、因等条件的不同采取相应的方法、范围、权限大小等。在社群运营的过程中，事物都有不同的“合适”的人，未必就是最“资深”的那个人，因为所指定的被授权人，如果经验多但对于该项任务不擅长或意愿不高，未必就会比经验尚浅但有心学习而跃跃欲试的人适合。为一个任务选择一个合适的人，要比改造一个原本就选错的人容易得多。

2.明确授权内容

团队管理者需要明确需要授权的内容。从实际运营工作中衡量,只要是分散核心成员精力的事务工作以及因人因事而产生的机动权力都可以考虑下授。简单来说,当社群核心成员列出每天自己要花时间做的事,根据“不可取代性”以及“重要性”,删去“非自己做不可”的事项,剩下的就是“可授权事项清单”了。

3. 切勿重复授权

管理者在授权时,必须保证内容的明确具体,内容模糊、重复授权都是不可取的。例如,派给 A 一个关于社群调查的任务,随后又把同样的任务交给了 B,这样就造成 A、B 之间的猜疑,各自怀疑自己的能力不行,于是积极性因此下降。

有时候可能在无意间发生重复授权,因为社群运营并不像企业那样层层严格,难免有时是在口头上的授权,但团队成员就会在语意不明确的情况下,都以为这是交给自己的任务,于是就会出现双头马车的现象,造成团队资源的浪费,甚至引起核心成员之间的不团结,所以一定要注意。

4. 授权时保持信任

既然决定授权,管理者就必须对被授权人有足够的信任,这样才不会使团队成员丧失动力。缺乏信任,往往会降低工作效率,甚至产生反抗、厌烦等不良的抵触情绪。正所谓“用人不疑,疑人不用”,信任具有强大的激励效应,能够比较好地满足团队成员内心的热情,因信任而自信,工作积极性骤增。

5. 同时授权和授责

运营团队管理者,需要将权力和责任一起交给执行人。如果只有责任而没有权力,则不利于激发工作热情,即使处理职责范围内的问题也需不断请示,这势必造成压抑情绪。而如果只有权力而没有责任,又可能会出现滥用权力的现象,增加社群团队管理的难度。

6.有控制和反馈

授权不是不加监控的授权，在授权的同时应附以一些适当的控制与反馈措施，掌握进展信息，选择积极的反馈方式，对偏离目标的行为要及时进行引导和纠正，这样才能使授权发挥更好的作用。

（三）重视成本和营收

建立社群必须重视营收，即使一个社群并没有商业化运营也是如此。对于公益性社群来说，同样需要考虑持续的现金流营收，长期靠志愿者贴补或者非持续性的赞助很难坚持下去。

如果一个社群开始商业化的运营，就更应该重视营收状况了。发展得越好，越想做大做强，出现资金缺口的可能性就越大。

二、留住团队的优秀人才

（一）社群核心团队成员流失的原因

每个社群都有自己的核心成员，他们是社群的管理者和运营者。核心成员熟悉社群的流程和制度，是社群运营日常工作的参与者，维系社群的正常运转，他们参与程度高，对社群的归属感、成就感会比普通成员更强，对社群贡献大，他们的存在是社群良性发展的重要条件。但核心团队成员离开社群仍然会贯穿社群发展的整个时期。核心团队成员出走有以下几大常见的原因。

1.工作量过大

当一个社群刚形成时，各种机制并不健全，这个从 0 到 1 的建设过程需要社群核心成员投入大量的时间和精力，也就是说会为他们带来较大的工作负担。

当社群形成规模后，机构庞大，沟通变得更为复杂，各方的合作和事务的数量也会跟着增加。如果没有合理的平衡,巨大的工作量会影响到核心团队成员的日常生活,引发核心团队成员的不满,很容易造成人员流失。

2. 缺乏认同感

当前有很多社群成立之初并不是以公司的形式运营的,这就导致它们面临经费有限甚至没有经费运营的情况,通常会采用志愿者模式或兼职打赏模式,核心团队成员付出和收获比例落差大。

社群管理者如果没有科学合理地管理社群,没有找准社群定位和发展方向,一味地让人埋头干活,既没有重视他们在社群中的价值,也没有让他们在社群中得到应有的回报,当出现了其他的发展平台,如果他们预期自己花同样的时间和精力会有更大的回报,那么他们离开也是意料之中的事了。

3. 心理逃离

社群中有一部分人在社群发展初期势头很足,能够挑起社群中的大任,但是在社群发展的过程中,有时会失去后劲,没有跟上社群发展的脚步,无法在社群中继续找到自己的位置。

核心成员如果对自己的期望很高,社群对他们的期待也很高,那么自己的发展停滞很可能导致他们出现一定心理落差,就会开始质疑自己,开始对自己的能力产生怀疑,对无法再回馈社群而产生逃避,会加速他们离开社群的步伐。

4. 缺乏凝聚力

人是社群的主体,社群是由不同的个体组成的,某一领域或不同领域的出色人才聚合在一起就会产生化学反应。如果团队缺乏凝聚力,而是存在不停的争论,那么团队便不是团队,而只是一盘散沙。工作氛围差,彼此不理解、不包容、不沟通,会耗尽核心团队成员的精力和时间,还有继续留在社群的耐心。

5. 存在外界诱惑

经过社群发展活跃期后，整个社群的活力下降，用户黏性变弱，平台开始走下坡路，核心团队成员看不到社群的未来。觉得继续留着也无力回天，只能另寻出路。或者社群自身力量过于弱小，遇到有其他更有资源的社群来挖墙脚，就直接“人往高处走”了。

（二）留住社群核心成员的方法

实际上，对于社群运营来说，最重要的是建立一套适合互联网工作的组织模式，去中心化、连接一切虚拟的概念并不是重点。一个社群如果在运营流程建设、内部沟通文化、团队组织分工、运营绩效评定、商业收益转化几个维度上做好工作，社群核心成员有畅快的工作心情、有默契的工作氛围、有合理的工作回报、有可控的投入时间，那么他们愿意坚持下来的概率就大大增加。因此，在社群在运营过程中，应该重点关注以下工作。

1. 持续完善社群运营流程

实现工作的标准化，这样可以使核心成员花费更少的时间和精力在一些运营琐事上，提升运营效率。例如，秋叶 PPT 团队，一直强化社群核心成员工作事务的标准化，一开始，课程开发、内容运营、产品推广和客户服务都集中在两个人身上，随着社群规模成十倍增加，就不得不细致总结一些工作的方法，变成可以标准化操作的流程，这样就可以把一些非核心业务外包给社群成员完成，这样既可以解放核心成员的精力，也可以控制运营工作的质量，这个运营标准化梳理工作会伴随着社群的扩大而不断持续进化。

2. 追求小而精的运营规模

对于管理来说，最重要的是将正确的人放在正确的位置，实现管理人员的合理分工,尽量让成员做自己擅长的事情,对于社群运营来说也是如此。但要特别注意的是,社群核心成员并不需要全部扎堆,都在一个群或加入全部在线聊天群,这样会给核心群员极大的信息过载负担,所以更提倡"核心群+多讨论组"运营模式。

例如,秋叶 PPT 团队的一些成员对专业课程内容相关的问题更感兴趣,那么就不让他们参与社群日常运营工作,甚至可以让这些成员不加群,以此减少弹窗消息对其造成的负担,但是会另外建立讨论组讨论有关的工作,会在线下活动时邀请他们聚会,加深彼此之间的感情。

3. 建立更紧密的情感连接

社群核心团队成员经常在一起,彼此熟悉后知道对方的生日,鼓励大家互相通过网络祝福、发红包,逐步建立社群核心成员的情感联系。另外当社群核心成员遇到困难时,要及时发现,私下沟通,发动社群资源帮助其解决困难,有些事情你一个人面对是困境,但是一群人和你一起面对就有很多新办法了。

例如,在秋叶 PPT 团队中,如果有核心社群成员在毕业求职上遇到困难,那么秋叶老师就会尽量为他们寻找内推机会,为他们联系可能的企业,或者在企业咨询社群成员能力时提供详细的推荐,所有的情感连接都建立在关注对方真正的关切点之上。

4. 设置有弹性的组织架构

目前有很多社群的核心团队成员是以兼职或志愿者的形式参与社群运营工作的,当这些成员面临较大的学习或本职工作压力时就只能选择退出运营团队。如果采用弹性的组织架构,本职工作忙的时候就在社群组织架构的休息区,不忙的时候就在组织架构的高速运转区,这样就能让成员有一个回旋的余地,而不是一忙起来就只能离开。

例如,BetterMe 大本营社群就建立了有弹性的组织架构,整体上可以分为 3 个部分，即 CPU、咖啡厅、实习区。一般核心成员都在 CPU 里，但是如果核心成员在现实生活中有段时间特别忙，就可以申请到咖啡厅休息一段时间，等忙过了这一阵再申请调回 CPU，这样既保证了社群持续有节奏地运转，也让暂时没时间投入社群工作的核心团队成员有退路。

5. 构建科学的回报机制

核心成员作为社群的一员，希望从社团中寻求一定回报，因此要为社群的核心成员制定一个清晰的未来发展规划，让他们不断有机会去学习，进行自我提升，能让其获得管理、技能、专业知识等方面的提升。

社群成立初期，需要通过提高成就感的方式留住核心成员，精神上的回报要高于物质回报，要让核心人员觉得自己的存在是有必要的，他所做的事情是有价值的，而且在组织里能够找到自己的定位，产生归属感。

社团运营比较成熟后，核心成员开始深度参与社群运营，他们会见证社群的成长，这时候社群对于他们来说就不仅仅是一个平台，更像是自己的作品和陪伴的朋友。只要建立了深厚感情，就不会轻易割舍，他们对社群会付出情感。

曾经 BetterMe 大本营社群让所有核心成员填写过一次问卷调查，得到的有很大一部分答案是，从社群建立到现在，看着它长大，它就像自己的一个孩子，没有人愿意舍弃自己的孩子，所以 BetterMe 大本营的人员流失率非常低。

当社群运营进入正轨，开始具有盈利能力时，为了留住核心成员就必须设立一套科学合理的奖惩制度和绩效考核制度，让付出有效劳动的成员有相应的物质回报，让精神力量有物质基础的支撑。

例如，在秋叶 PPT 的核心团队，会按照社群成员参与开发课程、组织活动或者进行在线分享时的付出程度和工作质量，给予他们相应的回报，很多时候会是大大超出他们预期的回报。

6.及时清理团队成员

管理者必须给予社群核心成员足够的信任和尊重,只有这样才能真正调动核心人员发挥自己的主观能动性,增强在社群的参与感。但是对于加入社群后开始表现积极,但是并没有真正认同社群核心价值观的人,或者加入社群更多是为谋取个人名利的人,要及时清理,因为留下一个不同频的人,就是伤害大部分志同道合的人,及时清理不同频的人,把内部矛盾从源头上肃清,使社群保持一致的价值观,反而能提高团队的含金量。

但是一些成员被清理出群后,会因为自身的负面情绪而在外面散布一些谣言,以自己曾经是社群内部人员的身份发布一些不实信息,这可能会一时迷惑一些人,但是总的来说,这样的谣言的存在反而会刺激社群内部核心成员的凝聚力,把工作做得更好,核心团队要用好的工作进行反击,而不是用言论去回击。

7.提升社群的品牌影响力

社群想要获得持续发展,就必须创设并不断提升自身平台的品牌影响力,这样会自然而然地留住社群的核心成员,因为离开该平台反而会使他们失去一些发展和连接的机会。努力运营好社群,不断让社群可以连接更高能量的资源和平台,反而能让核心团队成员慎重考虑自己每一次的决定,从而保持社群健康发展的节奏。

例如,秋叶老师经常借助社群成员的才华和能量从外面对接一些优质合作机会,如秋叶 PPT 社群成员就可以靠才华得到在罗辑思维平台上的合作,展示读书笔记 PPT 内容并署名发表的机会。

成长的团队会使成员更想留下,在一个成长的团队中,成员也会不断成长。一些社群中会集聚一大群人才,每个人都各有所长,每个人每天都在逐渐变强大,连在里面潜水都能学到很多东西,核心成员们都很珍惜留在里面的机会。

本章小结

随着各种全新媒介的产生和发展，社群营销成为营销新趋势，各个企业开始研究如何正确有效地开展社群营销。科学的构建和运营社群是开展社群营销的关键，本章对此进行分析。本章从社群构建的基本要素、社群活跃度的维持方法和社群运营团队建设三个方面入手，对社群的构建和运营进行分析，以此为之后对社群营销的研究打下基础。

第三章　社群营销的注意事项、步骤和方法

身处在这个移动互联网的时代，社群营销已经成为大家积极谈论的话题，不仅如此，就连企业也想牢牢把握住社群具有的强大优势，大力发展相关的业务。然而，在进行具体操作的过程中，这对于企业而言，并不是一件简单的事，具有一定的难度。因此，企业应该进行一个深入的了解，对社会营销过程中的注意事项、步骤和方法做到一个具体的把握。

第一节　社群营销的注意事项

一、制定整体性规划

社群营销相对来说，是一个具有完整性的系统，从前期进行的市场调查、产品选择，到中期的具体方案策划、活动开展，再到后期的跟踪反馈、修正改善，所进行的每一步都需要企业或商家提前进行一个全面、系统的规划。如果毫无计划性，那么社群营销就很难取得好的效果。

例如，周先生是一家便利店的店主，平日里所面向的一些客户主要是来自附近社区的居民，因此他觉得社群营销非常适合自己的店铺，肯定能够进一步助推销量。但是，周先生错误地认为社群营销和促销之间没有区别，只不过是地点换成了社区里而已。于是周先生每次都是在发现销售出现严重的问题时才“临时

抱佛脚”，寄希望于社群营销上，在社区里开展一些相应的打折优惠活动，最初的一两次总体还算是取得了不错的效果，但是，时间一久，消费者逐渐对这种千篇一律的模式麻木了，失去了新鲜感，于是营销效果每况愈下，最后再也无法达到周先生的期望值了。

周先生之所以最终失败，一个最基本的根源就在于他没有进行一个全面、整体性的规划，在开展社群营销的过程中，总是随兴所至，真正感觉有需要了才回去匆匆地进行安排，既没有事先进行推广预热，也没有同社区居民建立适当的情感联系，这样的社群营销，每次开展都需要从“零”开始，既会浪费大量的时间，还会耗尽大量的精力，最终的效果也必然会大打折扣。

因此，想要做好社群营销，必须采用正确的态度去看待，不能把它单纯地看成一种促销工具，而是要作为一个专业化的营销渠道。只要销售的产品适合进行相关的社群营销，我们在做年度战略规划时，就可以把社群营销作为一整个项目单独地列出来，认真地做好营销整体性规划，从策划到执行，组织、安排好每一次活动。

在积极关注销售的同时，还要对与社区消费者的交流沟通有所关注，针对社区消费者对品牌的认知度和认可度进行有效的培养。这样在做社群营销的时候，才有可能取得更丰厚的回报。

二、做到持之以恒

通常来看，许多企业和商家在做社群营销时总是过于急功近利，迫切追求达到一种轰动效应，希望能够“一口吃成个大胖子”。虽然社群营销在快速启动局部市场方面的确具备一定的优势，但是这并不意味着仅仅通过举办一次活动、几天的推广就一定能够取得较为显著的成效。

由于一些企业和商家总是抱着一种过于乐观的心态，不切实际地认为只要在社区搞一次别开生面的“户外秀”，就能够让销量出现爆炸式的猛增，结果为了举办活动大手大脚地花了一万元费用,最终却只卖出了一千元的产品,这就会造成一种极大的心理落差,于是草率地认定采用社群营销没有太大的效果,就主动撤出了社区,将自己的市场拱手让人。

其实,进行社群营销的门槛是相对较低的,但是,由于它的营销手法简单直接,所以从一定程度上来说,很容易被竞争对手模仿跟进。如果只是将社群营销作为一种短期行为,“打一枪换一个地方”,在没有培养起消费者的品牌忠诚度前没能始终坚持,市场就会很快被竞争对手侵蚀,最终前功尽弃。

例如,有一家水果店,刚刚开始经营时,还只是一家很小的门面,既没有很大的名气,也没有出名的品牌。然而,店主一直都在踏踏实实地经营着,每一个月都会定时定点的在附近社区里开展一次优惠促销,针对一些当季的品质优良的水果做相应的推广。促销的力度并不大,只是稍稍便宜了一点,也没有热闹非凡、引人注目的现场活动,很是不起眼。但是每次活动中店主推广的水果都绝对新鲜美味,价格也相当公道。

店主就这样孜孜不倦地将活动持续了两年,开始得到了附近社区居民对他的店铺的认可,每次买水果都会优先去他的店里看一下。而且居民们不再只将他看作是一个商人,而更像是共同生活的好邻居,有什么意见建议总是直言不讳,这为店主的经营带来了很大的帮助。

这位水果店主获得的成功,一个关键就在于坚持不懈,持之以恒,他并没有将社群营销单纯作为一种促销手段,更多的是作为品牌慢慢渗透的方式,最终占领了社区的市场。

因此,企业和商家在决定进行社群营销时,就要将其作为一种长期战略进行,而不是一种过分哗众取宠的炒作手段,只有这样才能使社群营销发挥出真正的作用。

三、明确社群营销推广的目的性

在正式开展社群营销之前,必须要先建立一个非常明确的目标，确定开展这次活动的具体目的是使销售额得到一个直接的提升，还是仅仅只做宣传推广，使知名度得到一定的提高，或者是两者兼顾。这些都是要提前进行设想和明确规划的。只有对最终的目的性进行明确，才能合理制订相关具有针对性的活动方案，让活动的计划执行顺利，让活动的执行过程变得“有的放矢”，使社群营销的效果得到最大化。

在确定社群营销的目的时，也不是一种随意性，而是要周全考虑到产品自身的特性和企业的具体战略规划。

像前面所提到的，如果你的企业主要销售的是家电、汽车这类高价的产品，那么想要通过一次社群营销活动就能让消费者在现场进行疯狂抢购，完全是一种不切实际的想法。因为这类高价产品在进行社群营销的目的通常都是进一步提高知名度，逐渐培养消费者对于品牌的一个认知和信任度，进而推动产品的后续销量。整个过程是循序渐进，不是一蹴而就的。

如果销售的是一些日常生活的快速消费品，那么则要根据企业的战略来针对社群营销目标进行设定。产品的知名度在处于一种很低的情况下，就不能只考虑眼前的销量，而要将目光放长远一些，注重品牌的建立。在产品已经具备一定市场和知名度的情况下，就可以以销售作为重点，为企业带来可观的利润。

一旦对目的进行明确后，企业就可以集中资源进行相应的活动，避免出现无谓的时间和资源上的浪费。如果主要目的是销售，就大力开展现场进行促销活动，通过现场气氛进一步激发消费者的购物欲望。如果主要目的是树立品牌，那么就以宣传推广为主，多与社区居民沟通交流。

四、把握社群营销推广活动的时间和地点

无论是采用何种营销模式，都要注意时间和地点的选择。社群营销更是要针对居民的作息时间和生活习惯进行充分的考虑，从而选择最恰当的时间和地点开展相关的活动。

一般来说,早晨是社区居民比较忙碌的时段,这时候做营销,居民们根本没有心思去看。中午有许多居民需要午休,这时做营销,不仅没人看还会影响居民们休息,绝对是砸自己牌子的愚蠢选择。其实,周末、节假日以及晚上是进行社群营销最常选用的时间段。具体的时间上,太早或太晚都不是好的选择,也要注意避开社区居民的休息时段。上午 9∶00～11∶00,下午 4∶00～5∶00,晚上 7∶00～9∶00,通常来说这是比较好的几个营销时间段。

关于地点的选择,自然是人流量越大越好,居民越集中越好,位置尽可能显眼,最好处在社区居民的一个必经之路旁边,但必须注意不能对居民的正常通行有所影响。活动地点也不必完全拘泥于社区内部,社区附近的广场、公园等,只要是社区居民经常会去的地方,都是不错的选择。

对于时间和地点的选择都不是绝对的,还要适时地考虑到产品的目标消费群体,选择该群体在特定时间段内经常去的地点开展营销活动。

例如,某品牌保健酒主要面向中、老年人,刚开始做社群营销时,选择了下午 4∶00～5∶00 在社区入口处的广场上开展活动。然而他们很快发现,虽然来来往往的人不少,但是中、老年人的比例并不高,现场气氛始终不够热烈。

后来,他们发现该社区的中、老年人都有结伴在附近公园晨练的习惯。于是,他们选择了公园作为活动地点,在早晨的 6∶00～9∶00开展营销,持续了半个月,果然取得了不错的效果。

总之,社群营销推广活动的时间和地点,在选择上不必非要瞄准黄金时段和地段,根据不同产品做出不同的选择往往能取得更佳的效果。但是无论做何选择,都要严格遵守不打扰社区居民日常生活的原则。

五、明确产品及企业的特性

通常而言,有些产品在做社群营销时能够立即取得立竿见影的效果，销量飞速地提升，而有些产品却看的人多买的人少，销量停滞不前。之所以能够造成这种差别，可能不是营销活动的优劣，而归根到底是产品的特性所决定的。

譬如，在日常生活中必需的一些快速消费品，牙膏、牙刷、纸巾、零食等，由于价格不是很高，消费者也没有太强的品牌忠诚度，这也很容易受到现场气氛的一种影响，于是出现随机性购买概率就比较高。而对于一些高价格的家电，电视、空调、电脑等，消费者在选择和购买时就会很谨慎，现场的成交概率就非常小。而价格更高的汽车，就几乎不可能在社区直接销售了，更多的是进行宣传和展示，引起消费者的兴趣。

所以，根据产品自身具有的特性，企业和商家在进行社群营销时，需要做出全面的判断，不能仅从现场销量就判断活动的有效性，还要结合产品的特性。销量高，并不代表活动方案完美无缺，销量低，也不代表活动完全没有效果。

一些知名度较高的企业和商家在做社群营销时，之所以能很快地取得显著的效果，多数是因为他们对消费者有着全面的了解，所以，这样一来，就节省了进行自我宣传介绍、让消费者得到认可的时间。消费者对企业和产品都有一定程度的了解，就不会去对产品和活动的真实性有所质疑。

而对于一些知名度相对较低的企业和商家，在社群营销初期可能就比较难迅速地取得明显的成效，因为消费者对其并没有形成一种足够的认识和信任感。但是，这并不意味着知名度低就不适合去做社群营销，恰恰相反，因为社群营销与消费者更为接近，能更快地拉近企业同消费者的距离，所以这是积累名气、树立品牌的一个不容错过的好方式。

应该清楚地认识到让消费者了解企业是一个非常必要的过程，只有一点一滴地积累企业自身的知名度，在此基础上才能快速打开市场。

六、注重与社区便利店和零售店的合作性

经常会有些经营者或营销人员可能存有这样的疑问:“做社群营销,是我们企业自己的事,干吗还要考虑社区便利店和零售店?”其实这样的想法完全是错误的。

社群营销,终归只是一种具体的营销方式,针对企业而言,不可能每天都搞活动,不可能始终靠这种方式来销售。想要在社区内长期稳定地站稳脚跟,就必须与社区便利店和零售店开展相应的长期合作。

对于一些已经进驻社区便利店和零售店的产品,在做社群营销时更要注意相互配合。如果为了进一步扩大产品影响力就大搞特价促销,势必会对便利店和零售店的相关产品销量造成一定的影响,直接损害了他们的利益,那么,就会导致他们拒绝与企业合作、销售相关的产品。

例如,伊利牛奶在做社群营销时,就很注重同便利店和零售店之间的默契配合,对他们的利益进行一个切实的保障使其利益不会受到损害。

伊利牛奶在开展相关的活动时,并不会采取直接打折促销的方式,其销售价格始终与便利店和零售店保持一致,只是在活动内容上动了一些脑筋。通过现场举办一些有趣的小游戏和抽奖活动,吸引消费者的注意,结果不但活动现场售卖取得了一定的效果,也扩大了产品在社区内的影响力,带动了便利店和零售店的销售,深得这些合作伙伴的欢迎。

必须注重与社区便利店和零售店之间的合作,这样不仅为企业创造一个长期稳定的销售网点,而且对于企业的后续营销也会带来很多的好处。一般而言,社区便利店和零售店同社区居民接触时间更长,他们对于社区内的消费者们的购物习惯、倾向、喜好有着更为清晰的了解,该社区内最近流行的商品,他们也能够获取第一手的情报。这些关键信息为选择具有针对性的产品,开展

针对性的活动都提供了重要的依据，对企业来说是无价之宝。

七、控制现场气氛

在社群营销刚刚开展，没能引起居民们注意时，不要空等，可以找一些认识的人或是企业内部的员工假扮成消费者，在现场进行咨询或购物，从而增加现场人气，俗称为"托儿"。

虽然，对于很多经营者而言，对这种手法没有什么好感，认为这是一种对消费者进行的欺骗。其实，这只是一种营造气氛，吸引消费者注意的小方法，在销售中的应用由来已久。只不过，有一些不法分子将之用在了诈骗的勾当上，长此以往才让人们产生了一种偏颇的认识。

方法是否合适，关键还是在使用的人身上，如果采用一定的方法用在正途上，那就是有利的；如果用在歪处，那便是一种不正当手段。只要做到产品的品质有一定的保证，做到让消费者用着舒心，消费者就不会有一种"上当受骗"的感觉；如果产品质量严重不合格，那才是对消费者一种真正的欺骗，即便是没有请"托儿"帮忙。

许多店铺在刚刚开张时，活动刚开展时，都会采用这种请人营造现场气氛的方法。而对于消费者而言，他们的心态大多是一样的，哪儿人多，就往哪儿去。人多的地点，先不说产品是不是最好，自己需不需要，好歹不会是假货。人少的地点，产品肯定有问题，这是消费者的一种意识。

所以，采用合理的方法制造现场气氛，对消费者适当地进行引导是很有必要的。气氛是会不断传染和持续的，因此很少会出现忽冷忽热的情况。冷场时只会越来越冷，火热时就会越来越火。

八、切忌自乱阵脚

通常，一些企业和商家在做社群营销时，为了能够促使销售额得到快速提升,不惜一切代价,进行大打价格战、赠品战,一个本身好端端的产品,结果给人一种卖不掉白送的感觉。这样做不仅难以提升销售额,更完全是自己贬低产品的档次,贬低品牌形象,让消费者感觉这就是地摊货。

在所有的营销手段中,降价促销是最坏的一种选择,尤其是没有明确的目标毫无目的地盲目降价。降价促销也许能在一段时间内提高销量,但是企业必须卖出比之前更多的产品才能达到盈亏平衡点,如果想获取足够的利润,就要付出更多的销售力量。降价容易提价难,一旦消费者习惯了降价后的价格,就很难再对产品原本的售价进行认可了。

虽然,一些企业可能想通过扩大销售来进一步增加产品在消费者心中的强大影响力,但是毫无理由地进行大幅降价,只会让消费者产生一种强烈的不信任感,他们总会有一种感觉,你的产品价值是不及售价的。

例如,有一家不太知名的矿泉水企业,为了提高企业产品在当地的市场占有率,瞄准了当地几个比较大的社区开展了营销活动,开展得还算顺利。可是,很快,另一家矿泉水企业也开始进驻了这几个社区,同他们展开了竞争。

面对这种情况,这家企业的管理层陷入了恐慌,为了确实地占领市场,他们草率地选择了降价,让每瓶水的价格比竞争对手的低了一元钱。但是此举非但没能提升销量,反而让社区居民认为他们的矿泉水质量不高,比不上另一家企业的,结果一败涂地。

细究导致这家矿泉水企业失败的直接原因,主要就是在面对竞争时没能冷静地去仔细分析状况,而是选择盲目地降价,结果损害了产品在消费者心中的地位。如果企业先针对消费者对于产品、价格方面的观点进行调查,再根据消费者的意见采取相应的策略,也许会有一个完全不同的结局。

切实进行社群营销,一定要保持正确的心态和观念:我们做社群营销,是为消费者提供便利的,而不是去兜售劣质低端的处理货,只有这样,社群营销才是积极的、有意义的。

九、切忌单打独斗

互联网时代，跨界已经成了一个崭新名词，比如锤子手机的成功就是一个很好的证明。所以，企业在开展具体的社群营销时，也要有确切的跨界思维。那些认为只要建立一个类型的社群，然后笼络住这部分用户，就可以获得社群营销成果的人想得过于简单。

对于企业而言，只依赖一个大社群，那么很难获得长期的营销成果，因为在这个多元化的互联网世界中，社群也应该是具有多元化的。虽然互联网社群是以价值观聚合而成的，但是社群与社群之间并非一种封闭性的存在，而是一个相互融合的状态。

因此，如果一个企业不懂得社群之间的相互通融，不进行跨界合作，仅仅靠单打独斗是很难长久生存下去的。企业不仅要注重社群之间的相互融合，与不同社群之间的合作也是很有必要的。

例如，2010 年，蒙牛乳业与迪士尼进行了个性化的联合营销。很多人认为，蒙牛只是一种乳制品，属于快消品行业，而迪士尼则属于娱乐行业，从表面上来看，这两个企业分属于不同行业，甚至没有任何的联系。但是，出人意料的是，就是这样毫不相干的两个企业却在社群营销方面双双联手，共同实现了社群的最大盈利。

当时，迪士尼推出了全新回合网游“梦幻迪士尼”，这个游戏总体来说非常刺激、震撼。用户在玩游戏的过程中，可以完全享受到全身心的刺激体验。

因此，这个游戏一经推出就迅速获得了大量玩家的热烈支持。而蒙牛也很快就搭上了迪士尼，想要为消费者和玩家带来更具个性化的产品。

于是，两个企业便开始了社群联合的模式：第一，在各大超市，人们会看到“梦幻迪士尼”中的游戏人物喝蒙牛乳品的广告和信息;第二,玩家在玩这款游戏时,可以花钱购买到标有蒙牛标志的虚拟体力进行补给饮料。

通过这样的合作,玩迪士尼游戏的人会通过广告而看到蒙牛饮料,从而因为自身需求而对蒙牛有一定的好感;而蒙牛也在自身的消费群体中,宣传迪士尼游戏的具体内容,两家公司利用彼此的资源获得了社群营销的成功。

这次社群的完美融合,让蒙牛乳品成了"梦幻迪士尼"玩家的补给能量的第一选择,同时也在很大程度上带动了蒙牛实体营销;而且,也让迪士尼在蒙牛粉丝群中获得了更大的传播力,吸引了更多年轻人去玩这款"梦幻迪士尼"游戏。

可见,在社群营销中,不同社群结合在一起进行营销活动会出现非常神奇的效果,可以直接带动社群之间的互动、共同体验,让不同行业得到共赢的机会。

十、有明确的信仰

关于信仰的解释,这或许是一个较为高深的问题。简单地说,信仰是人们对人或事产生了兴趣依赖之后形成的一种精神上的依靠,它是生活中不可或缺的一部分。企业在进行社群营销时,如果想要获得长久的利润,就要构建起粉丝的信仰,这样才能长久地留住客户。因此,一个社群的生存与发展一定要有信仰的实力支撑。

例如,Darry Ring(DR)求婚钻戒是一个致力于真爱文化传播的品牌。男性用户凭身份证一生仅可定制一枚,其寓意为"一生、唯一、真爱",购 Darry Ring 真爱钻戒,享 Darry Ring 式爱情,如图 3-1 所示。在进行购买钻戒前需要签署真爱协议,授予真爱证书,并开通定制专属页面,凭身份证号码购买和查询。

图 3-1 Darry Ring 婚戒

一时间，Darry Ring 吸引了大批忠实粉丝，每天都会有大量的粉丝下单。这是因为这些粉丝对 Darry Ring 有一种崇高的信仰，对 Darry Ring 的“真爱”模式的坚定信仰，始终维护着这个品牌。甚至这些粉丝认为，只有 Darry Ring 族，才能加入社区。这些人认为世界上只有两种人，一种是 Darry Ring 族人，另一种就是非 Darry Ring 族人。

此外，在新浪微博中，关于 Darry Ring 的一个“我是 DR 族”的话题竟然有 13 亿多的阅读量。大量的粉丝都会参与相关的话题，并晒出自己购买 Darry Ring 戒指和真爱誓言。凡是看到的人，也会被 Darry Ring“真爱”所打动，纷纷参与购买，于是 Darry Ring 的订单每日保持只增不减的态势，而且是持续地增长下去。

由此可见，当企业的产品有了明确的信仰，社群有了明确的信仰，粉丝也有同样的信仰之后，这个产品也好，服务也罢，一定会长久地持续下去。因此，就表明企业进行社群营销的过程中，必须要站在高处，往远处看，这样才能真正获得持久的利润。

十一、不要仅仅销售产品

很多人存在这样的疑问：社群不应该就是企业用来进行营销

的吗?为什么卖产品的社群就会死呢?的确,建立社群的最终目的是盈利,但是,在这个过程中,并不是简单地售卖产品,因为社群的主体是人,不是产品。只有对人有了充分的了解和把握,产品才能卖得出去。所以,以卖产品为主搭建的社群是难以长期生存下去的。

比如,人们很容易为一个明星而聚集在一起,却很少因为某个消费品聚集在一起。这是因为产品自身是没有生命的,如果不进行相应的宣传,人们对它没有完全的了解,那么就不会进行相应的购买。所以,企业首先要做的就是建立一个有效的社群文化,合理建立彼此的信任,然后再进行产品推广。

那么,企业搭建社群,就需要做到:首先,企业可以通过自明星的魅力和影响力来搭建一个社群;其次,如果没有自明星,那么可以采用一些有趣的活动或者有内涵的内容来吸引趣味相同的粉丝进行关注,并且将其聚集在一起。另外,企业还可以通过一些有意思的体验,给用户带去更多的便利。

例如,中信银行与顺丰速运在 2015 年共同推出“中信顺手付”App,这是一个创新的客户端,也是国内物流与传统银行之间的一个联合,如图 3-2 所示。这两个不同领域的企业因为“移动支付”而联系在了一起,产生了交叉点。从某种程度上来说,这是以两者的交叉点为基础打造的一个新社群。

图 3-2 中信顺手付

在这个社群中，人们在一定程度上会对顺丰和中信有一个全面的认识，从而积极下载。通过这个社群，顺丰速运的用户可以购买顺丰优选的产品、在线下单、体验快递服务等，中信的客户也可以通过这个 App 办理各种银行在线业务。

因此，无论是对于中信银行还是顺丰速运而言，都在这个社群中得到了实实在在的利益。

由此可见，企业在建立相应的社群时，如果想要让社群能够长久地运营下去，就不能只单纯地售卖产品，而是要以用户的实际需求、兴趣、便利、体验为出发点做好相关宣传，这样才能真正赢得用户的肯定和认可。

第二节　社群营销的步骤

一、社群营销的具体步骤

（一）定位

1. 目标客户定位

社群营销，需要对目标客户进行准确的定位，需要一一进行分析。并不是每一个客户都能够赚钱，仔细分析目前的客户，可以发现很多客户是不赚钱的，而且还会伴有一定的麻烦，所以第一个关键就是要选对客户，定制好客户标准。

2. 主打产品定位

通常，很多公司都希望把自己的每一个产品推广到极致，但是，处于移动互联网的时代，这种做法只会加速失败。一个主要的原因在于目前很多产品同质化过于严重，消费者不知道我们的产品究竟具有什么特色。

这就需要针对一个产品进行主推,把这个主推产品打造到一种极致,做到让用户刮目相看。传统的大而全的产品推广方式已经难以适应当下的情形,就像诺基亚的手机品牌非常多,但是最终被苹果公司的一款机型打败了。

(二)运营

1.学会先付出

进行运营,就要学会先付出。任何一个人决定购买产品的时候,都只是一个具体的行为,而在行为背后一定是有一个情感做具体支撑的,我们需要找到这个具体的支撑点,围绕这个支撑点找到一种我们可以为顾客免费提供服务的机会,通过免费降低顾客与我们接触的成本,进一步提高我们与顾客之间的信任度,这样一来,就不再是传统的一种生硬销售。

2.互动

传统的销售,过于单一,没有贴心的服务,这样的销售,只会让顾客感觉自己和企业心里的距离都很遥远,不够贴心,而造成这种情况的主要原因是沟通方式不正确,但是移动互联网时代下,微信、QQ、微博等可以让我们直接面对终端客户,不断听取来自他们的意见,让顾客感觉到企业不再离自己很遥远。

(三)推广

进行推广的时候,必须要找到适合自己的推广渠道。

“社群营销”最终目的就是通过社交媒体进行具体的营销。目前,通常的社交媒体就是微信、微博、QQ 等。这些渠道每一种都有自己的特点。

通常来讲,我们就是通过这些渠道不断分享对目标客户有帮助的知识加上频繁的互动,不断加强我们与目标客户的联系,最终实现销售。

二、网络社群营销的具体步骤

（一）包装具备话题性和自发传播性的“病毒”

现在，有许多企业和商家在网上发帖、发微博，进行网络社群营销，但是帖子和微博的内容不仅枯燥乏味，而且广告性质明显，其效果可想而知，网友不予理睬也就罢了，更坏的情况是引起他们的强烈反感，最终使得产品和企业遭到“全面封杀”。

网络社群营销，需要有好的创意为出发点，能够做到让网友拍案叫绝，才能够不动声色地引爆舆论传播。制造具备话题性和自发传播性的“病毒”，才是脱离网络社群营销泥沼的一条正道。

例如，雀巢推出的“笨NANA”雪糕之所以能够风靡一时，不仅仅是凭借可爱的外形和像香蕉一样可以剥开来吃的新奇创意，同样也离不开网络的推波助澜。

“笨NANA”雪糕刚刚上市就引来了广泛的关注，而且迅速走红网络，成为网友一度追捧的对象，商家也适时地进行宣传和引导，加速了网络口碑的传播。同时在线下，商家还有针对性地采用了“饥饿营销”的手段，使得各大地区都陆续出现断货情况，这就更引发了消费者的好奇。好不容易买到雪糕的消费者都会拿起手机拍张照片，发条微博，晒一晒自己的成果，吃“笨NANA”雪糕瞬间成为一件有面子的事情。仅仅通过消费者进行的自主传播，就已经为产品带来了极高的关注度。

“笨NANA”雪糕最终能够营销成功，一个最大的关键就在于具备话题性，尤其是商家采用“饥饿营销”之后，进一步针对话题性进行了强化，引得广大消费者竞相“晒雪糕”自发地进行传播。

因此，网络营销能够取得成功的关键，其实就在于积极调动网友的宣传力量，充分发挥每一个自媒体的机能，而要达成这样的效果，就要求产品本身或是活动要具备一定充足的话题性，只有这样，才能进一步引发来自网友的自主传播热情，营销才能成为快速传染的“病毒”。

(二)充分调动网友参与话题

做到让广大网友积极参与其中,才是让营销内容变得更醒目、更火爆的最大推动力。在论坛里,网友回复数量多的帖子才能热起来,在微博上,转发量和评论数多的博文才能火起来。这就表明,如果网友不参与其中,那营销内容只能是原地踏步,最终被挤到一个没有人能发觉的角落中。

例如,凡客诚品的知名度持续暴涨的趋势,绝对离不开来自“凡客体”的功劳。“凡客体”最初只是一段广告宣传文案,意在戏谑主流文化,极力彰显品牌个性。原版的文案是代言人韩寒的一段自我介绍。“爱网络,爱自由,爱晚起,爱夜间大排档,爱赛车,也爱 59 元的帆布鞋。我不是什么旗手,不是谁的代言,我是韩寒,我只代表自己。我和你一样,我是凡客。”

自此之后,便引来了广大网友的热烈围观,广大网友也竞相进行恶搞,充分发挥自己的想象力,将代言人调包成各种名人,“凡客体”瞬间火了起来,有网友调侃道:“在‘凡客体’世界,只有想不到,没有看不到。”而商家也趁机借势,通过官方微博搜集网友的各种广告 PS 版本,进一步扩大了知名度和影响力。

凡客诚品获得的成功营销,最大的关键就在于对众多网友参与话题进行了积极的调动,“凡客体”不仅幽默有趣,而且符合广大年轻网友的心态,结构不烦琐而是较为简单,使得每个网友都可以尽情参与进来,最终设计出属于自己的凡客文案。

因此,网络营销的传播,不能仅仅依靠企业和商家自己来推行,这样效率无疑是很低下的。网络时代,尤其是自媒体时代的到来,最大的变化就是信息之间的交互性,如果能够积极调动网友的参与热情,那么企业和商家就等于多了许多网络宣传媒介。

(三)借助舆论领袖的力量

在进行网络营销过程中,营销话题能不能得到网友的信任,能不能快速进行传播，话题的内容是一个重要的方面，另外就是还要看信息的发布者。如果信息的发布者只是一个默默无闻的网络“菜鸟”，那么这条信息很容易就会被淹没于茫茫的网络信息大海中。相反，如果信息的发布者是网络中的一些舆论领袖，那效果就会截然不同，比如论坛的版主、网络大 V 等，他们发出的信息，即使内容非常普通，也会引来许多人的关注。

所以，企业和商家在具体开展网络社群营销时，一定要注重对舆论领袖的力量进行合理的借助，同他们展开具体的合作，从而借助他们之手发布及传播营销的相关信息。

例如，某品牌汽车在为新款车型进行论坛营销时，就特意邀请了汽车论坛的版主和一些核心人物，进行新车试驾，然后请他们写出对新车的评测日记，在论坛上做相关的发布，于是引来了众多网友的关注，取得了极好的宣传效果。

在进一步对网络现存的舆论领袖进行寻找的过程中，企业和商家也可以自发地培养出具有针对性的舆论领袖。知名的宝洁公司，多年以来就不断培养了一批又一批联络员型的消费者，他们经过自身的不断经营，进而化身为各大网站、论坛的知名 ID，从而活跃于各个网络社区中，在很大程度上为宝洁公司的各项网络营销活动贡献了许多力量。

需要注意一点的是，对于舆论领袖而言，企业和商家一定要采用“招安”而非“收买”的方式，如果只是用金钱去购买他们的“发言权”，一旦企业和商家的“舆论欺诈手段”被曝光，那么给自身带来的负面影响是无可估量的。

所以，在进一步借助舆论领袖的力量时，一定要先让他们对产品和品牌进行充分的了解，让他们产生一定的认同感，让他们真心实意地去做宣传，这样才更具有真实性。

（四）真诚沟通

真诚沟通在任何营销活动中，都是企业和商家必须始终严格遵守的原则之一。而在网络社区中，真诚沟通显得更加重要。

所谓的真诚沟通,主要表现为要保持营销内容的真实性、可靠性,一定不能掺杂任何夸大或虚构的成分。在网络社区中,人们对事物的判断已不再是只依靠自己进行,通常借助来自五湖四海的广大网友的集体智慧来做出判断。

所以,一定不要在网络中弄虚作假,如果被揭穿,很容易和网络社区群体间形成对立的紧张关系,不但营销做不成,“骗子企业”的恶名甚至会迅速传到网络的各大社区之中。

当然,对于企业和商家而言,不可能一直保证完美无瑕,有时候一个不经意的疏漏,一个不可控的客观因素,或是消费者的误解等,都会带来舆论危机。

例如,一直以无微不至的人性化服务著称的“海底捞”,在2011年也曾一度深陷“勾兑门”事件,给企业带来了巨大的信任危机。

但是,面对出现的危机,“海底捞”方面没有任何狡辩或推诿,反而在第一时间在官方微博上向广大消费者致歉,并表示会全力配合媒体及相关部门接受调查。同时,老板张勇也在个人微博上坦诚,“这些年,一会儿捧,一会儿揍,有点儿乱,有点儿难。”并表示,一定真诚地接受公众的监督和检查。

这种公开、真诚、敢于负责的沟通态度,很快就争取了许多消费者的宽容和谅解,于是这场严重的危机也慢慢地平息了。

无论在任何时候,和客户进行争辩,输的人只会是商家自己。面对危机,强硬地对抗,或是口若悬河地辩解,通常只会进一步使消费者的不满情绪激化,使危机进一步加剧。真诚沟通,才有可能获得来自客户的信任和赞同,才是应对危机的最好处理方式。

(五)建立品牌社区

品牌社区,实际上是由一部分对某一品牌有着特殊的偏爱,产生心理共鸣的消费者组织起来,进而形成的一种网络社区的形式。

品牌社区能够在很大程度上加速品牌在消费者之间的传播,

能够迅速对客户数量进行拓展。品牌社区能够将竞争对手隔绝于“高墙”之外，对品牌产生认同的消费者会具备更高的忠诚度，甚至会厌恶其他品牌的同类产品。品牌社区还能够为企业和商家提供大量的信息反馈，这些来自忠实客户的反馈信息，对于产品和服务的改善有着巨大的帮助。

品牌社区对于企业的品牌战略虽然有着非比寻常的意义，但是企业不能强求，如果强行创建品牌社区可能会带来适得其反的效果。品牌社区必须是基于消费者源自内心的一种兴趣、喜好、信仰而自然形成的，只有这样才能发挥出最佳功效，任何功利性的干涉都会使其“变味”。

所以，企业需要做的就是善于发现处于雏形阶段的品牌社区，并对此进行积极的培育，密切关注品牌社区内消费者的关注点，满足他们的具体需求，加深他们的品牌信仰，促使品牌社区加速成长，以达到事半功倍的效果。

当然，品牌社区的形成与维系，也需要企业进行不断的适当的引导。

1.培养消费者对品牌的认同

品牌社区形成的一个主要前提就是品牌认同，消费者只有对品牌有了一定的认可，产生一种狂热的喜爱之情，才会自发地形成品牌社区。

所以，企业对于消费者选择品牌的影响因素要进行明确，对这些因素做一个深度的挖掘，提供让消费者更满意的产品和服务，这样才能加深他们的品牌认同感。

2.培养消费者之间的相互关系

对品牌社区进行维系的关键就是消费者之间的相互关系，消费者对于使用自己认同的品牌的人总会有一种独特的亲近感，所以企业应当合理地借助这种情感，以品牌消费者认同的价值观为基本出发点，有针对性地设计品牌宣传口号，进一步促使消费者能够继续保持品牌忠诚,并吸引其他具有相似价值观的消费者前来。

第三节　社群营销的主要方法

一、社群营销的方法

(一)意见领袖是基本动力

社群不同于粉丝经济,过度地依赖个人,但是它依旧需要一个意见领袖对其进行相关引导,而且这个领袖不能随便找人充当,必须是某一领域的专家或者权威人士,这样才能进一步推动社群成员之间的互动、交流,从而树立起社群成员对企业的信任感,从而传递有用的价值。

(二)提供优质的服务

企业通过进行社群营销,可以在一定程度上提供实体产品或某种具体的服务,从而来满足社群个体的具体需求。

提供服务是社群中一种最普遍的行为,比如招收会员、得到某种服务、进入某个群得到某位专家提供的咨询服务等,能够吸引不少人群的注意力。

(三)优质的产品是关键

无论是处在工业时代,还是在移动互联网的时代,产品都是销售的一个核心所在。如今,企业做社群营销的关键依旧是围绕产品进行,如果没有一个有创意、有卖点的产品,那么再好的营销也得不到消费者的青睐。

(四)宣传到位

一旦具有了好的产品,接下来就要看企业以什么样的方式来展现出来,这显得尤为重要。

在这个移动互联网时代,社群营销可谓是一种再好不过的选择了,这种社群成员之间的口碑传播,就像一条锁链一样,环环相套,有着较强的信任感,比较容易扩散且能量巨大。

(五)选对开展方式

社群营销的开展方式并不是单一的,多种多样。比如,企业自己通过建立社群,做好线上、线下的交流活动;与目标客户进行合作,支持或赞助社群进行活动;与部分社群领袖合作开展一些相关的活动。

总之,企业必须在开展社群营销方面多下功夫,才能达到良好的社群营销效果。

二、常用的营销技巧

(一)情感营销

当一个消费者对某种产品进行选购时,通常会认为这是遵从理性的一种选择;当同一个消费者放弃对该产品进行购买时,通常认为是由于该产品的质量过于低劣、设计不是很细腻反而很粗糙等。而实际情况则是,一位用户所发生的购买行为,不仅与产品的硬性指标有很大的关系,还与心理和情感因素有很大关系。

因此,有不少营销专家认为,营销与心理学有一定的关系,具体来说就是一个征服,或获得对方情感认同的过程。

情感营销,主要指将消费者个人的情感差异和需求作为营销的具体核心,通过对情感包装、情感促销、情感广告、情感口碑、情感设计等策略进行借助,从而激起消费者的情感需求,进一步诱导消费者心灵上的共鸣,寓情感于营销之中,最终实现企业的经营目标。

采用情感营销之所以有效,首先是因为对于消费者而言,很多时候,消费者购买商品时所看重的并不是数量多少、质量好坏以及价钱高低,而是为了得到一种感情上的满足、心理上的认同;其次,是因为相比于不断以各种说服教育、比较强硬地催促用户购买产品来说,情感营销是用更加温柔的情感、更加细腻的言语,使用户主动要求购买产品。

另外,通过采用情感营销,获得的消费用户,往往都是有效的用户,甚至可能是铁杆粉丝,这些用户一般与社群的黏性比较强,更容易产生反复购买的行为,因此,在提高消费量方面更加有效。

要想使情感营销成功进行,就需要用户对于社群的价值观有明确的认可,或者迎合一部分用户的价值观,如文化、个性化、品位、笑点、痛点等。具体如下。

1. 文化

进行情感营销就需要对文化进行适当的借助,而文化主要源于情感。随着消费观念的不断变化和消费水平的逐步提高,人们购买商品不单为了满足生活的基本需求,还需要获得精神上的享受,对产品的需要不仅停留在功能多、结实耐用上,更需求消费的档次和品位,要求产品能给人以美感和遐想,即"文化味"要浓,最好能集实用、装饰、艺术、欣赏、情感于一体。这就进一步要求商品应该拥有精神内涵和文化底蕴,归根结底就是要求商品要有一定的情感因素在其中,从而进一步刺激消费者的购买欲望。

例如,有些企业,针对中国悠久的文化予以了充分的利用,进行相应的营销活动,不仅牵住了消费者的情感,也牢牢扣住了消费者的心。

例如,杜康酒因为"杜康"而闻名。杜康相传是黄帝的一位大臣,因为善于酿酒,号称"酒祖"。杜康的大名对于中国用户来说,比较容易形成品牌效应,信任杜康酒,甚至认为杜康酒应该会"名不虚传”。并且，杜康所带来的丰饶的文化底蕴，也具有十分丰富的宣传价值。

例如，曹操的《短歌行》中“何以解忧，唯有杜康”，诗人白居易《酬梦得比萱草见赠》中“杜康能解闷，萱草解忘忧”等诗句都牢牢抓住了中国消费者心中很难丢失的一种古典情怀，并且也能够巧妙迎合“借酒消愁”这个成语，从而为杜康酒增添了几分生色。

2. 追求个性

一件产品有时候除了能够给人们提供一种物质利益，还能充分满足心理需求的精神利益。精神利益可以使消费者找到感情的寄托、心灵的归宿，用当代人最流行的一句话来说，可以叫作“花钱买感觉”。对于以80后、90后为主流的消费者群体来说，个性化往往是一个重要的消费因素。

例如，万宝路就曾以美国西部牛仔作为其个性的表现形象，以充满原始西部风情的画面衬托着矫健的奔马、粗犷的牛仔，充分地突出了男子汉放荡不羁、坚韧不拔的性格而尽显硬汉本色，如图3-3所示。其中，正好反映了人们一种厌倦紧张忙碌、枯燥乏味的都市生活，希望能达到对世俗尘嚣的某种排遣和解脱，怀念并试图获取那种无拘无束、自由自在的情感补偿。

图3-3 万宝路品牌

3.时尚和浪漫

听到时尚与浪漫这两个词,就能隐约感觉到它们永远不缺少追随者。例如,当人们走进肯德基、麦当劳的时候,也许觉得它本身的味道并不怎么样,或者价格太贵,但是即便如此也没有拒绝肯德基、麦当劳。那是因为,肯德基和麦当劳作为一种时髦的消费地点,使人们从中得到的更多的是心理上的满足。

无论是哪个时代,都会有一部分人站在时尚的最前列,并且他们自身具有很强的感染力和传播力。这部分人群对于文化及社会风俗的新潮流具有敏锐的感知能力和接受能力,可以吸引追求时尚的人跟随其中,从而形成一种消费潮流。

例如,世界著名十大香水晶牌之一的 Poison(毒药)由法国克里斯汀迪奥公司于 1985 年推出。对于有猎奇心理的新潮女性来说,这个神秘、脱俗,甚至有点吓人的名字本身就带有一种无穷的诱惑力。另外,该公司的另一品牌香水 Dune(沙丘),与沙丘相关联的瞬间、回忆、梦等便会吸引众多浪漫多情的女士和男士,如图 3-4 所示。

图 3-4　Dune

4.品位和艺术

品位和艺术，一般而言意味着具体的格调与阶级。知乎曾有一个“想要成为贵族的必备条件”的问题，一位知乎网友给出的答案比较好：在一代又一代高品质的生活中产生的一种高品位和艺术敏感度，往往是贵族的必备条件之一。用户在进一步消费产品的时候，有时往往不只是产品本身，还在于其所具有的一种情调、品位和艺术性，这些看似无形，但在有些情况下，很可能就是一种无价之宝。

例如，瑞典“纯粹伏特加”最初曾因价格过于昂贵、造型非常丑陋、斟酒费劲、没有品位等原因强烈引起美国消费者的反感，销路不是很顺畅。

后来，经过商家在品位上大做文章，从感性上寻求一定的突破，不惜重金聘请了优秀的摄影师、画家在酒瓶上创立了一幅富有感染力、诱惑力和审美价值的印刷广告，通过质朴的画面、精湛的艺术，塑造了一个高雅、智慧、自信、神秘的品牌形象，赋予消费者一种自信、自如、高雅的感觉。

这样一来，不仅使该酒的品位和艺术形象得到了有效的提高，还使之成为美国消费者借以显示身份和地位的一种名酒，在很大程度上满足了那些追求高品位的消费者的情感需求。

5.人性化

社群要想在营销方面具有无可比拟的优势，必须做到善知人情冷暖。因为只有收获人心，才能掌握最好的营销方式。情感营销以人性化的方式展开，就是指紧贴用户的日常需求，充分满足或者便利用户的生活需要，让用户即使身处寒冷的冬天，也会觉得暖意洋洋。

例如，伊利与网易合作推出了“热杯牛奶，温暖你爱的人”主题活动，旨在借助暖意，打通寒冷的冬日。活动以H5形式，主打温暖视觉及手掌互动，开屏画面即呈现布满哈气的窗玻璃，就像冬日里在窗上涂鸦一样。只要用户擦擦屏幕,暖心文字就会浮现出来,立刻营造温暖氛围。

另外,手掌互动环节,也是别有一番风采,更进一步带给用户“温暖”的体验。用户只需将手掌贴在屏幕之上,利用手机屏幕的感应机制,牛奶就可以被“加温”,如图 3-5 所示。

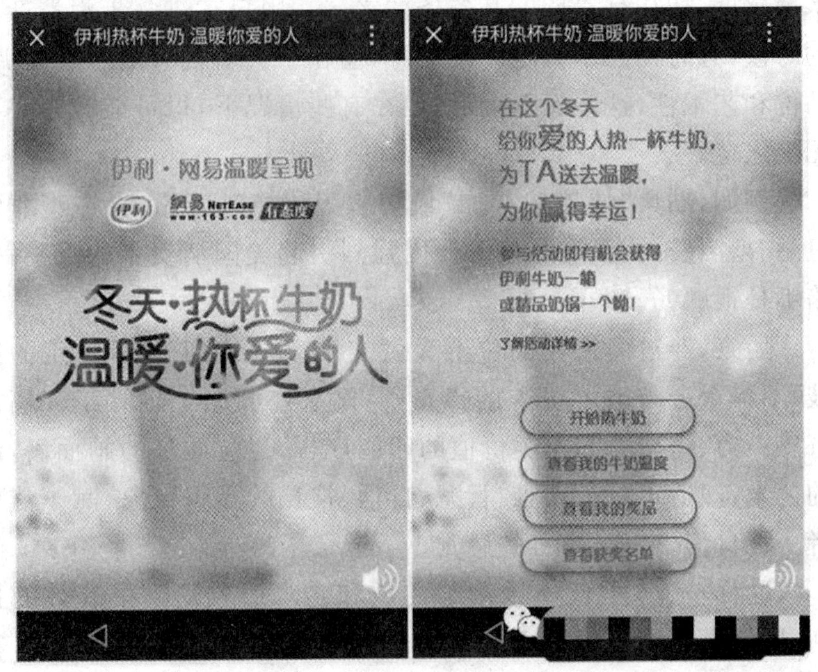

图 3-5 热杯牛奶,温暖你爱的人

再比如,美的集团于 2015 年正式推出美的洗悦家家电深度净洗服务。由于空调、冰箱、洗衣机等这些身边的“白色家电”在使用一段时间后,其强烈的静电会牢固吸附大量灰尘和污垢,这就会使家电内部逐渐变成家庭内藏污纳垢、滋生细菌的“窝点”,从而给人们的健康带来极大的危害。

于是,针对此,美的集团经过不断深入、细致的研究进行开发,投资全力打造全新 O2O 家电深度净洗保养上门服务。美的洗悦家专业从事吸油烟机、冰箱、洗衣机、空调等各类家用电器的保养及深度净洗服务,使人们在使用家用电器的同时,能够拥有更加健康、舒适的生活,如图 3-6 所示。

图 3-6　美的喜悦家

6. 特殊事件

特殊事件，主要指代的是一种具有深刻的社会影响力，并受到社会广泛关注和跟踪的一些具体热点事件。这些事件，往往针对人们心中的笑点、泪点、痛点等进行了激发，从而引起情感层面的波动。情感营销经常会使用到的特殊事件有社会事件、节日等。

无论是动物还是人类，都具有一定的情感。情感是一种极其微妙的东西，如果社群想要通过情感诉求去打动消费者的心，那么首先就得了解当前消费者最关注的点，掌握什么容易触动消费者的心弦。在此基础上，结合新闻、事件、引人注目的社会动态等进行情感的诉求，这样会比较容易引起消费者的注意和感情触动。

例如，在“神州 5 号”“神舟 6 号”成功实现载人航天的时候，中国人民的爱国之情和自豪感空前高涨。也正是趁着广大民众将目光都集中于载人航天，内蒙古蒙牛乳业股份有限公司及时抓住商机，有针对性地迅速推出了一则广告“蒙牛牛奶是中国航天员专用牛奶”，如图 3-7 所示，这一举动成功利用引起受众对中国航天的自豪感进而积极吸引消费者。

图 3-7　蒙牛牛奶，中国航天员专用牛奶

当人们处于一种休息状态的时候，由于脱离了学习和工作，所以一般就会想到该如何庆祝节日的问题了。节日不但渗透着传统文化，更诉说着人们的一种节日情怀。这时，进行实时的情感营销，往往会更容易触动身处节日里的用户们的温柔的内心，从而引爆相应的消费。

例如，百事可乐的“把乐带回家之猴王世家”的营销策略，就是抓住中国传统节日的特色进行情感营销的典型例子，如图 3-8 所示。该品牌的营销思路主要就是围绕猴年—生肖猴—西游记—齐天大圣孙悟空—经典孙悟空扮演者六小龄童进行的。

图 3-8 猴王世家

该营销之所以能够取得成功，主要原因就在于，当中国用户听闻 2016 年的猴年春晚六小龄童不会出现时，群情激愤，而广告正是这个时候迎合了很多人心中接近完美的神、儿时的偶像——孙悟空的怀念和呼唤心理。

同时，也在很大程度上满足了人们让六小龄童这位公认最经典的孙悟空扮演者的怀念和期盼，让六小龄童成为人们对孙悟空的一种情感信仰的发泄口，从而成功地赢得了消费者的心。

（二）奖励营销

奖励营销，具体则指在用户接受营销信息的同时还可以获得相应的奖励。通常包括购物奖励、推荐奖励以及将营销信息附加在赠品上的营销方式等。

1. 购物奖励

购物奖励,主要指在购买产品的同时,可以有机会获得一些额外的奖励。

例如,一款火热的游戏《地下城与勇士》(DNF)官网就推出了相应的幸运购物活动,玩家只要在商城里购买任意一种道具,就可以在购买成功的弹窗里获得相应幸运购物活动的抽奖机会,这种奖励比较实用,如无期限普通、高级、稀有装扮兑换券。

2. 推荐奖励

推荐奖励,通常是指在推荐其他用户进行参与活动的同时,自身还可以获得一定量的提成。这种奖励方式,常用于一些投资、金融理财方面。

例如,积金汇采取推荐提成活动,推荐好友投资,即可获得好友投资的提成,享有两级高收益提成,另外可获得一级客户投资收益的10%和二级客户投资收益的2%作为提成;成功推荐有效投资用户,按照推荐人数奖励现金,具体如图 3-9 所示。

有效推荐人数	奖励金额
1-5人	10元/人
6-10人	20元/人
10人以上	30元/人

图 3-9 推荐奖励

3. 将营销信息附加在赠品上

将营销信息附加在赠品上的这种营销方式,其中最典型的就是如手机流量奖励营销,即向用户赠送手机流量的同时,附着上想要宣传的产品信息。

例如，凯迪拉克就通过利用流量对新款凯迪拉克 ATS-L 进行宣传。客户只要登录到凯迪拉克天猫旗舰店，预订新款 ATS-L 28T，填写相关信息并预付定金，那么前 100 名前往指定 4S 店完成购车合同签订的客户，即可获赠 1 亿 KB 免费安吉星 4G LTE (车载移动网络系统，类似于 Wi-Fi)流量。

与之前的购物奖励相比较而言，将营销信息附加在赠品上的营销方式，更具有一定的优越性。“购物奖励”一般都需要面临传播有限、范围较小、奖励众口难调的局限性。而将营销信息附加在赠品上的营销方式，则不同，它的覆盖面相对较广。活动周期也比较长，并且手机流量一般都是大众需要的东西，因此，不会出现众口难调的相关问题。

(三)内容营销

关于内容营销，在具体的实际操作过程中，一些社群运营者可能会出现营销误区，以为只要获取一定的注意力，同时把零售价格相对降低，那么就可以实现成功营销。但是，殊不知这样讨好消费者的营销手段，其实是很难获取黏性强的社群用户的，以内容服人，往往才是成功营销的一个重要因素。

内容营销主要在于打造内容性的产品，让产品成为社交的具体诱因。一般来说，内容营销从产品端开始就要做足功夫，最大程度为产品注入“内容基因”，打造全新的“内容性产品”，从而形成一种自营销。

通常来看，“内容性产品”主要包括以下三个明显的特点，分别是：(1)赋予目标用户一种较为强烈的身份标签，使他们在一定程度上具有社群认同感和归属感；(2)用户在进一步选择购买该产品时，已经产生了某种情绪共鸣，能够理解并且接受产品自带的相关内容；(3)当内容植入产品，产品成为一种实体化的社交工具。当用户使用该社交工具时，首先会和产品产生最直接的第一次互动，然后会与同样适用该产品的用户，碰撞出各种故事。

例如，锤子科技推出的一种文青版坚果手机。2015 年 10 月，锤子科技的罗永浩发布了“只有18%的人会喜欢的”文青版坚果手机。该手机主要是专门为文艺青年量身定做的,所以在手机外壳上做足了功夫,如背壳颜色采用文艺青年比较喜欢的暗淡色系,远洲鼠、落栗、鸠羽紫。并且文艺青年版坚果手机在发布会前的8张悬念海报,做得也较有强烈的“社群感”,这些行动足以能够明确体现“物以类聚、人以群分”。其中蕴含的藏头诗也不乏一定的创意。

实际上,无论在内容营销过程中采取什么形式的载体,对于社群而言,最后都是要与互联网相互结合在一起的。因此,内容营销最适宜的载体是能够在网络上短时间内实现病毒式传播的各种形式,例如视频、音频、图片、文字等。而这些形式都涉及相关的技术,因此,在一定程度上,与技术达到一种相融合的状态,可以明显增加内容的亮点和切实体验感。

例如“See you again,加德满都”——百度全景尼泊尔古迹复原行动。2015年4月25日,尼泊尔发生了里氏8.1级地震,使得位于加德满都等地的古建筑群在很大程度上遭到了严重损毁。2015年4月29日,百度便对外宣布发起“See YOU Again,加德满都”百度全景尼泊尔古迹复原的行动,并为此开辟专门的图片上传渠道,把全世界游客在尼泊尔拍摄的照片资料都进行了相关的收集。紧接着,通过百度地图全景的技术,对遭到损坏的尼泊尔古迹进行了数字化的三维还原,让还没来得及亲眼看到的用户也可以一睹这些历史建筑曾经的辉煌,如图3-10所示。

图3-10　百度全景尼泊尔古迹复原行动

那么，究竟什么样的内容才能真正称得上是好内容，从而促成一次成功的营销活动呢？

第一，好内容应该是具有一定的相关性的，要与特定群体的具体需要和期望具有高度的关联性。

例如，Nike 跑步广告片——Last，向最后一名马拉松运动员致敬，如图 3-11 所示。该广告的视频以马拉松为主题，大致讲述了这样一个场景：一场马拉松比赛即将结束的时候，工作人员已经开始清理现场，但是，仍有一个参赛的女孩，虽然落在了最后，但是没有放弃，仍在坚持跑步。

第二，内容应被易于进行阅读和理解。用户看社群的相关宣传视频、文字、海报，并不是为了做脑筋急转弯，去反衬社群运营者的聪明。用户之所以愿意花时间去看的一个前提，是该内容易于进行阅读，能够在短时间内抓住主题和重点。

因此，好的内容应该有着明确的主题突出、通俗易懂。

图 3-11　Last

例如，淘宝和《ideal 理想家》进行了相关的合作，有针对性地推出"淘宝小众文化潮流趋势图谱"，如图 3-12 所示。直接以一种大数据的方式呈现了 90 后用户的时尚风貌，从而简洁、明白地为那些关注时尚潮流的用户提供了明确的指导。

当然，进行明确指导的前提就是为了能够为相应的产品做一定程度的宣传。

图 3-12　90 后年轻人潮流趋势

第三，视觉上能够吸引人的内容，能够在第一时间内得到用户的关注。网络空间具有的灵活性，促使营销者们在视觉上也是煞费苦心。

例如，通过采用富有一定冲击力的图像。号称视觉营销利器的Cinemagraph，或许可以为内容营销增添一定的光彩。Cinemagraph是介于视频和图像之间的一种新形态GIF图片，它可以将数张静态画面组合在一起，从而成为一张GIF的动态画面，除了局部能够进行持续变化之外，图像的其余部分都是静止的状态。它可以向观者展示静止时空的魔法，能够让凝固的画面与变动的画面进行交相呼应，从而突出想表达和表现的主题。

再有就是以丰富的表情符号，进一步带给用户一种视觉冲击力。例如Emoji表情。荷兰宜家出品的一套Ikea Emoji比较有特色，如图3-13所示，一是洞察一些家常话。Ikea Emoji是一个比日常语言更加能进行传递爱与理解的语言工具，能减少伴侣之间的言语摩擦；二是这款宜家出品的Emoji，有一系列大家耳熟能详的宜家产品，例如宜家餐厅的瑞典肉丸，从而很巧妙地实现营销。

图3-13　Ikea Emoji

第四，好内容还应该同时具有一种良好的互动性，从而成为一种与用户的真实对话。

内容营销绝对不是单向的内容灌输，同时还应该是双向的互动交流。

例如GE的“Emoji科学实验”就是GE号召粉丝们在Snapchat上发送一个自己最喜欢的Emoji,GE用科学实验的方式,将该Emoji生动地演绎出来,并制作成短视频送给粉丝。例如一个粉丝最喜欢“心碎”的Emoji,GE就发给他以下实验:在圆柱形玻璃瓶中放置小苏打和醋酸溶液,并在瓶口处套一个爱心型气球,不停摇晃瓶身,小苏打和醋酸溶液发生化学反应后,产生的二氧化碳气体越来越多,让爱心气球膨胀,最后爆炸了。

本章小结

本章重点围绕社群营销过程中的注意事项、步骤和方法进行了相关的论述。其中,在社群营销的注意事项中,我们进一步了解到,进行社群营销,并不是一件简单的事,需要做到整体性的规划,坚持不懈了解产品及企业的特性、明确进行社群营销的目的性等重要事项;而进行社群营销的步骤,也是要遵循的具体规律,明确做好定位、运营及推广手段;关于社群营销的方法,也应该做到全面的综合,把握好相应的关键所在,通过一些经常用到的营销技巧合理进行社会营销。

第四章　社群营销之微信

自从 2014 年微信用户突破 5 亿以来，就以每个季度新增 5000 万用户的节奏稳步增长。微信对于用户体验很重视，也有意培养用户的使用习惯，发展到现在，微信已经渗透到我们生活的方方面面。利用微信进行营销也是一种重要的营销手段。

第一节　微信的营销价值

一、微信的产生与发展

2011 年 1 月 21 日，腾讯正式推出微信，官方定义它为“更快速的即时通信工具”，在移动互联网时代，微信已成为人们生活、办公、消费娱乐的一个必备工具。根据腾讯公布的业绩报告，微信月活跃账户数达到 945 亿个，上亿个月活跃用户也使得微信成为各个商家、企业激烈竞争的主流营销渠道。

2011 年 4 月，Talkbox 突然火爆起来，“微信之父”张小龙敏锐地察觉到了这个契机，决定在微信中加入语音功能。5 月 10 日，微信 2.0 版本发布。相比微信 1.0 版本的“短信交互”，微信 2.0 版本增加的语音功能，使得微信在同类产品竞争中占据有利位置，由此微信的后续价值得以提升。

2011 年 8 月 3 日，微信 2.5 版本发布出来，这个版本中多了支持查看附近的人这一功能，可以使用户查看到附近微信用户的头像、昵称、签名以及距离,以便用户之间产生进一步的互动交流。2011 年 10 月 1 日,微信发布 3.0 版本,支持“摇一摇”和漂流瓶。微信由“人沟通”向“陌生人交友”的转变也使得微信新增好友数和用户数迎来第一次爆发性增长。

2011 年 12 月 20 日,微信 3.5 版本推出,其中一个最重要的功能,便是加入了二维码,方便用户通过扫描或在其他平台上发布二维码名片,添加微信好友。

从微信的产品更迭历程可以看出,微信的社交属性已成为它的最大亮点,而它营销价值的显现,则与朋友圈及微信公众平台的产生有莫大关系。

2012 年 4 月 19 日,微信 4.0 的 iOS 版发布,“朋友圈”功能引起业界颇多注意,有评论认为这是微信“社交平台化”的一种尝试。微信 4.0 版本支持把照片分享到朋友圈,让微信通讯录里的朋友看到并评论的同时,微信还开放了接口,支持从第三方应用向微信通讯录里的朋友分享音乐、新闻、美食等。

在人们的生活中,现在微信朋友圈已经成为重要的场景,因为它帮我们筛选了和你相关的信息,这也为微商的发展奠定了基础。

在 2012 年 7 月,微信公众平台开始内测,这也使得微信从一个成功的产品真正演变成为一个平台,由此开启了微信的商业化进程。微信公众号采用的是“订阅+推送”的模式,订阅号为媒体和个人提供了一种新的信息传播方式;而服务号则提供了强大的服务功能,企业利用自定义菜单,并获得如支付等高级接口的使用权限,从而给企业和组织提供更强大的业务服务能力与用户管理能力。由此微信展开了“社交+营销”的新篇章。

从目前来看,微信已经逐步搭建了一个完整的生态系统。由最初的人与人沟通交流的通信工具,逐渐演变成一个连接人、硬件和服务的生态系统。其中,微信的社交营销价值也日益彰显。朋友圈及微信公众平台为商家和企业的信息传播打开了通道,而微信巨大的用户基数、极高的用户黏性和活跃度也为商家和企业创意营销提供了平台基础。初期微商(朋友圈卖货)便是依托微信强社交性、高用户黏性、快速传播的媒体属性而产生,虽然这有许多弊端,使得这一商业模式日渐落寞,但微信的营销渠道价值却始终存在,其中微信月活跃9.45亿人的用户量是开展微信营销的基础,用户对于微信的高黏性是商家精准营销、互动转化的有利优势;朋友圈及微信公众平台更是商家的低成本、高回报的营销传播渠道,这种基于朋友之间的深度社交关系,对于产品及品牌的口碑传播、收益转化的效果是非常显著的。

总的来说,微信是移动互联网时代下的必然产物,而微信的强社交属性又催生了其营销渠道的价值,随着电商激烈的竞争,微信这个强势崛起的营销渠道越来越受商家、企业的重视。有人的地方就有营销,如何把握当下机遇,做好微信营销,则是电商从业者面临的重中之重。

二、微信的营销价值表现

微信开启了一个全新的时代——微营销时代。微信的力量让这个时代发生了许多改变,生活、工作、娱乐甚至思想在微信的影响下也随之发生质的改变。它的营销价值主要表现为以下几个方面。

(一)社交价值

微信的社交价值是用户最熟悉的一种,微信最初的定义便是"更快速的即时通信工具"。社交属性是微信最大的特征,通过微信,人们可以与同学、朋友、同事、亲友沟通聊天;而微信红包、朋友圈互动、微信群等功能的相继出现,不但满足了用户间维系关系的需求,还体现了其营销价值。无论是熟人关系的稳固,还是社交人脉的积累,对商家而言,微信的社交价值都不容忽视。

此外,在微信公众平台上,商家与客户可以进行一对多的交流,利用微信公众平台可以轻松地对用户进行精准的分类、贴标签、管理,从而形成一个 SCRM 平台。其价值在于营销行为的设计,针对不同的用户群体实现更为精准的划分,从而缩小目标群体的范围,提高对目标人群的影响力和转化率,这便是微信公众平台的社交价值所在。

(二)自媒体价值

微信公众平台已经逐渐成为商家开展微信营销的必备工具,是如今企业宣传和品牌传播的重要渠道。微信诞生之前企业宣传与品牌传播也只有借助电视和网络等传统媒介渠道,只能发干巴巴的文字短信进行媒体传播;而有了微信以后,用户可以全面使用多媒体功能,例如:语音、视频、图片、表情、链接等,这样有利于驱动用户主动进行分享,扩大品牌的影响力。在自媒体的推动下,微信营销不乏一鸣惊人的品牌传播效果的例子。例如年糕妈妈、罗辑思维、视觉志等公众号就涌现了大量“10 万+”“100 万+”“1000 万+”阅读数量的微信文章。对于广告主而言,这样大的阅读数量就是品牌、商品传播的一种渠道。

(三)数据价值

商家可以通过微信展开线上线下活动,并且根据活动效果进行数据分析。这是因为微信不但可以对用户进行标签、分类,还可以用来保持与用户的交流沟通,了解用户需求,甚至可以利用数据库对用户进行差异化分析,锁定目标用户、培养潜在客户、提高老客户转化率。除此之外,可利用官方微信公众平台、H5(传播页面制作工具)等树立品牌形象,为客户提供咨询服务,拉近彼此距离。同时,商家利用微信渠道开展数据化运营可以有效地降低运营成本,节省不必要的开支。

越来越多的商家和企业利用微信这一社交平台做起了营销,并且取得了不错的效果。现在电商的竞争也越发激烈,微信中所蕴藏的营销价值在很大程度上能够帮助商家维系新老客户资源,对客户实施精准的社会化关系管理。此外,微信可以实现病毒式营销的传播效果，通过不间断的奖励活动，刺激老客的分享行为，从而产生新的客户资源。在微信平台，由于用户黏性非常高，通过内容为主的营销活动，商家与粉丝长期建立的亲密互动关系，对于品牌的塑造与传播、目标客户的建立与维系十分有利。除此之外，微信可以帮助商家企业节省广告支出、节约人力成本，是商家维护品牌、管理客户的有效渠道。

三、微信营销的优势

随着微信用户基数的不断增大，微信营销也越发火热起来。微信营销是网络时代对传统营销模式的一次创新，为众多行业带来了契机，为企业及营销人员拓展了新的营销思路，借助微信平台可以实现品牌推广、渠道扩展和客户服务等功能。微信营销的特点也被大众熟知，并得到广泛的认可。

(一)用户的高精准度

微信在沟通上具有便利性，加上所耗流量较小，现在已经成为超过手机短信和电子邮件的主流信息接收工具。商家为增加粉丝数量，会放出很多诱饵，诱导用户主动订阅，这样所增加的粉丝精准度非常高。此外，微信公众账号可以通过后台对用户进行分组，这样在推送信息时可以实现有针对性的精准消息推送。

(二)营销成本低

传统营销一般需要借助大众媒体开展落地活动，营销推广成本高。而微信本身是免费使用的，团队组建、运营、监控管理的成本也较低。

(三)信息的高曝光率

信息的到达率和曝光率不完全是一回事。比如邮件群发，用户能接收到信息并打开邮件，这个推广信息才算是曝光在用户面前了。但很多邮件是直接进了垃圾箱或者收件人未打开阅读就直接删除了。然而,由于大多数人的微信好友数都比较少,且具有很强的提醒力度,如铃声、通知中心、角标等,这样通过微信所推送的信息,就有了高曝光率。如果推送的信息经过优化之后,基本可以达到百分之百的高曝光率。

(四)方便的信息推送

微信在推送消息时不仅支持文字,还支持视频、图片、语音推送等。公众账号可以群发语音、图片和文字,认证之后,获得的权限更高,更漂亮的图文信息能进一步拉近与用户的距离,用户体验度得到提升。图文配合语音、视频,非常有利于开展营销活动,这种人性化的营销手段也促使微信营销快速地被大众接受。

(五)信息至用户终端的高到达率

网络营销效果的好坏,很大程度上取决于所推送的信息是否能准确到达用户终端。信息到达率是指到达用户终端信息数/推送信息数。在微博营销过程中,商家发布的微博很容易在用户信息流里面被淹没。但微信则不然,只要用户关注了微信号,每一条信息都以推送通知的形式发送,从而保证了信息可以百分之百地到达订阅者手机上。两者比较,微信的效果更好。

(六)有利于维护老客户

做营销的人都知道,开发新客户的成本远远高于维护老客户。由于微信的受众人群更加精准,推送信息的高到达率和高曝光率,企业可以大大节省客户运营成本。垂直行业和细分行业利用微信营销能更好地维护企业和客户的关系,能真正体现出“情感营销”精髓的,目前除微信外,别无二家。

(七)营销方式灵活多样

微信营销方式多种多样,商家可以结合自身的情况,有选择地应用，如利用漂流瓶就能产生招商银行“爱心漂流瓶”的宣传效果；利用位置签名让附近的微信用户都能看到你；利用二维码，快速添加，快速获得商业促销信息；利用微信开发平台，接入第三方应用，无限拓展微信营销功能；利用朋友圈，可以实现精彩内容的快速传播；利用微网站可以进行互动和品牌推广，将商家信息、产品服务、促销信息、市场活动等信息通过微信直接展示给用户。

四、微信营销的发展

（一）第一阶段：野蛮起步

微信营销的野蛮式起步阶段可追溯到2012年11月至2013年7月左右。2012年4月19日，微信发布4.0版本中更新了朋友圈功能，由此开始盛行以朋友圈代购为代表的微商。与2005年的淘宝一样，那时的微信让一部分朋友圈“微商”获利不菲。但由于朋友圈微商以代购、朋友圈卖货等方式为主，所售产品以奶粉、面膜、奢侈品居多，再加上部分微商复制品牌微商的代理模式，以次充好，以假乱真，在朋友圈暴力刷屏，导致微信营销市场鱼目混珠，亟待规范化。

（二）第二阶段：意见领袖

意见领袖式发展阶段可以说是从2013年8月至2014年1月左右开始，该阶段主要发展模式是，以塑造品牌或社区个人形象为主，来达到吸引粉丝、授课培训的目的。这一时期伴随着公众平台的迅猛发展，一部分已通过微商发展起来的个人开始写文章、传授微信营销经验技巧，并广泛传播，以提高个人知名度，成为该领域KOL（关键意见领袖 Key Opinion Leader）。而这些意见领袖此时并不依靠贩卖产品获得利润，而是通过向企业或社群团体“授课”的形式获得收益。

(三)第三阶段:稳健发展

当前来看,基于微信公众平台而建立的O2O、电商生态环境正日益壮大,“内容营销”“粉丝营销”“互动营销”备受瞩目。微信营销的本质是社群,并非赤裸裸的营销,商家更多的则应该关注人与人之间的社交关系,即以达人或兴趣为主导,以微信平台作为链接的一种社群经济。在微信营销领域名声赫赫的自媒体电商达人,如雕爷、年糕妈妈等,他们的共同特点就是以产出优质内容并病毒式传播,吸引用户为主,进而通过“社交”互动玩法,将用户沉淀为忠实粉丝,这也是现在微信营销的主要方向。

从根本上来看,微信营销是人的营销,这也与微信的属性、定位分不开。朋友圈进行情感维系,公众平台做好优质内容产出,从人出发,而不是一味地做广告,这样才能为营销打下良好的基础。2016年10月,YSL品牌新品——星辰口红爆红网络,不论男女都在围绕“叫男朋友送YSL星辰”“我怀念那个不懂YSL的女孩”等话题疯狂刷屏朋友圈。YSL能引起这次刷屏热的原因,是因为以年轻人普遍关注的爱情话题为导火线,在微博制造热点,加上营销号的造势,于是掀起一波关注和讨论热潮。之后,微信大号纷纷跟进,推送YSL相关文章将话题发酵,再加上朋友圈截图、秀恩爱等方式,一同把YSL推上舆论高峰,虽然这种营销方式让人诟病,但YSL能掀起这次热潮的根本原因在于话题深入人心,切合年轻男女的关注点。同时也体现出品牌以人为本、贴合用户需求的重要性。

现在的互联网电商,若单纯依靠硬性广告,已无法打动用户,更别提让用户买单,而以人为本的微信营销,则有为品牌增强传播效应、转化优质客户为品牌“忠粉”的能力,从而体现微信营销的隐藏价值。

五、适合微信营销的企业特征

微信营销是网络经济时代企业营销模式的一种创新,越来越多的企业和行业开始涉足微信营销。但并不是所有的企业都适合进行微信营销。实践经验证明，看一个企业适不适合做微信营销，应当要从以下五个方面来判断：一是微信营销是不是有助于你的用户来购买产品，提高购买率；二是微信营销能不能为你的用户带来更加不同的体验和服务，让用户满意；三是微信营销能不能帮你的企业提高运营效率，比如，搜集用户的反馈内容、改善经营服务等；四是微信营销能不能为你挖掘到潜在的新客户；五是微信营销能不能满足企业的营销和品牌传播需求。

众所周知，不同的行业和领域特点不同，而切入微信营销的初衷和方式也会有所差别。但是一个企业一旦加入了微信营销的行列，那么就需要结合微信营销的特点来发展。所以，从这个角度来说，不是任何一个企业都适合做微信营销的。一般情况下，适合微信营销的企业或组织应该具有如下几点特征。

（一）受众定位年轻人的群体

微信的使用群体年龄集中在 18—35 岁之间，那么利用微信推送信息的企业，所提供的产品和服务就应当主要针对该类人群。当然，这并不是说针对小孩子或老年人的产品、服务就不可以借助微信平台推送。比如保健品、幼儿服装、食品等信息，也可以利用微信平台推送。但这类信息的接收者多数也是年轻人，如果他们对信息产生兴趣并且发生消费行为，那么更多的是买来送给父母或者孩子。中老年人或者小孩自行消费的产品，在微信平台上直接推送收获的效果不大。

（二）区域化经营企业

微信有一个非常大的优点就是拥有 LBS 定位功能，可以查找附近一公里范围的微信用户，这就为区域化经营企业提供了寻找潜在客户的便利。比如，一家餐饮企业，在每天 11—13 点，16—18 点这两个时间段，给周围的用户发送餐厅当天的优惠信息。如果正巧有人在附近逛街，不知道吃什么的时候，可能就会对这条信息产生兴趣。如果该餐厅还有团购,那么把团购地址也放在推送的信息里,效果往往会更好。

(三)受众定位精准的企业

例如,房地产、汽车等高端消费产品,利用微信平台推送的价值不大,因为任何微信公众账号的粉丝群体都是有限的,几千几万人的规模不足以带动高端消费品的营销。相反,对于很多受众群体定位精准的企业来说,微信是他们的营销利器,这主要是因为微信的特点是一对一,可以针对每一个受众的特点进行有针对性的信息推送,深度挖掘客户需求、维系客户关系,所以更适合定位精准客户,如美容护肤类、消费打折类、投资理财类、教育培训类等。

(四)经常举办各种优惠活动的企业

有的企业因为产品特点和受众特点,会长期、定期举办很多优惠活动,这时候如果借助微信推送优惠信息,会比一般的产品或者企业宣传更有吸引力。比如,当月折扣、会员优惠、特价甩卖、买一送一等促销活动虽然已经是众多商家用滥了的招数,但消费者却仍然买账。而微信平台的存在,让更多区域内或者对某品牌有关注的人能够看到这样的优惠信息,针对性更强,效果自然也更好。

总的来看,在目前的情况下,拥有上述四类特色的企业,在运用微信营销上有更天然的条件,只要运用得当,就可以最大限度地发挥微信的营销效果。

第二节　微信驱动 CRM 升级 SCRM

一、CRM 向 SCRM 的升级

当前在我国,数字营销渠道中最有效且最为低成本毋庸置疑应该是社交渠道。通过研究美国领先的营销 CRM/SCRM 软件代表公司和产品，比如说 Salesforce 及旗下产品 Exact Target、Marketing Cloud 等，我们发现，在美国等成熟市场，所有营销 CRM 软件的到达能力主要是围绕着电子邮件建立的。而我国电子邮件从来没有成为过一个主要的能到达和沟通消费者的渠道，短信曾经是个性化极其强势的渠道，但是因为微信、微博等社交渠道的崛起，现在也沦为一个低效的渠道。从目前营销实践中获得的数据来看，邮件打开率在万分之几，短信的打开率在千分之几，展示类广告点击率最高的能到百分之几，而微信服务号的打开率在 70%以上，社交渠道比传统的数字渠道高出不止一个数量级。

由此分析可以看出，国内谈及营销型的 SCRM 和 CRM 的一个核心区别是：有无社交渠道到达和互动的管理能力。

SCRM 是以管理客户的社交价值为核心的，举天猫电商的一个案例：一个天猫卖茶叶的客户，在 2016 年“双 11”前夕，借助电商宝 SCRM 在微信渠道公众号上发放优惠券，如图 2-2 所示。其微信公众号只有近 5000 个通过店铺转化而来的粉丝，两天内微信公众号上天猫店铺优惠券却领取了 20000 多张，在限一个客户一张的情况下，成交笔数达 3000 多笔。一个不到 500 个粉丝却能产生 20000 多张优惠券领取及 300 多笔订单，其原因就是社交渠道具备传播性。具备优质内容或价格优势或优惠力度较大的商品，在社交渠道上往往容易形成粉丝自主传播。

传统的营销 CRM，只针对消费者，管理的核心数据是消费者的交易数据。业务的核心逻辑是根据消费者的历史（电商全渠道）交易数据，进行自动化分析，然后将消费者进行细致的分组，从而对应推送不同的营销内容，实现营销的自动化和精细化。这种传统观点直奔消费者的购买价值，消费者对企业来说，仅仅是一个收入的贡献者而已。而在移动社交时代，消费者最大的变化是除了收入贡献者之外，每个消费者都有自己的社交网络，甚至具备一定的自媒体价值，消费者不仅仅是企业的收入贡献者，更是口碑贡献者、品牌信任贡献者、消费热情贡献者。

从本质上来看,SCRM是传统CRM的升级延伸,但更强调的是消费者的参与和双边互动。消费者不再以单纯物品(服务)消费者或产权拥有者的静态形式所存在,更多是以品牌关注者、聆听者、建议者、共同创造者而存在。SCRM让用户更加拥有归属感、趣味感和成就感;互动的双边关系,让消费者的需求和想法同品牌的定位以及发展紧密结合,让品牌和消费者真正融为一体。SCRM更加以消费者为中心,以如何充分发挥每个消费者的社交价值为业务流程的创新重点。因此在每个具体的消费者价值计算上,SCRM除了销售额贡献价值外,消费者在营销上的参与度、影响力等数据都会被充分地记录和纳入分析维度,以形成最有利于品牌以及销售转化的策略和模型。

相对来说,传统CRM是一个“防守型”的营销策略。对于已经是企业的消费者,传统CRM能分析和识别出其忠诚度更高、潜在消费价值更大的消费者,进行更集中、更有策略性的营销资源的投入,从而实现更多的盈利价值。而SCRM会不断将交易转化,并且和社交传播紧密融合,最终成为电商客户粉丝营销的核心引擎。在移动和社交环境中,企业在交易之前就能以低成本获得大量潜在消费者的数据,利用好这些数据可以形成较好的商业判断,在消费者没有和企业发生交易之前,就开始采取有针对性的营销策略。再加上移动支付与社交网络的深度融合,品牌传播、销售转化、销售裂变这三件事情完全可以在移动端通过几次点击瞬间完成,这部分效率的提高大大增加了客户/粉丝营销的转化效率。

随着社交渠道的诞生和发展,越来越多的消费者聚集在社交渠道中,随之电商企业销售及品牌的客户管理、客户营销也产生改变,一种更加智慧、更加有趣、更加高效的新型营销关系必然成为趋势。

二、SCRM 的优越性

（一）可以精准定位粉丝

通过微信和智能分析后台找准相关粉丝，实现对指定账号的广告精准投放，并通过账号互动排名持续优化。以三只松鼠为例，三只松鼠将微信广告的投放人群定为：电商账号（1 号店、京东、天猫等）、官微自有粉丝、三只松鼠相关账号、零食相关账号、吃货相关账号、动漫相关账号等。通过智能分析后台，找出共同关注和倾向转发客户，如图 4-1 所示。

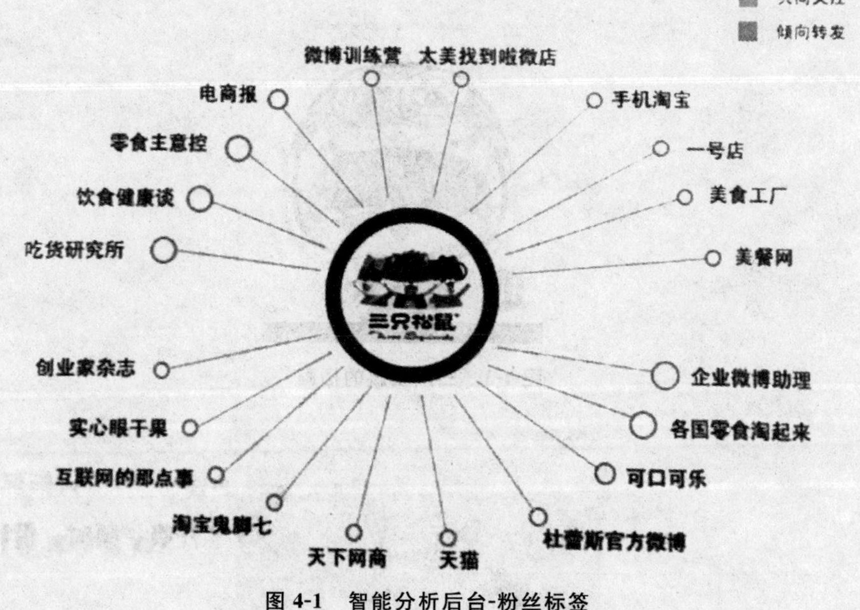

图 4-1 智能分析后台-粉丝标签

（二）有助于推广和曝光

微信广告的推广中，产品、绘画齐上阵，让“三只松鼠”的关注度得到最大化。如图 4-2 至图 4-4 所示。

图 4-2　三只松鼠的插画

图 4-3　三只松鼠的插画

图 4-4　三只松鼠的插画

（三）互动和抽奖

设计优惠和各种奖品活动，通过微信公众号进入微信商城，通过各种活动，吸引粉丝参与进来。如图 4-5 至图 4-7 所示。

图 4-5　各种优惠活动

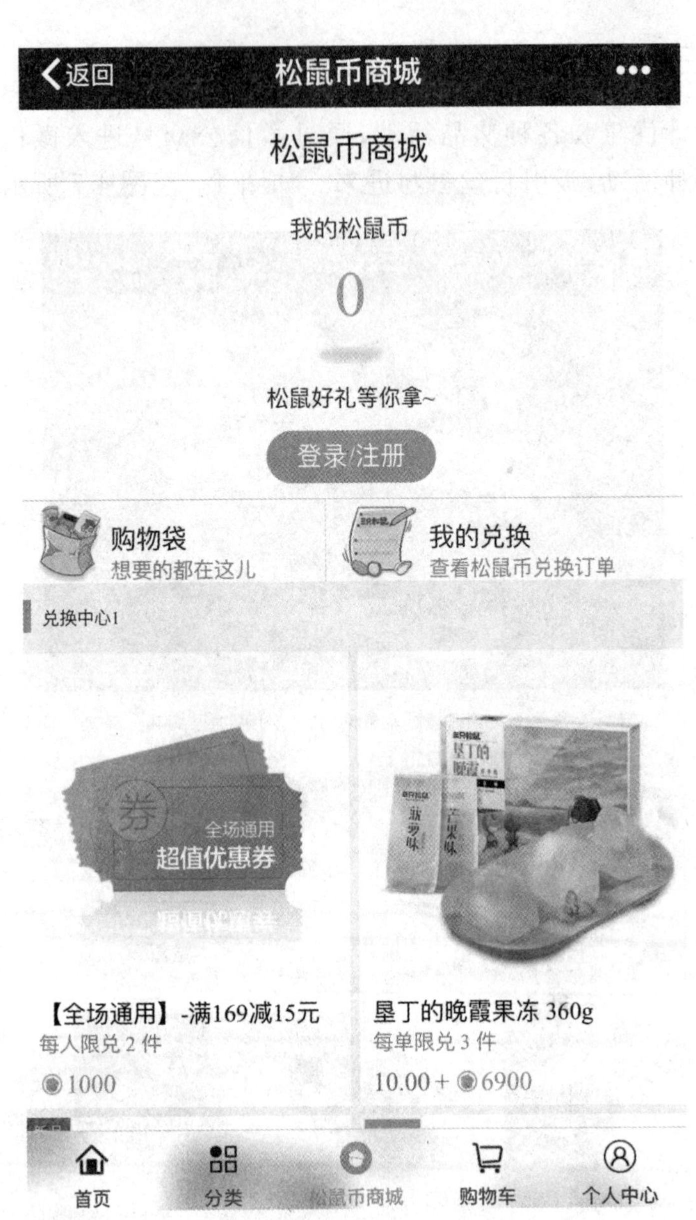

图 4-6　优惠券和松鼠币设计

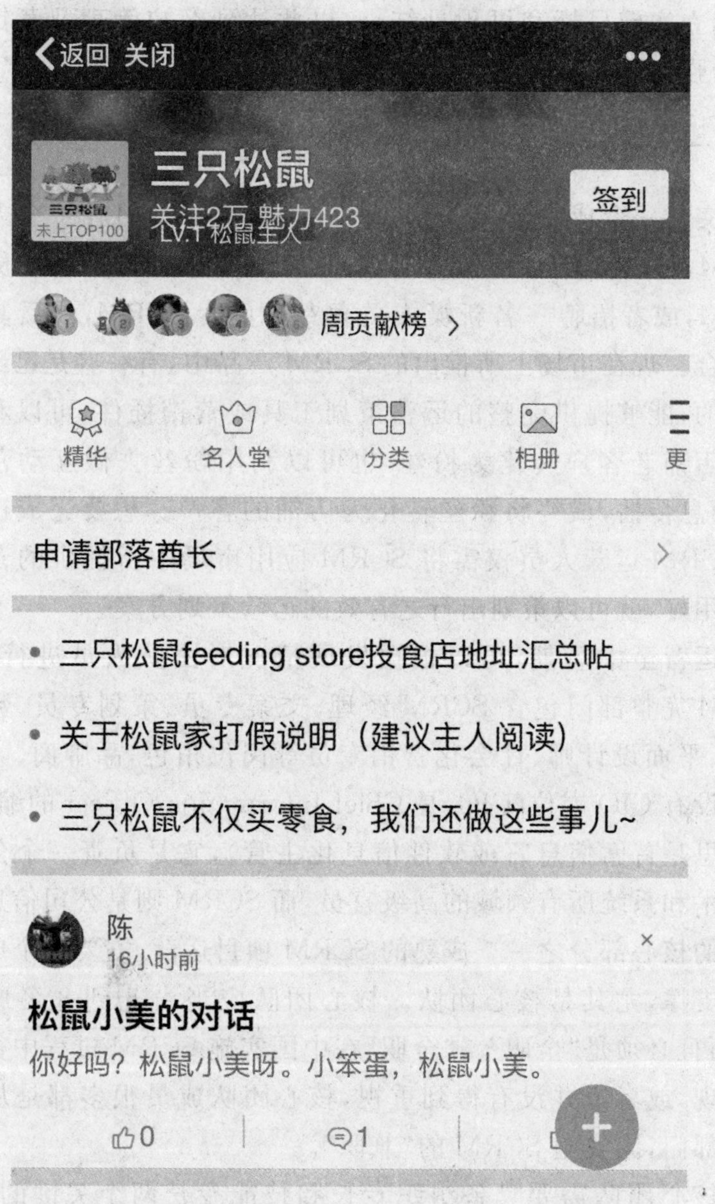

图 4-7　与粉丝互动设计

三、SCRM 团队的建设

SCRM 的使命在于：为企业建立“以客户及数据为中心”的模

式,确立实施目标和可预见结果,以此达到客户管理及营销的效果,增强实施团队和企业信心的目的。

(一)建立核心团队

交付一个成功的 SCRM 项目,前期最好专门有一个人负责SCRM,可以从现有的运营部门或客服部门抽调一名人员负责SCRM,或者招聘一名新媒体文案专员负责 SCRM,然后其他部门配合。现在市场上所推出的 SCRM 产品中,有一些是已经比较成熟的,能够提供完整的运营策划工具或营销插件,可以利用工具将店铺老客户转化为粉丝,也可以利用粉丝去做互动营销活动、信息传播,最终将粉丝转化为店铺的客户。想要完成这些步骤,SCRM 运营人员仅需将 SCRM 应用市场中所提供的营销插件利用好,就可以策划出行之有效的运营策划方案。

运营至中后期,可以根据发展情况对团队人员进行拓展。SCRM 完整部门包含 SCRM 经理、文案专员、策划专员、数据分析师、平面设计师、社会化营销专员等岗位角色,品牌商、大卖家甚至设有 CIO 岗位(CIO,是 Chief Information Officer 的缩写,中文意思是首席信息官或软件信息化主管),它是负责一个公司信息技术和系统所有领域的高级官员,而 SCRM 则是公司信息技术应用的核心部分之一。成熟的 SCRM 项目运营,需要一个成熟团队的支撑,尤其是核心团队。核心团队应当由 5 到 8 名成员组成,而且必须是“全职”。“全职”在中国实施 SCRM 过程中往往难以实现,或者说并没有得到重视,核心团队成员很多都是从属于其他部门,为实施 SCRM 的“兼职”。

核心团队需要具备组织专长和技能专长两个关键的能力。具有组织专长的团队可以把 SCRM 与公司所有的部门和企业整体的战略结合起来。尽管一个 SCRM 项目不一定要在所有部门都花费“心血”,但是项目也绝不是单个的销售自动化的实施或客户价值细分的实践。具有组织专长的团队往往拥有实现营销、销售和服务功能所需的知识和关系技能专长,意味着需要具备特定的专长来设计和实施新的SCRM战略流程和技术。首先，正确的团队应当能够设计客户战略，来吸引、赢取并发展客户。其次，他们需要建立技术平台，来交付良好的客户体验；并且他们必须能够在不同的客户接触点上实现统一的交互。最后，他们必须具有开发和执行评估的技能，评估过程可以跟踪SCRM的商业价值，并驱动系统的持续改进。

(二)SCRM专员岗位职责要求

1. SCRM专员岗位职责设置

SCRM专员岗位职责主要包括以下方面的内容：

(1)建立完善的粉丝/会员差异化体系；

(2)根据粉丝/会员的社交行为、消费行为与习惯制订微信、邮件短信等营销计划；

(3)负责新会员购买转化、会员交叉购买、会员流失唤醒等会员体系的建设；

(4)负责老会员的维护、等级提升、流失唤醒等体系建设；

(5)协调公司内部各部门对SCRM会员体系的支持；

(6)为店铺运营提供粉丝/会员关系管理数据；

(7)为客服部门改进和完善粉丝客户服务提供相应的建议和数据支持。

2. SCRM专员能力方向要求

SCRM专员能力方向要求主要有以下几个方面：

(1)协调沟通能力；

(2)数据分析能力；

(3)客户服务意识；

(4)客户心理分析能力；

(5)邮件、短信、微信营销能力。

3. SCRM 专员考核核心指标

SCRM 专员考核核心指标主要包括以下内容：

(1)微信公众号粉丝增长及留存率；

(2)公众号文章内容打开率；

(3)基于 SCRM 的活动策划及效果分析；

(4)粉丝转新客率、新客转老客率；

(5)老客户下单占比；

(6)老客户付款占比；

(7)DSR 及复购率、新品动销率等诸多淘宝相关指标的完成率；

(8)老客户客单价提升数额；

(9)老客户成交额占比；

(10)目标完成比例；

(11)各等级 VIP 增长率；

(12)微信群成员增长率；

(13)会员活动策划能力；

(14)每月公众号流量和店铺成交金额。

上述的内容虽说是 SCRM 专员岗位职责，但是如果扩展到一个部门团队，也可以作为一个 SCRM 部门的考核指标和职责设置。

第三节　微信公众号营销

一、微信公众号的营销价值

(一)信息入口价值

信息时代，企业需要官网提供信息查询；移动互联网时代，企业依然需要这样的官方入口。基于移动互联网的特点，用户不需要通过点开百度再搜索关键词或输入网址来访问，只需搜索微信公众号昵称就可以获得企业介绍、产品服务、联系方式等信息，也可以单击公众号中的菜单直接跳转到官网。

（二）客户服务价值

客户关系管理（Customer Relationship Management，CRM）的核心是通过自动分析来实现市场营销、销售管理和客户服务，从而吸引新客户、保留老客户以及将已有客户转为忠实客户，增加市场份额。微信作为用户的天然的沟通工具，极大地方便了用户与企业沟通。将微信与企业原有的CRM系统结合可实现多人人工接入，提高客户服务的满意度。通过设定好相关的关键词，就可以实现自动回复，这可以大大节约人工客服的人力成本。

（三）电子商务价值

未来的零售是全渠道，企业需要尽可能地让消费者随时随地方便购买到产品，而微信公众号就可以实现销售引导，及时把产品或服务信息送达用户，促成交易，缩短营销周期。若在看微信图文时想买某件商品，可以不用跳出微信而直接在微信上下单购买，实现选择下单和支付交易，甚至物流查询、客户服务都能够通过微信实现，而不需要下载App或跳转到天猫等渠道购买。

（四）用户调研价值

产品调研是每个企业制定经营策略非常重要的环节，大型公司甚至由专门的产品研发部门来负责，或者通过付费找第三方公司发放问卷或者电话调研。这些方式不仅成本高而且数据不精准，而通过微信可以直接接触与自己相关的精准用户群体，进而省去大笔经费。

（五）品牌宣传

微信公众平台可以承载文字、图片、音频、视频等多元化形式,能及时有效地把企业最新的促销活动告知粉丝,具有互动性较好、信息传递快捷和信息投放精准的特点。用户不仅可以接收品牌信息,还可以更方便地参与品牌互动活动,从而深化品牌传播,降低企业营销成本。

(六)线上线下融合价值

线上与线下(Online To Offline,O2O)营销的互通是必然趋势,而微信为二者的结合提供了更便利的通道。

二、微信公众号定位规划

(一)盈利模式定位

每个企业都有自己的营销模式和盈利模式。而微信公众平台,有时候打造的是一种服务,或者说是为线下销售做服务的平台。但作为中小企业和店家,基本上还没有形成管理体系,也没有专业的移动互联网人员来管理公众平台的时候,就要自己找到平台的盈利模式。

盈利模式一般分为以下两种:

一是自发的盈利模式。自发的盈利模式是自发形成的,因为企业对于盈利以及未来是否盈利并没有清楚的认识,所以当企业盈利的时候,盈利模式对于企业领导人而言是不明确、不清晰的。这种盈利模式具有隐蔽性、模糊性、缺乏灵活性的特点。

二是自觉的盈利模式。自觉的盈利模式是企业通过对盈利的实践和总结,找到盈利模式,并能够自觉调整和设计这种盈利模式。这种盈利模式具有清晰性、针对性、相对稳定性、环境适应性和灵活性的特点。

以"美丽说"微信公众平台为例,它就是自觉性的盈利模式。"美丽说"本身就是电商平台,入驻到微信公众平台后继续传承着互联网的理念,帮助女性们解决"怎么穿,哪里买"的问题。该平台推送的内容大部分与商品销售有关，但粉丝们不仅不觉得烦，反而都非常喜欢。“美丽说”微信公众平台为粉丝搭配的服装又时尚又漂亮，大大增加了粉丝们数量（图 4-8）。

图 4-8 “美丽说”微信公众平台的内容推送

“美丽说”微信公众平台的盈利模式定位非常清晰，即针对女性粉丝的心理进行有针对性的信息推送。在内容方面，结合当下最时尚、最火的热门话题，提取出关于平台内容的商品，做到了灵活性，所以粉丝的表现就会非常稳定。

总的来说，运营者在最初运营微信公众平台的时候往往还不太成熟，所以盈利模式大多是自发性的。但随着管理的逐步完善和不断改进，会越来越向成熟发展，盈利模式也就变成了自觉性的，从而找到了真正的盈利模式。

（二）目标人群定位

要做好目标人群定位，首先必须熟悉用户群体，也就是要做好用户画像，要避免运营者在运营过程中用个人喜好去判断用户喜好，导致运营方向走偏。当然如果我们能明确目标用户的动机和行为，找和他们步调一致的运营者来做微信公号运营效果会更好。通常情况下,以下七个因素是我们要考虑的。

1.地域

地域指用户所在的地理位置,不同地域有不同文化、不同方言、不同习俗,甚至包括不同的眼界,这对运营风格都有影响。例如,一二线城市的居民收入较高,对于新鲜事物的接受度比较高,见识过很多活动,收到过很多小礼品,所以一方面,他们容易接受各种好玩的东西,但同时,价值很低的小礼品也不容易让他们动心,而三四线城市居民收入一般,在他们看来,大多数活动(哪怕是投票晒娃)都是新奇好玩的。

2.性别

在运营微信公众平台时也要注意用户的性别。性别的不同对于新媒体运营也有很大的影响,用户中男女比例对于公众号的运营有着非常大的参考价值,有些文案可以触及女性心底,但男性却对之无感。例如,很多女性会对星座、娱乐新闻感兴趣,而男性则对军事、科技着迷。微信运营定位要吸引不同性别的人,文章风格也必然要跟着用户的性别而调整。

3.收入

用户的收入情况也是要考虑的。如果推销对象无法承受商品/服务的价格,那么再好的文案也很难有用。例如,很难说服一个月薪只有3000元的人参加一个2000元的付费社群,这个收入水平的人群就不是核心目标用户。

4.年龄

年龄不同,所关注的内容也是不一样的。如60后在刷养生,70后在刷时事,80后在刷职场,90后在刷撩妹,00后在刷二次元,如果你不了解用户到底喜欢什么,那用户同样也不会喜欢你。

5. 受教育程

受教育程度不同的群体，他们关注的流行的文化、风格、形式都会有所不同，一般来说受教育越高的用户，对内容也会越挑剔。

6. 行业特征

根据不同的行业，运营者的关注点与别人也不同，可以到网上去搜别人的用户画像是如何做的，但千万不可生搬硬套，而是应该结合所在的行业，找到真正可以将用户筛选出来的特征。

7. 使用场景

在进行目标人群定位时产品使用场景是需要重点研究的领域，过去多用于研究 App 用户，如什么时候打开一次使用多长时间、有无分享、付费行为等。这于新媒体运营也有借鉴意义，如用户是白天还是晚上打开订阅号多一些，是每天看还是存好几天一起看，有没有分享、留言、点赞、赞赏行为，在什么情况下他们更愿意分享等，这些都需要运营者首先在脑海里形成明确的印象，然后才能在微信内容策划过程中有意识地进行策划。

（三）核心产品定位

每一款产品都有许多功能和特点，对于粉丝来讲，特点越多就会获得更多的利益。但把一款产品所有的特点和功能都进行宣传，那是非常不切实际的，因此，要做好核心产品的定位。

1. 实事求是，不夸大

在向粉丝进行核心产品宣传时，其功能、功效、特征，不可以夸大其词，让粉丝感觉上当受骗。同时，首先要考虑粉丝们的消费需求，而不仅仅只是以产品的特征或功效来定位。“加多宝”是中国的凉茶品牌。一罐加多宝里必定含有多种营养成分和功效，但如果只是把这些功效讲出来，未必会得到消费者的认同。该企业在仔细研究市场需求时发现,喝饮料最多的时候是在餐桌上,同时,无论吃火锅还是川菜,人们最担心的就是上火,所以企业的品牌给产品定位为“去火”。正因如此,当消费者聚会时,点了有辣椒的菜品后,很容易就会想到加多宝(图 4-9)。“加多宝”以大众的需求给产品定位,受到了广大消费者的喜爱。由于该产品含有金银花、菊花等去火的成分,给产品定位为“去火凉茶”是实事求是的。

面对着顿顿麻小，吃着美味但上火的风险高，
吃货们哪敢不带着小宝，
毕竟加多宝和麻小是对黄金CP，
吃麻小怕上火
喝加多宝
这已经成了吃货界不怕上火秘籍！

为了让吃货们畅享麻小，嗨吃一夏！

图 4-9　加多宝微信公众平台消息内容

2. 抓住产品的核心特点

在市场上,除了特殊性能的产品外,大多是同质化或者一样的产品。例如,洗发水、食品、家电、电脑等,同样一款产品有多个

品牌，如何确保消费者选择自己的品牌就是商家要考虑的问题。同样，在微信公众平台也要考虑这个问题。当为核心产品定位时可以根据产品的特点提取。这样定位后，即使是同一产品，粉丝们也很容易把它与其他产品区别开来。

“奥利奥”是家喻户晓的知名品牌，该品牌的产品是饼干。市场上的饼干不仅品牌多，而且品种、口味众多，为了在众多饼干当中得到消费者的认可，“奥利奥”给产品定位的人群主要是孩子，而孩子最大的乐趣就是玩。于是，该品牌在提取产品概念的时候，把玩放到了第一位，并在微信公众平台上，大量征集与推送关于饼干的好玩的方法（图 4-10）。

图 4-10　奥利奥微信公众平台玩法

无论在电视广告中,还是在微信公众平台上,该品牌都是以更多吃法、更好玩为主,极少宣传该产品的味道。因此,在为产品提取概念的时候,可以从多个角度入手,跳出产品本身,这样才能找到更多灵感。

3.明确产品的用途

众所周知,微信公众平台是一个靠分享来营销的平台,没有分享、转发,营销就不会达到预期的效果。因此,有一个好的"途"径是非常重要的。也就是说,运营者为产品提取的概念必须易于传播、理解和记忆。

"滴滴打车"是一款打车软件。无论该软件多么便捷、实用,如果没有用户试用,谁也不会感受到它真正能给人们带来的便捷。为了赢得更多的客户,"滴滴打车"在春节期间推出了"报销春节机票""抢百万红包"等易于传播的活动。粉丝们只需将红包活动分享到朋友圈就能得到现金红包或者打车券了。朋友圈内的好友看到该活动后,也会主动关注滴滴打车平台,然后参与其中。

通常情况下,粉丝们在春节时都会在家休息,粉丝可以与其他粉丝一起抢红包,比一比谁的手快。粉丝在乎的并不是抢到多少钱,真正的需求是抢到后的成就感,只要满足了粉丝这个心理需求,活动很容易被转发,达到传播的效果。

(四)营销策略定位

微信公众平台与线下、互联网的购物方式不一样,其宣传方式也有着明显的不同。当消费者在线下购物的时候,一般会选择周边或知名的商场,通过在商场里对比和体验的方式选择适合自己的产品。在线下购物的时候,消费者的决策与判断,都是在商场或店铺里完成的,更加注重购物体验。而在线上购物的时候,网友喜欢参考其他网友的评价再做判断,所以店家会想尽办法去获得买家的好评。在微信公众平台上购物要注重以下几点。

1.注重随意性和互动性

在互联网上,消费者购物的时候一般有三种行为:第一种是有目的的,他们想要什么就会去买什么;第二种是泛目的的,虽然知道要买什么,但还不是很明确;第三种就是没有任何目的,随便看一看。在微信公众平台上,绝大多数的用户都是属于第三种。他们来到平台就是为了查看信息,并希望接收更多的信息。他们只是偶遇"产品"信息。因此在明确营销策略的时候,也要呈现出一定的随意、信息量大、信息关联性弱的特点,然后让粉丝们自己去决定。但为了让更多的用户关注该平台,不能让看完信息的粉丝默默地关掉界面,而是想办法让他们分享给自己的好友。

一般来说,粉丝在微信公众平台购物时只能看到图片和文字,并不能感受到实物带来的感觉。这个时候就需要运营者充分发挥作用。运营者可以通过随意性的文字增强他们的感受,让他们产生共鸣,使其主动将活动传播出去,以达到既随意又能互动的效果。

2.抓主景

在微信公众平台上,每个企业和店家要为自己的产品定位,定位就是取舍。每位运营者都想把最多、最全的产品、服务、内容信息一股脑地传递给粉丝。但越是这样,越会让粉丝迷糊,从而让定位失去了意义。在明确营销策略时也是这样,恨不得把优惠信息全部写到内容里,但这样更不容易让粉丝们记住。例如,一位粉丝与好友见面时,想要口头表述这个活动,却会忘记活动内容或者需要很长时间才能说明该活动,这说明运营者的活动是失败的。

第四节 微信朋友圈营销

在人际交往中,人们通过朋友圈恰当地向别人展示自己的形象,所以朋友圈形象管理是个非常重要的窗口。在微信朋友圈营销要注意以下事项。

一、注意广告软度

朋友圈是私人社交空间,如果总是看到有人发硬广,大家对这个人的印象分会下降。在微信朋友圈里做营销,不建议只做产品广告,还要穿插一些其他类型的内容,即使是要发产品的广告,也不要太生硬,如结合自己或朋友们的经历系统地说产品的故事就是一种不错的方式,产品说明书似的广告在朋友圈这个生活化平台里势必会遭到厌烦。

二、注意发广告的频度

即使你的朋友圈广告有效,也要克制自己发广告的冲动。如果你经常发广告刷屏,很可能被朋友拉黑,得不偿失。微信不是淘宝商城,大家进淘宝就是买东西,你推销产品大家是可以接受的。微信朋友圈是社交分享互动的空间,大家在里面是看信息,不是去买东西。微信朋友圈营销的真正精髓是通过分享内容建立信任,水到渠成地去销售产品,在朋友圈中达成商业转化的本质就是先打造个人形象,通过有温度、有情怀、有趣味的方式来与客户做朋友,反之,如果只顾急功近利地“刷屏朋友圈”,只认利益不认人,口碑很容易就会毁掉。

三、注意文章长度

朋友圈是小屏阅读,如果不是文章链接,大家缺乏读长文的耐心。就像写微博一样,需要在140字内把内容写得轻松有趣,引发大家去和你互动,了解更多信息。不要把朋友圈当成展示平台,诱发评论、私聊、点开文章等互动才能创造真正的沟通机会。

四、注意速度

多数用户在朋友圈阅读速度非常快，如果信息不能很快对用户形成刺激，就会淹没在众多的朋友圈消息之中。如果要在朋友圈中形成购买，那么快速形成购买冲动非常重要。为了促进购买决策的速度，有以下两个关键点。一是精简产品品类、减少选择，杜绝“决策瘫痪”，这也是很多互联网公司做“单品爆款”的原因。二是客单价最好不要过高。产品的客单价最好不超过 200 元，超过 200 元的产品，一般销量不太好。因为 200 元是一个门槛，也可以称为“试错的成本”。客单价越高，试错成本就越高，客户购买的时候，考虑的因素就会越多。

五、注意培养用户购买习惯

如果你和别人并不是非常信任的社交关系，千万不要认为和别人加了微信就是好友。对于并没有真正建立信任的人，一开始最好给别人一个不容易在心理上抗拒的产品建立合作信任，如试用产品或者低价产品。潜在客户的付费意识、习惯也是需要培养的，建议先小范围尝试再梯度变化，慢慢渗入。当消费者开始愿意为一个低价位产品买单时，就会消费更多的产品。

六、注意用户的准度

假如你好友很多，采取一定的策略，可以大大提高受众人群的精准度，也避免了长期刷屏。可以从以下三点入手。

一是可以按分组发布。朋友圈有领导，有些动态不能发；朋友圈有爸妈，有些动态不能发；朋友圈有情敌，有些动态不能发。发朋友圈的时候，可以选择公开或分组。分组可以选择指定的人群观看，方便更好地对意向客户进行产品宣传和推广，推荐合适的内容给合适的人。

二是可以按时间发布。在合适的时间发出你的朋友圈消息,时间段可以岔开,让好友在查看朋友圈时可随时看到,更佳的手段是针对产品所对应的目标客户的活跃时间段进行发布。

三是使用提醒功能。注意使用@提醒功能,以提醒你的强目标客户,不过注意好钢用在刀刃上,不要条条提醒,而是重要信息提醒重要的精准客户。

七、注意正能量

每个人在工作和生活中都有负能量时刻,但如果把这些心态宣泄到朋友圈,给别人看到就会留下不好的感受,一旦别人对你有了不好的印象,你再去做推广,就容易遭到潜意识里的拒绝。

偶尔的倾诉或抱怨可能会让你显得真实,但经常性地将工作中的情绪、生活中的不顺心,发泄到朋友圈中,持续的负能量只会降低别人对你的信任度,而且因为你的发泄措辞大家会对你本人的素质产生怀疑,试想一个生活中各种事务都处理不好的人,别人对他的产品的信任度就会降低。

八、注意用户黏度

如果你有一些认可的客户朋友,那么在朋友圈里要想办法设计一些互动,主动在发内容时提醒他们到你朋友圈互动,当然互动的内容一定要有趣,给他们意外的惊喜或者实在的福利,加深彼此之间的认可度,从而创造更多的成交机会。

与用户之间产生黏度,他们才会持续对你以及你的产品保持关注,潜移默化受到影响,而用户从陌生到熟悉到依赖,是需要一点点培养的。最基本的方式就是通过互动加强黏性,不要总是自说自话,几句话不离自己和自家的产品,其实你完全可以发一些与产品或许没有直接关系,但是让人有欲望去参与互动的内容,一旦一个人开始与你互动,你们之间就有了相识的理由,就打开了互动的大门,进而才有机会进一步熟悉,才会有后续的转化。

九、注意文章内容的尺度

凡事都有度，都得有分寸，朋友圈发内容一旦过了某个分寸，可能就会适得其反。在朋友圈里有以下两个尺度必须注意。

第一，自夸没有底线。自夸又分为两种：一种是为微商正名的自夸。很多刚做微商的人会复制发布一些自我证明、激励的话，而这些东西不但与消费者关系较远，而且更是此地无银三百两。另一种是毫无水平的王婆卖瓜。最好的夸奖是消费者对你的反馈，用真实自然的语言来体现产品与服务，可以辅助使用真实场景的照片、对话截图等。

第二，跟风转发谣言。自媒体时代，民众同时扮演着两种角色——信息传播者和信息接收者。个人对很多谣言很难有专业知识去判断，但是跟风信谣、传谣等行为会让别人对你的判断力产生怀疑，进而造成形象受损，专业度、信任感降低，而且传播谣言本身是违犯法律的，其实制造恐慌是谣言传播的常用手段，而谣言又恰好激起我们人性中的善与恶。为了争做谣言粉碎机，一方面要谨慎转发，另一方面要懂一些验证的方法。可以在搜索引擎中搜索相关关键词查看其是否为“老帖”，也可以看消息源是否可靠、专业，还可以查明信息出处，信息中的原始人名、机构名，要向专业人士请教。更不可取的行为就是为了求关注度将道听途说的信息进行传播，最终不但形象受损还会受到法律制裁，得不偿失。

十、注意文章角度

我们通过朋友圈是想在碎片时间里获取不一样的信息，而如果一个人只发布所有人都知道的事情，那么他发布的大部分内容就是无效信息，所以不要总是复制粘贴做搬运工，要有自己的观点、想法和思考。在发布文章时要站在潜在用户视角去组织内容，而不是简单推广业务，要写出自己的业务对别人的价值，诱发别人的好奇心,创造成交的可能。

十一、注意文章热度

每天都会有热点新闻、热传段子、视频或者一些巧妙的营销活动,作为运营者,不要总把这些当作热闹看,要善于多联系自己,多问自己"如果我的产品与这个热点结合,可以怎么做?""如果这个形式换作是我的产品,可以怎么做?"尝试让自己的产品和热点之间产生交错、碰撞,就有可能冒出很多的想法和创意,让流传的每一个段子、每一个热点都可以为自己所用,将热点作为传播的载体,从而使文章插上翅膀,引爆朋友圈。

案例分析

呷哺呷哺

(一)企业概况

呷哺呷哺餐饮管理有限公司始创于1998年,是一家外商投资、国内首创、最大规模的吧台式涮锅连锁企业。公司三部设在北京大兴区孙村工业开发区,占地30亩。由综合办公楼、生产加工基地、研发中心、中央厨房、配送中心以及各职能部门组成。

作为全国首创最大规模的吧台式涮锅企业,呷哺呷哺以其新颖独特的就餐形式和亲切温馨的家庭式服务走出了一条属于自己的中式快餐之路。其成功之处就在于本着卫生为首、营养为要、大众为本、关怀为上的经营理念,倡导健康美味源于专业品质的品牌概念,让每位顾客在享受健康美食的同时,感受时尚、惬意的就餐氛围。

呷哺呷哺创建多年来,一直坚持不懈地在口味独特、出品质量、食材采购、营养卫生、满意服务、品牌建设上常耕不辍,力求突破中餐量化的瓶颈，已经形成了颇具规模的经营管理流程和统一化标准化，在国内中式快餐领域形成一道亮丽的风景线。

(二)案例分析

自从微信公众平台得到餐饮业的喜爱后，呷哺呷哺为了推广自己的公众平台想了许多心思，正是这些心思将其粉丝转化为顾客。

1. 找准机会与粉丝互动

在进行运营时每个商家都要找准时机与粉丝进行互动。所有的互动都是为了让粉丝了解商家、了解平台，最终达到让粉丝在店里进行消费的目标。呷哺呷哺的互动方式就是通过内容直接将粉丝引到店内消费。如图 4-11 所示。

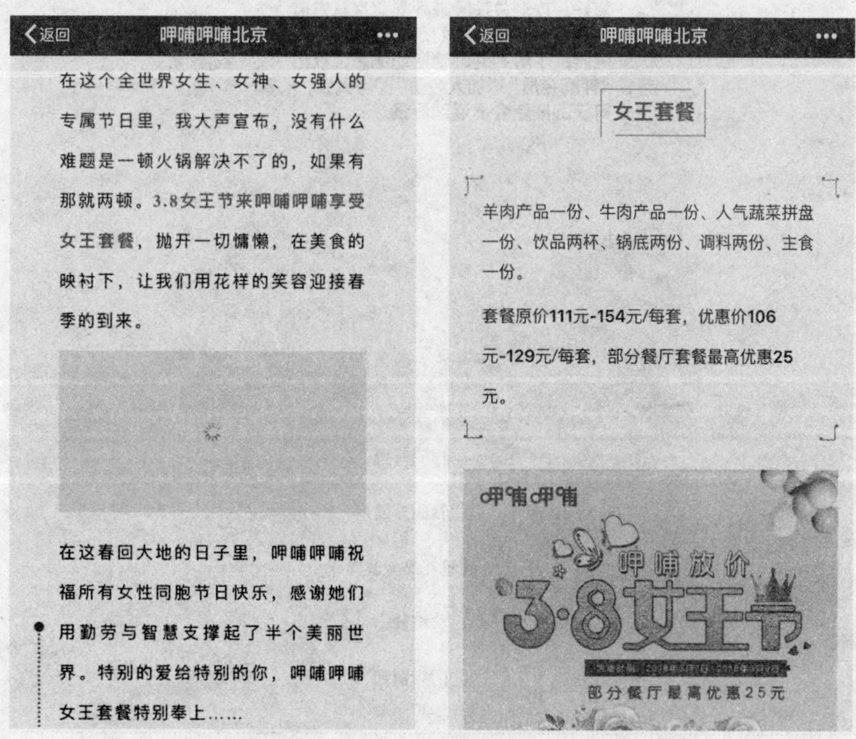

图 4-11　女王套餐

3 月 8 日是国际妇女节，在这一天呷哺呷哺推出了“女王套餐”，通过价格优惠吸引粉丝前去消费。

商家通过策信公众平台推送活动,粉丝见到后会进行线下消费。这种最直接的转换要求活动内容足够吸引人。商家可以借助一些特殊的节日、天气、主题进行相应的活动推送。呷哺呷哺就是借助了当下的节日氛围来满足粉丝的心理。

2. 开通增值服务

当粉丝将微信平台上的活动分享到朋友圈后,其他好友想要参与活动时,有可能不知道附近有没有合适的店。这时,就需要商家的增值服务。如门店查询、活动公告等(图 4-12、图 4-13)。

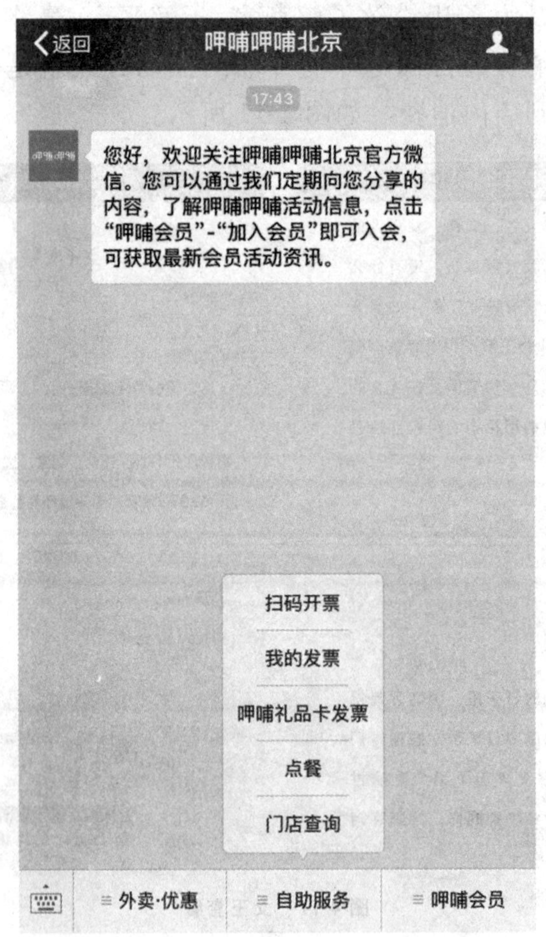

图 4-12　呷哺呷哺微入公众平台主界面

图 4-13　呷哺呷哺一些会员活动

此外，呷哺呷哺也会与其他企业联手推出一些活动，其他商家借助呷哺呷哺平台做宣传，呷哺呷哺借助其他商家让粉丝享受优惠，从而实现共赢（图 4-14）。

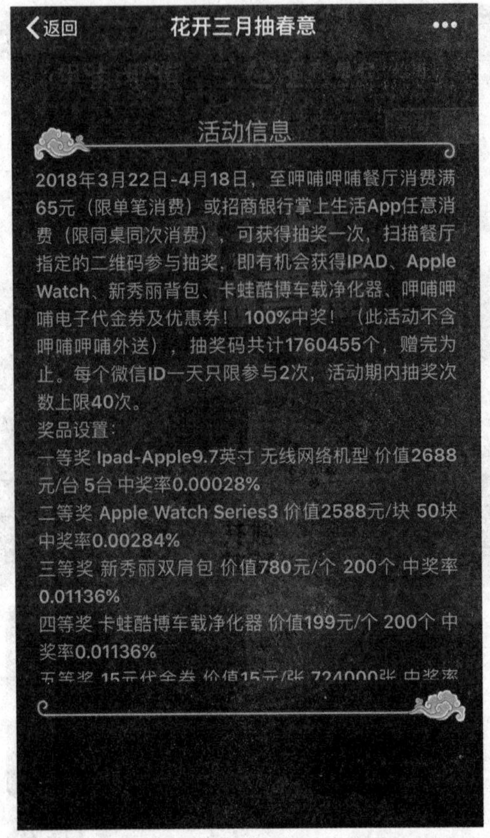

图 4-14 呷哺呷哺与招商银行合作的抽奖信息

本章小结

微信自 2011 年出世，逐渐成为移动互联网时代最主流的社交媒体之一。本章主要从四节对微信营销进行研究和探索。首先分析微信的营销价值，其次分析微信驱动 CRM 升级 SCRM，在此基础上对微信公众号营销和微信朋友圈营销进行研究。

第五章　社群营销之微博

提起社群营销，我们不得不提的就是微博。随着我国移动客户端网民数量的逐渐增加，尤其智能手机网民数量的增加，移动互联网已经逐渐普及。微博是继博客之后出现的一种社交类网络平台，是社群营销的互联网入口之一。作为一种可以通过电脑上网、即时通信软件链接或手机短信来撰写的“微型博客”的形式，微博用户的数量随之剧增，无论是普通老百姓，还是明星、名人，任何年龄段、任何社会阶层的人都可以使用微博。

第一节　微博的营销价值

微博是社会化媒体中的社交平台之一，其用户极其活跃，它具有内容短小、发送信息方便的优势，所以从某种程度上讲彻底改变了媒体和信息传播的方式。另外，微博的信息还可产生病毒式的传播。这些都使得微博具备极高的营销价值。对于企业和个人来说，微博的营销价值主要体现在以下四点，即品牌传播、客户关系管理、市场调查与产品开发推广、危机公关。

一、有利于品牌传播

近年来，随着企业对营销战略的升级，微博已成为孕育各类创新营销的沃土。企业借助微博，快速聚合用户关注度，持续提升品牌知名度；与用户形成情感共鸣，提升品牌好感度。微博可以帮助企业和个人进行品牌传播。微博与尼尔森联合发布 2018《微博营销品牌影响白皮书》。该白皮书采用尼尔森自主研发的全球性广告效果评估体系,详细研究了微博社交平台对各品牌营销的助力,旨在探寻微博独特传播属性优势,为各行业营销策略提供重要数据支持及指导。

企业如果想利用微博这一平台进行传播,就先要建构出微博的信息传播模型。微博的信息传播模型可以概括为:微博传播=人+情绪+行为的三元平衡。

(1)人指的是找对意见领袖和忠实粉丝。东方航空公司曾邀请旗下 200 名空姐"凌燕"团队集体开微博,如图 5-1 所示。每一位空姐都建立了自己的粉丝群,并且就话题展开互动,使话题更个性化,这种群体微博可以提高话题的广度和思维的多样性。

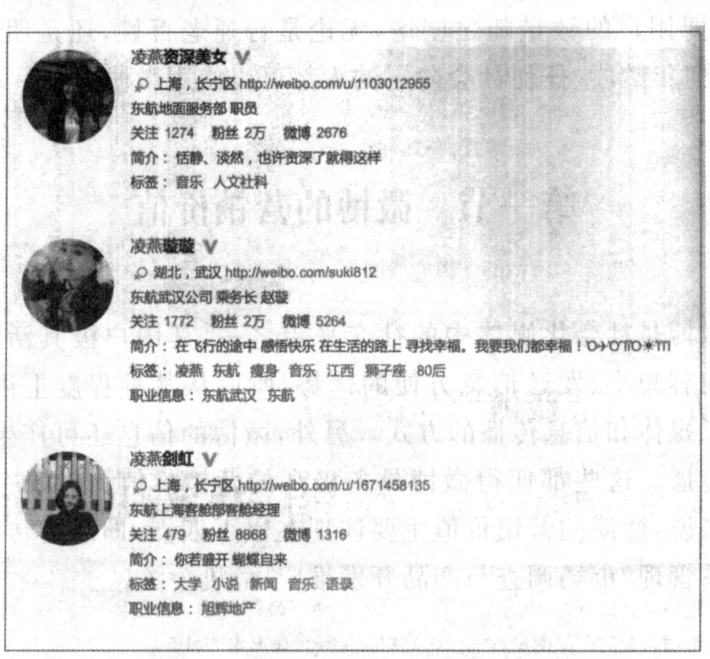

图 5-1 "凌燕"团队微博

(2)情绪是为用户进行信息传播制造的理由。例如,为一个钻石品牌做整合营销传播,在微博里发布关于"爱"的话题时,应具备最能代表品牌的正面的信息;拥有话题性;与每个人沟通无障碍,具有亲和力等这样几个特征。

(3)行为是引导用户创造内容。例如，通过微博举办有奖活动，网友得奖后晒出奖品，而网友拥有和企业微博不同的粉丝群体，这样无形中就提高了活动的认知度。网友的言论对其他网友的吸引力是企业微博无法办到的。再通过企业微博转发这些网友的获奖感言，也就是对活动进行了二次传播。构建好微博的信息传播模型后，企业可利用微博展示：

企业品牌形象及产品独特之处、企业文化等。

与目标消费者建立情感，听取消费者对产品的意见及建议。

在客户服务上，提供企业前沿资讯、服务及新产品信息，便于与消费者进行一对一的沟通。

及时发现消费者对企业及产品的不满，并快速应对。

通过微博组织市场活动，打破地域及人数限制，实现互动营销。

企业还可以充分利用名人效应。例如，很多出版社公司建立了微博名人推荐名单，定期给有影响力的名人送书，名人收到并看完书自然会通过微博晒书评和读后感，引导读者关注和购买(图 5-2)。

图 5-2 微博名人推荐图书

除此之外,如果想要利用微博做品牌,细节不容忽视。简单地说,从头像上就可以很直观地体现出企业文化,用企业 LOGO 或是企业产品形象,抑或是企业的形象代言人,都能简单清晰地展现企业品牌内涵,从而将与粉丝之间的距离缩小。另外,微博标签是企业的关键词,如产品性质、所属行业等,这样企业就可以让用户更易搜索到。

通过在微博中发表与企业经营相关的内容,能与粉丝展开积极互动,通过微博来整合线上线下渠道,以塑造和提升企业的品牌。例如,在微博上讲述企业和品牌的故事,增添产品的无形价值,给用户带去美好的体验,激发用户对产品的好感。

当然,除了企业通过微博打造自己的品牌以外,个人也可以通过微博建立个人品牌,例如,以个人微博原创视频火爆全网的 papi 酱、以写作得名的冯唐、以为网友解答有关营养等各类疑难问题出名的顾中一,如图 5-3 所示。

图 5-3 微博达人

二、有利于维护客户关系

微博这个即时互动的平台已经在很多公司具备了客服功能,

有些公司如中移动、电信、招行等企业直接开通了客服专用微博账号，这体现了客户管理的重要性。微博作为一个自媒体，满足了很多人渴望自由发言的欲望，当他们对企业或产品有好或者坏的感受时，他们很容易就通过微博传递出来。在微博这个开放透明的平台上，企业要更加重视用户的声音，因为他们的行为影响的远不止一个人，而是成百上千的人。可通过微博进行对客户的挖掘、维护以及服务。

现今，越来越多的互联网企业，在用户线上购买、产品包装、物流、线上线下体验等各个环节中，特意引导用户晒单和评论分享，用户使用或体验完企业的产品或服务，会通过微博拍照分享，当然也有用户吐槽产品和企业服务的时候，这时可跟用户进行实时交流，如果企业能及时发现产品的一些问题，便可通过微博提前告诉消费者，快速消除影响，而不要让负面的信息在人群中大量传播。微博的便捷性是电话、邮件无法比拟的。用户分享如图5-4所示。

图 5-4 分享顾客晒单

通过微博对自己的目标客户进行一对一沟通、交流、反馈，促使他们购买或追加购买商品,这也是很多商家推广的基本策略。

在以客户为核心的商业模式中,客户关系管理强调时刻与用户保持和谐关系,不断地将企业的产品与服务信息及时传递给用户,同时全面、及时地收集顾客的反馈信息。

由于微博的传输非常高效,所以它很好地做到了这一点。智能手机拍照上传配 140 字微博模式极大地降低了分享的门槛,而且图文并茂,相比于电话、邮件等传统的营销客户沟通模式优势明显。同时,基于这种“微”模式,企业在进行日常正式沟通活动的同时,可以将一些生活中的“碎碎念”发布出来,从而使企业不再以冷冰冰的经济人形象示人,变得更加人性化。

此外,微博模式的客户关系管理方式也极大地降低了企业进行管理运作的成本,极低的门槛使得各种规模的企业都能够轻松地开展,为广大企业进行客户关系管理提供了新的思路。人格化微博如图 5-5 所示。

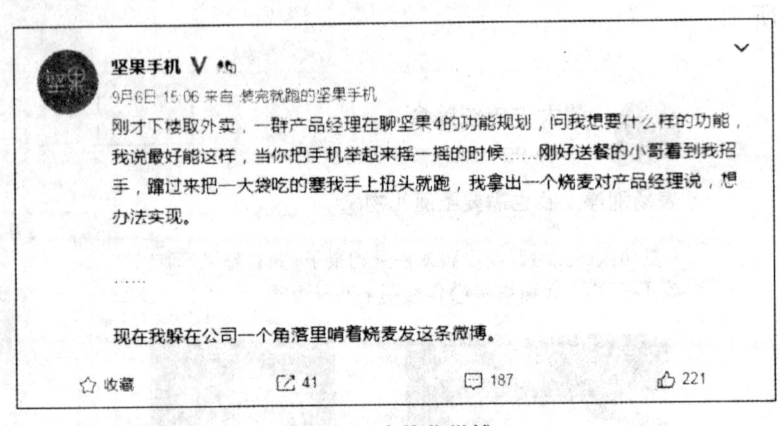

图 5-5　人格化微博

三、有助于市场调查与产品开发推广

企业开展营销离不开市场调查。通常情况下,企业调查消费者的需求,获取企业希望了解的分散化需求偏好信息,比如采取问卷调查、人工调研、数据购买等方式。但这些调查方式耗费的财力和人力都较大,不同的行业,效果也参差不齐。然而,微博的出现，为企业提供了一个低成本、高效率的创新工具。调查类博文如图 5-6 所示。

bong

15-8-25 18:09 来自 微博 weibo.com

+ 关注

【填写调查问卷，参与抽奖活动】bong 微信公众平台每周推送更新！有什么信息让你觉得干货实用？有什么活动让你觉得好玩有趣？你希望有什么新的内容可以加入？填写调查问卷告诉我们！参与抽奖哟~免费获得 bong XX！还在等什么！填写调查问卷，参与抽奖活动

bong X

恰到好处的智能手表

微信号：bongcn

图 5-6　调查类博文

从微博的运作方式来看，企业在积累了一定粉丝后，通过微博进行营销和市场调查，成本是非常低的。企业只需要进行用户注册，通过实名制认证给账号加上“V”字。企业以自媒体的形式发布信息不会被收取任何费用，这样，企业就能只用投入极少量的人力就与相当范围的受众进行交流。甚至企业员工也可以注册普通的微博账户，直接以消费者的身份进行讨论，对用户反馈的有关于产品的评论进行分析和总结，从而获得普通潜在消费者的意见和需求信息。企业在进行营销活动之前对于产品的调研开发是非常重要的。

营销行为中,归根结底,最终与消费者有直接、深入接触是企业的产品。怎么样真正满足消费者的需求、了解消费者的偏爱、创造能够在市场上得到广泛认同的产品,一直是企业努力所追求的。企业完全可以通过微博这种天生带有年轻和活力特质的媒介,获得最具消费潜力的用户,迎合大众的心理,以掌握产品开发的主动权。

企业通过微博获取了一批目标受众粉丝后,可直接做引流销售,为企业带来直接的收益。例如,很多企业借助企业微博发布与自己产品相关的信息博文,内容中植入产品的购买链接,如果目标受众在微博链接中看到自己喜欢的产品便可直接购买。此外,有的企业还配合微博的营销工具——微博粉丝通、微博橱窗等功能进行精准投放,为产品带来更大的曝光率,从而获得更多的粉丝,让更多的人关注到产品并产生购买行为。

四、危机公关

微博既可以推动品牌的销售,但如果运用不当也可能成为扼杀品牌的"利剑"。从我国微博的发展现状来看,涉及知名企业产品质量、企业信用出现问题等公众事件,一般都会迅速登上微博的热门词汇、热门转发、热门评论排行榜。根据话题进行检索,企业可以迅速了解到有哪些群体对事件高度关注,从话题中可以全面了解公众对此事件的评价和意见。由此企业能够迅速在微博上锁定危机公关的目标人群,了解危机发生的原因和经过,并据此迅速做出更有针对性的应对,引导大众舆论朝着对自己有利的方向发展。快速、有效的微博危机公关,不仅能有效地将危机降到尽可能低的程度,甚至重塑企业形象,为企业的发展带来机遇。

现代社会,信息高速发展,企业并不能预料在哪个环节上会出现问题,当事件发生的时候,微博是很好的公关阵地,当然,如果信息处理不当也会让事件反面发酵,为企业带来负面影响。

第二节　微博营销的模式

微博在新媒体发达的时代被称作“最具有竞争实力的蜂窝式营销阵地”。它不仅改变着我们的生活，同时也翻开了企业营销发展的新篇章。微博营销处于摸索阶段，探析微博的具体营销模式具有深远意义。

一、明星模式

微博是当前中国影响力最大的开放型新媒体平台，其信息传播速度之快、范围之广、影响力之大，在很大程度上改变了人们的信息获取方式。明星是微博中非常重要的一类人群，他们拥有庞大的粉丝群体，具备强大的话题引导能力，因此，现在很多企业宁愿付高额费用，也要请明星代言。

微博营销从拥有众多粉丝的明星入手，看准微博营销成本低、投放快、目标受众精准等优势，大量涌入微博受众视野，大有泛滥之趋势(图 5-7)。

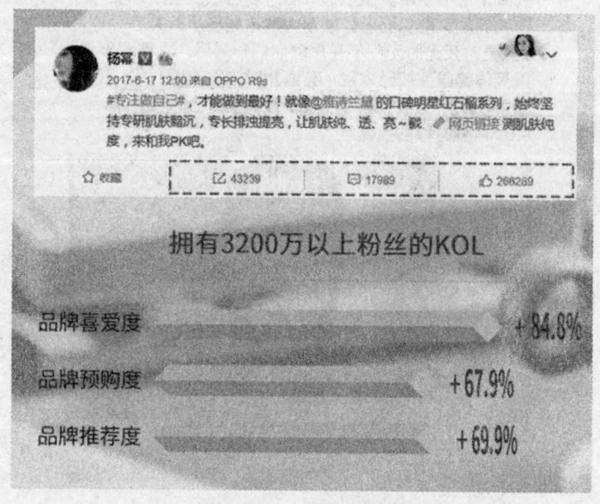

图 5-7　明星微博

二、网红模式

近年来,随着社交平台、视频直播平台的兴起,一大批“网红”开始涌现,并且开始出现了网红经济这一新的商业模式。拥有庞大粉丝群体的网红通过在新浪微博平台上发布广告微博,将自己的高人气和粉丝效应形成的流量引导至其他平台,从而将自己的人气进行变现,转化为商业价值以获取利益。

2016 年,papi 酱迅速蹿红,被称为“2016 第一网红”,如图 5-8 所示。2016 年 3 月,获得真格基金、罗辑思维、光源资本和星图资本共计 1200 万人民币融资,估值 1.2 亿人民币左右。2015 年 10 月,papi 酱开始在网上上传原创短视频。2016 年 2 月,凭借变音器发布原创短视频内容而走红。在获得投资后,2016 年 7 月 11 日,papi 酱在八大平台同时直播,收获全网在线人数破 2000 万,1 亿次点赞,打赏累计价值 90 万元。

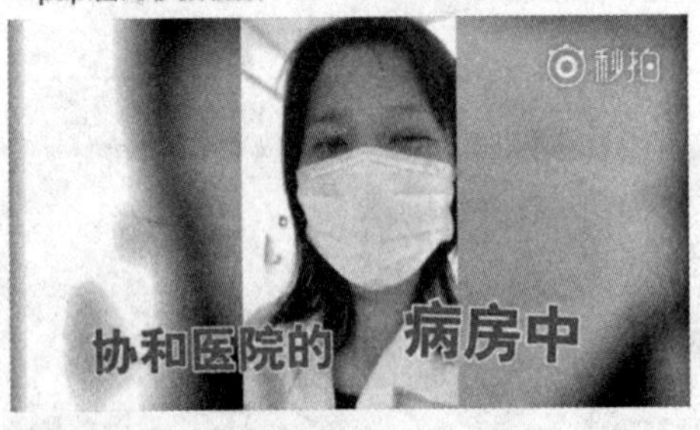

图 5-8 网红微博

这些网红大都和商家合作，为商家进行品牌推广。其实这也是一种明星路线，只不过网红平台，是先从网络上火起来，不同于传统明星的成长轨迹。

三、网络"大 V"模式

微博是一个大社群圈子，这里聚集了几亿人，每天都有非常庞大阅读量和点击量，因此很多企业都想要在这个圈子里大展宏图。各种制造话题、包装信息，上头条等方法无所不用。但是别忘了，在微博中还隐藏着这样一类人，他们的影响力很大，一句电话，一张照片，一个话题就能引发数万人乃至更多人的转发、点赞，这类人就是微博大 V。

所谓的"大 V"其实就是那些微博粉丝过百万，乃至更多的博主，这些人有些是明星、名人，还有些是企业家、段子手，更有些是自明星、草根达人等。这些人由于有很高的前瞻性和带动粉丝的能力，所以在微博中稳占鳌头，成为一呼百应的大 V。他们发的任意一条有见解的信息，往往就能影响很多粉丝的心。

因此，如果企业的知名度不算太高，想要在微博中快速"成名"，就应该学会观察这些大 V 的发展动向，观测他们的微博内容的大致趋向，从中找到一些"成名"的规律，学习这种"成名"技巧。

创新工场董事长李开复可谓是标准的大 V，他的微博关注人数目前有 5081 万，也就是说，李开复只要发一条微博，就会立刻有成千上万人评论、转发和点赞。

图 5-9　网络"大 V"

四、媒体模式:从传统媒体到新媒体

传统媒体的传播方式为单向传播,读者只能被动接收,不能参与其中,而新媒体的特征是互动,读者既可以看也可以说,而且还有可能会因为读者的互动而扭转事件的方向。微博移动端发布新闻有更大的便利性,可以随时随地获取和发布信息,形式也趋于多样:文字、声音、图片、视频、直播……富媒体的优势远远超过平面媒体,网络视频的弹幕功能也让很多媒体“脑洞大开”,获得了很多创意,从而获得更多的粉丝关注,推动自身的发展。

很多传统媒体开始把微博也作为自己的主平台运营,效果比平面纸媒更好。传统媒体报道如图 5-10 所示。

央视新闻

3-17 12:41 来自 微博网页版

#两会# 【小家的心事 #两会帮你问#】家中有老人,上下楼不方便,该怎么办?老家有闲置空房,怎么让它“发挥余热”?租房时遇到“闹心事”,又该如何处理?家是最小国,国是千万家,解决好小家的心事,永远是国家的大事!看#央视新闻微直播#↓关注!央视新闻的微博直播 .

转发 106　评论 0　赞 1764

图 5-10　传统媒体微直播

五、自媒体模式:个人品牌超越机构品牌

微博是建设自媒体的重要平台之一。不同的自媒体平台,往往特点不同,微博这种自媒体,和博客、微信公众号等自媒体形式相比,很重要的一个区别是内容短小精悍,只需要 140 字。对于文笔一般、不擅于写长篇文章的人来说,这是一个不错的选择。

打造微博自媒体并不复杂,核心要点就三个:定位、内容、运营(主要是加粉)。内容建设及增加粉丝的内容,后面会讲,这里重点说说定位。

定位是第一个关键点。其实从营销的角度来说,策划任何产品,定位都是关键。好的定位,要围绕三点进行。

(1)符合目标用户需求。

(2)和同类微博相比,有一定的差异化和特色。

(3)要考虑以后运营过程中的内容来源问题,说白了就是要想明白以后的内容从哪里来。

李开复曾经发表过一条微博,认为个人品牌会超越机构品牌,如图 5-11 所示。

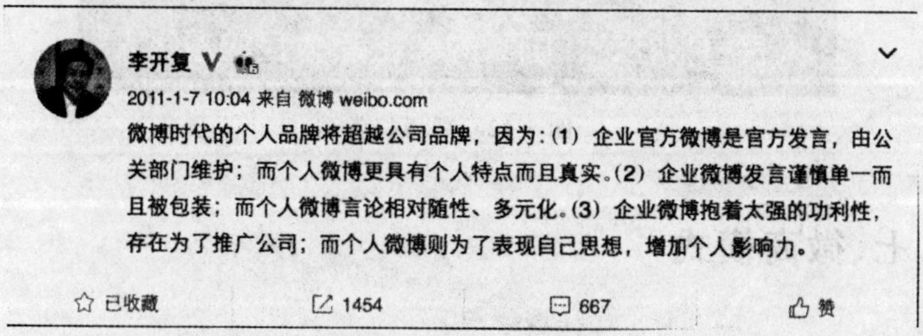

李开复 V

2011-1-7 10:04 来自 微博 weibo.com

微博时代的个人品牌将超越公司品牌,因为:(1) 企业官方微博是官方发言,由公关部门维护;而个人微博更具有个人特点而且真实。(2) 企业微博发言谨慎单一而且被包装;而个人微博言论相对随性、多元化。(3) 企业微博抱着太强的功利性,存在为了推广公司;而个人微博则为了表现自己思想,增加个人影响力。

☆ 已收藏　　1454　　667　　赞

图 5-11　李开复微博

李开复提出的个人品牌将超越机构品牌的这三个理由,被广泛认可。一个成功的微博应该有灵魂、影响力与号召力,在这方面,企业微博不如个人微博更鲜活立体。所以,不少企业微博纷纷以虚拟人格出现,以拉近和粉丝之间的距离。

六、专家模式:付费阅读和打赏收入

在微博上,汇聚着各个领域的专家,通过微博,这些专业人士的成名路径、个人品牌的塑造与传播及赚钱模式等都发生了变化。作为拥有过硬技能的人,专家们的变现相比更快,有很大的优势。微博的功能也在不断进化,打赏、付费阅读、广告收入等层出不穷,微博打赏如图 5-12 所示。

涛涛江水连绵起伏　＋关注

3-17 11:52 来自 Android

@人民日报，好喜欢你的文章《人民日报社论：国家的掌舵者 人民的领路人》，忍不住打赏1.88元！#微博打赏#

图 5-12　微博打赏

七、微商模式

微博橱窗、淘宝直联、寻找商机、客户服务、品牌传播……微博和阿里联手后,社会化电子商务有了更多的可能性。虽然微信对电商会形成一定冲击,不过很多商家通常是多头开花。微博由于互动性和传播性好,仍然是很多电商新品爆款推广的首选平台。转发抽奖的活动虽然老套,但是参与者仍然众多。大数据支持下的微博推荐,根据用户的搜索习惯进行筛选,能够提高营销的精准度。微博抽奖如图 5-13 所示。

图 5-13　微博抽奖

第三节　微博营销的策略

在互联网飞速发展的当下，微博成了最受欢迎的社交应用平台之一。如何实施有效的微博营销策略，让个人或企业有效合理地利用其信息传播快、互动性强、成本低廉等众多优势来创造更大的经济价值成为我们关注的焦点。

一、建立微博矩阵

进行微博营销的前提是要建立一个能够产生影响力的平台，并建立链式传播系统，这就需要一个账号矩阵。一些成熟的微博运营企业都建立了完善的微博矩阵。

微博矩阵，是指企业使用多个微博账号相互联动，进行集团式作战。制定具体的微博矩阵的建立计划，应根据企业自身的实际情况。比如，如果企业品牌多，则可以以品牌建立矩阵；如果分公司多，则可以以地域建立矩阵；如果部门多，则可以以部门建立矩阵；如果人员多，则可以以人员建立矩阵。当然，也可以多条线并行(图 5-14)。

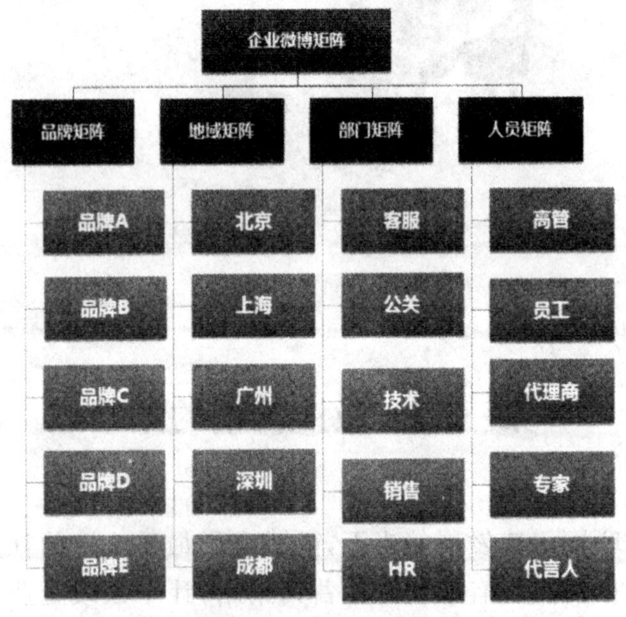

图 5-14 企业微博矩阵

例如，锤子科技建立了以@罗永浩、@锤子科技、@锤子科技营销号、@坚果手机为主要阵地的微博矩阵，如图 5-18 所示。@锤子科技及@锤子科技营销号发布产品、促销活动等信息；@坚果手机发布自身产品相关的内容、促销活动。除了这些账号之外，其他的子微博明确定位，各司其职。同时各账号的头像、页面装修、内部建设都要保持统一，共同展现锤子科技的企业文化和互联网品牌内涵，如图 5-15 所示。

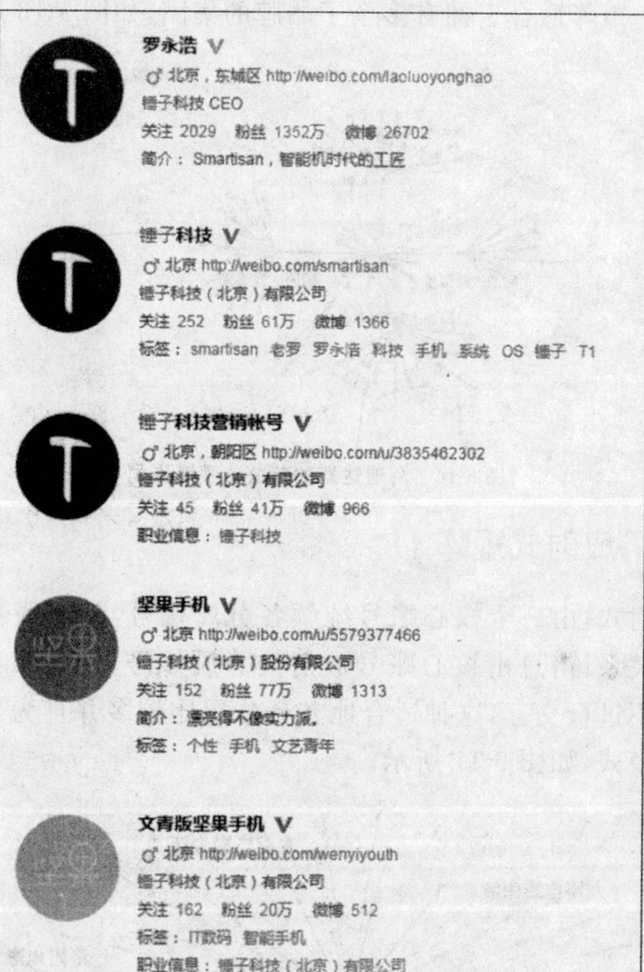

图 5-15　锤子科技关联微博账号

当然，企业在建立矩阵前，必须要清楚自己微博的定位和功能分类，是产生销售、品牌传播、客户管理，还是公共关系。如果不能确定明确的功能定位，不仅无法形成有力的微博距阵，连主微博的运营都会成问题，因为微博的内容更新、活动策划、粉丝互动都要根据微博本身定位来运作。

新浪微博事业部总结了三种微博矩阵格式,具体如下。

(一)蒲公英式矩阵

这一矩阵适合于拥有多个子品牌的集团,如图 5-16 所示。

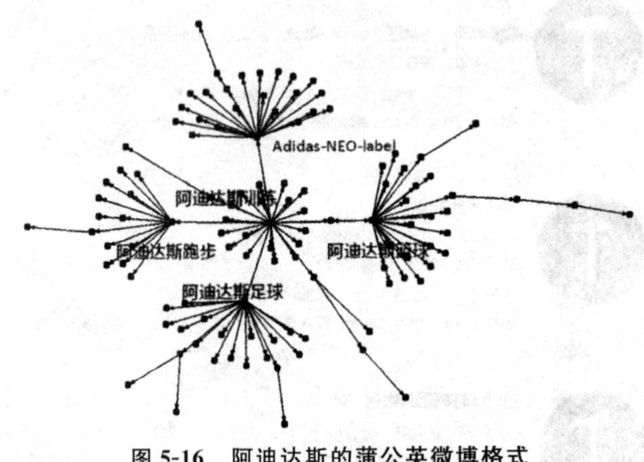

图 5-16 阿迪达斯的蒲公英微博格式

(二)放射式矩阵

放射式,由一个核心账号统领各分属账号,分属账号之间是平等的关系,信息由核心账号放射向分属账号,分属账号之间的信息并不进行交互,这种适合地方分公司比较多并且为当地服务的业务模式,如图 5-17 所示。

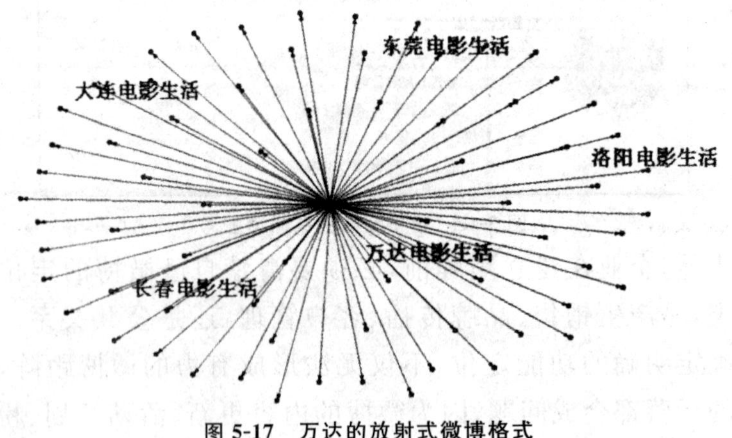

图 5-17 万达的放射式微博格式

(三)双子星式矩阵

这种矩阵模模式,需要创始人的账号很有影响力,公司官方账号也有影响力,他们形成互动,如图 5-18 所示。

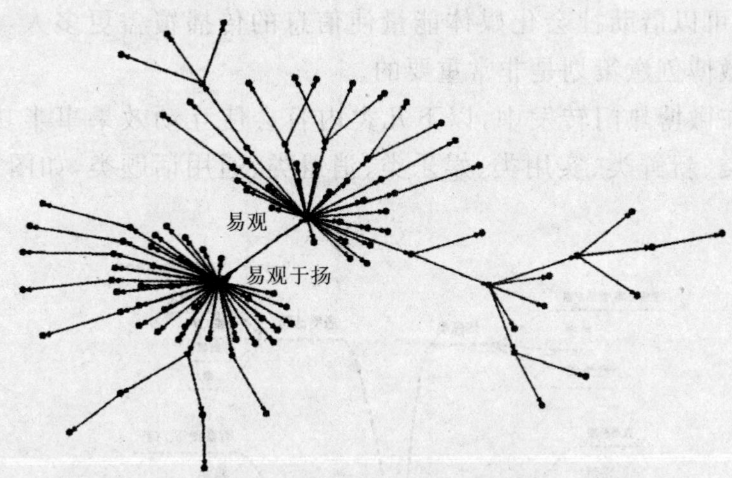

图 5-18　易观咨询的双子星微博格式

企业真正要建立的体系,除了官方账号、子账号外,还可以建设一批小号。所谓的小号,一种是建一批跟自己企业相关的账号。例如,@天猫作为企业主账号,还要建@天猫服装馆、@天猫电器城、@天猫美妆等一批企业相关的微博账号,通过这些账户跟粉丝分享不同细分领域的产品,增加粉丝留存度。另一种就是自己注册的用于转发的账号,便于用第三方身份发布一些评论,带动传播。

不断分化主账户粉丝是微博营销的一个重要工作,用更精准定位小号去吸引他们互动,使他们持续进行关注,从而方便在企业需要做爆款营销活动时,借助“大 V”带动小号传播,扩散能量。

此外,企业还可以利用账号矩阵观察什么样的话题适合在什么类型的账号转发,谁的转发能带来更大流量,如何接龙转发使微博的传播效果达到最好,只有把这些问题搞清楚,才能充分发挥微博账号矩阵的能量。

二、病毒式传播创意策划

微博与传统媒体一个重要的区别在于,微博作为社会化自媒体,它可以借助社会化媒体能量使信息的传播覆盖更多人,因而做好微博创意策划是非常重要的。

在微博热门转发中,以下几类内容会使互动效果事半功倍:情感类、新鲜类、实用类、娱乐类、消遣类、通用话题类,如图 5-19 所示。

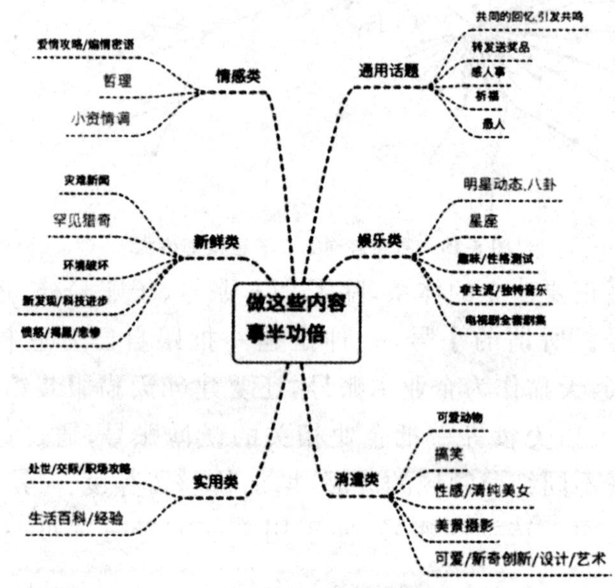

图 5-19　热门微博内容说明

不管将微博定位成为品牌传播还是产品销售,微博内容策划都是非常重要的,首先要找到目标客群想要听的话,把微博内容做到有营养、够创意,对目标客群的胃口。

(1)了解目标人群。就是要弄清楚粉丝是什么人,摸清他们的品位和喜好。同时,以用户为中心,针对目标人群策划内容,锁定人群的职业,性别、年龄,结合他们的兴趣爱好,制定他们喜欢的内容,投其所好。

(2)内容有价值。就是要所发微博内容对目标客群有用,也可以说“对症下药”:如果她是女人你就要告诉她如何美容减肥、化妆购物;如果他是男人你就要告诉他升职加薪、时政新闻,总之尽量让他感到有价值。

(3)内容有创意。就是让目标客群有新鲜感,再好的东西看多了都会腻,图文结合换成“视频+文字”,把活动做得趣味些,就能够提升内容的新鲜感。

三、建立官方微博

建立官方微博,是最基本的微博营销策略。

第一,作为企业对外展示和树立形象的窗口。微博是中国互联网用户重要的社交平台,用户基数巨大,这个阵地坚决不能丢。同企业的官方网站一样,可以在这个平台展示企业的背景、文化等,以此来树立企业形象。

第二,用以维护用户关系。微博的即时互动性非常强,通过微博,我们可以和客户建立长期稳固的沟通渠道,与用户随时快速进行互动。而且就像前文所说的,通过微博,我们可以将企业形象拟人化,提高亲和力。

第三,提升客户服务体验。通过微博,我们可以快速对客户的意见和需求进行反馈,加强用户体验,提升客户满意度和黏性。

第四,自主的推广平台。我们也可以将微博作为推广平台来使用,比如可以通过官方微博来传播企业的品牌故事、活动、新闻稿等。同时还可以和企业其他的营销活动相配合,比如配合线上的推广、线下的活动等。

官方微博的基本框架见图 5-20。

图 5-20 企业微博运营架构图

这里重点说说运营企业官方微博时的要点。

(1)微博营销的关键是人气。对于没有任何人气、没有任何知名度和影响力的公司,做微博营销是不太适合的,很难有好的效果,所以至少要先把人气积累足。用户从关注开始,企业微博运营人员就要肩负起服务粉丝的作用。当然,这里有一点是在建设微博时需要做的,那就是自动回复和自定义菜单。

自动回复和微信公众平台的自动回复功能一样,分为关注自动回复和关键词自动回复。自动回复首先要抓住粉丝的心,可以通过一些绑定式操作不让粉丝取消关注,同时在语气方面尽量偏向好玩、有趣等。

(2)尊重用户,不与用户争辩。千万不要在微博上与人争论和吵架,这是很不明智的。除非你不想要自己的品牌形象了。

(3)微博不是广告发布器。许多人把微博当成了广告发布平台,拉来一些粉丝后,就开始哐哐地发广告,这是极错误的认知。千万不要只把微博当成广告发布器,这完全是在浪费时间和精力。

(4)不要只记流水账。微博营销的核心是通过语言、文字与用户互动,从而达到营销的目的。所以内容要情感化,要有激情,要为用户提供有价值、有趣的信息。

(5)不要一味地转载别人的内容。微博一条内容仅140字,创作起来并不难。如果不会创作,可以多去借鉴别人的内容,或者在别人的内容的基础上进行二次创作。

(6)不要单方面发布信息。微博营销不是一个人自言自语,所以不要只是单方面地发布信息,要学会与用户互动。只有通过与用户的不断交流,才能获得用户的信任与好感,同时也只有这样才能真正让用户参与到公司的活动中去,并提供有价值的反馈与建议,以更好地满足用户的需求。

四、借力热点事件,实施微博营销

微博具有非常强的传播性,可能让一个人、一条新闻、一个事件在短短几十分钟内传遍互联网。所以现在很多企业在做事件营销或进行炒作时,都会通过微博来辅助。

事件营销(event marketing),是市场营销理论的一个重要的概念,是通过策划、组织和利用具有名人效应、新闻价值以及社会影响力的人物或事件,吸引媒体、社会团体和消费者的兴趣与关注,以提高企业或产品的知名度、可信度、美誉度,培养消费者的忠诚度,树立良好的品牌形象,并最终促成产品或服务销售目的的手段和方式。

事件营销在事务中的运用可以分为借势(时)和造势(时)两种策略。所谓借势,是指企业要及时抓住广受社会关注的新闻、事件以及人物的明星效应,结合企业或产品在传播上欲达到的目的而展开一系列相关活动;所谓造势,是指企业通过策划、组织和制造有新闻价值的事件,吸引媒体、社会团体和消费者的兴趣与关注。

热点事件就是能够引起人们共同感兴趣的素质,符合新闻价值标准的事件,并且具有时新性、重要性、显著性等要素,成功的事件营销必须具备以上要素之一,包含的要素越多,营销成功的概率就越大。

在微博上所进行的事件营销就是要借助这些热点事件,通过借势或造势等手段,达到宣传产品的品牌,进而达到提升营销效果的目的。

新媒体微博可以借助热点事件,运用借势和造势这两种手段,实施事件营销,取得营销成功。

五、开展微博活动,实现互动营销

微博活动是微博营销必不可少的,初期为了增长粉丝我们要做活动,后期粉丝稳定了我们要通过做活动引爆品牌传播或者回馈粉丝,增强黏性。所以在微博营销中活动是贯穿始终的,如何开展活动聚集人气提升品牌尤为关键。

目前来看,微博活动可分为微博平台活动和企业自建活动两种。微博平台活动形式多样化,大转盘、砸金蛋、晒照片等很有趣味;活动的数据分析也很详尽,有转发、邀请、收藏、每日参与人数等详细数据;抽奖更加公正公平,管理更加规范方便,粉丝增长迅速。只是现在越来越多的抽奖控混入其中,影响了粉丝质量和活动效果。

企业微博自建活动主要是各种形式的转发抽奖。抽奖、数据统计比较烦琐,而且对主题活动要求较高。一般先基于内部粉丝相互传递发起,只有先有效调动内部粉丝的积极性,才能增加微博的活跃度。但是如果没有足够的粉丝数量,传播效果一般不会太大,除非奖品很给力或者有“大V”推荐转发。

通过微博做活动,有以下三个优势。

第一,面向的用户群广。微博有几亿的注册用户,所以在微博上做活动,不用愁没人参加,关键是看活动如何策划。

第二，传播力强。微博重要的功能就是转发评论，所以好的活动会引发用户的转发，形成二次传播，甚至多次传播。

第三，直接带来微博粉丝。

所以在策划微博活动时，要围绕以上三点来思考，如何能让更多的人参与，如何能让人转发，如何能让人关注。

活动营销主要靠的是创意，常见的、经典的活动形式有以下三个。

第一，抢楼活动。活动发起方发出一条活动博文，要求用户按一定格式回复和转发，通常都是要求至少@三个人，并进行评论。当用户回复的楼层正好是规则中规定的获奖楼层时（如100楼、200楼），即可获得相应奖品。

第二，转发抽奖。活动发起方发出一条活动博文，要求用户按一定格式转发，通常都是要求至少@三个人，并进行评论。最后在参与活动的用户中，随机抽出一部分幸运儿发放奖品。

第三，转发送资源。活动发起方发出一条活动博文，要求用户按一定格式转发，通常都是要求至少@三个人，并留下邮箱。凡是转发者，邮箱中都会收到一份好的资源，比如媒体名录、各种工具、优惠券等。

在做活动的时候应该注意几点，一是焦点图一定要有；二是奖品特性大众化、科技化、自家产品优先；三是一定勾选参与自动关注发起人和参与自动分享两个选项；四是最好不勾选只限微博会员参与；五是上线第二天开始每天查看活动，活动有可能因缓存问题出现异常；六是选择相比重要的活动，找身边的“大号”人脉转发，但不能太频繁；七是内部人员一定要参与，类似大转盘活动，只有种子用户发起后才能扩散更多的用户，最直接的种子用户就是自己的员工。

六、微博精准营销

我们可以通过微博实现非常精准的营销，这主要是通过对微博精准用户的提取来实现。其实具体的思路和流程非常简单:先通过技术手段,从微博海量用户中,提取到符合我们需求的精准用户 ID;然后发布活动或内容,直接@这些活动,甚至直接给他们发消息。

精准提取微博用户数的方法如下。

(1)提取竞品粉丝。通过技术手段,将竞品或同类产品官方微博的粉丝提取出来,关注了他们的人,基本上也是我们的目标用户(图 5-21)。

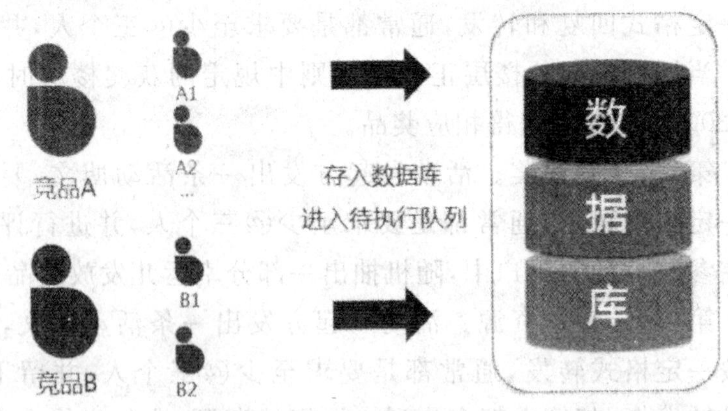

图 5-21 竞品粉丝的提取

(2)交叉分析。当然,只是提取一个账号的粉丝,有可能其中有一些不精准的人。所以,为了提高精准度和质量,我们还可以再进行交叉分析,比如我们提取了 A、B、C 三个账号的粉丝,然后对这些粉丝进行分析,如果其中有人同时关注了这三个账号,则保留,否则删除。

在通常情况下,同时关注了多个同类型账号的人,基本上都是精准度非常高的,甚至非常优质的用户(图 5-22)。

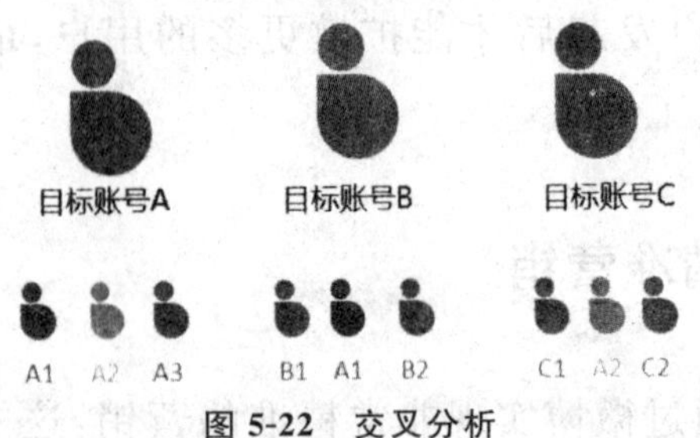

图 5-22 交叉分析

(3)相关热门微博转发提取。我们可以针对一些热门内容，将转发过这些内容的用户提取出来。比如转发与怀孕有关的内容的用户，很可能自己就是孕妇，或者是家里有孕妇，也可能是近期准备怀孕。当然，为了提高精准性，也可以像第二种方法中说的那样，对不同的内容进行提取，然后对提取出来的内容进行交叉分析(图 5-23)。

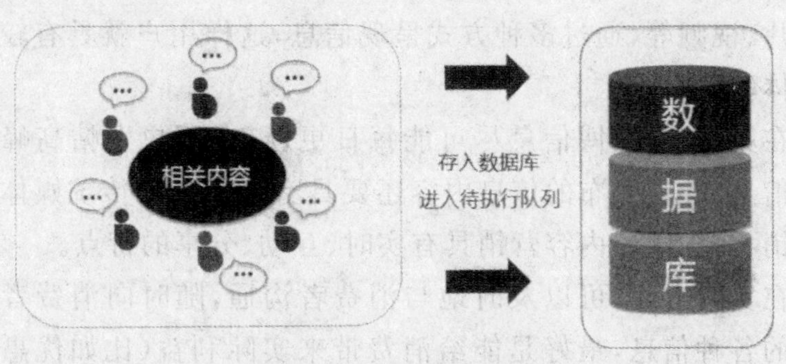

图 5-23　相关内容转发提取

(4)语义分析系统。语义分析是指针对某类关键词进行提取。比如有的用户总是发和尿不湿有关的内容，那么基本上可以断定，他的家中有婴儿(图 5-24)。

图 5-24　语义分析系统

(5)地域标签提取。用户通过手机发微博时，会显示所在的地理位置，所以我们可以提取某一地域范围内的用户。

要实现上面说的这些效果，有两种方式：一种是自行开发。新浪微博有开发接口，我们可以根据新浪微博的开发协议进行开发；如果不具备开发能力，就可以采用另一种方式，即购买第三方服务，比如请人开发或者请专业的公司帮忙提取。

七、做好内容建设,创新发布方式

微博主要靠内容来吸引“粉丝”眼球。对于微博内容建设,要创新发布方式。

在手段上,要注意信息手段尽可能多样化,每条信息尽量带有图片、视频等,通过多种方式呈现信息,这样用户就具有较好的浏览体验。

在频率上,微博信息尽可能每日更新,在用户发帖高峰时间更新信息,并且发布的信息内容还要具有价值。与传统媒体的内容营销相比,微博内容营销具有实时、互动、分享的特点。

在实时方面,可以及时地与消费者沟通,随时向消费者传递产品的各种信息,最好是能给消费带来实际利益(比如优惠打折信息)或精神愉快的信息(比如分享有趣的故事、新闻以及生活经验等)。

在互动方面,可以通过互动活动或者沟通,随时了解消费者对产品的喜好,掌握及调整活动的参与程度。

在分享方面,消费者可以随时随地转载微博信息。微博消费者在转发企业微博内容时,消费者无形中成为企业信息的“感染源”,不断向身边的好友传播企业或产品的信息和价值观。

八、借用口碑传播,实现口碑营销

研究表明,口碑(word of mouth)对消费者的决策及行为转变能够产生极为重要的影响。口碑传播是指一个具有感知信息的非商业传者和接收者关于一个产品、品牌、组织和服务的非正式的人际传播。大多数研究文献认为,口碑传播是市场中最强大的控制力之一。口碑传播是口碑营销的理论基础,所以它非常重要,是实现口碑营销的主要途径。我们所谓的“口碑营销是由生产者、销售者以外的个人,通过明示或暗示的方式,不经过第三方处理加工，传递关于某一特定产品、品牌、厂商、销售者以及能够使人联想到上述对象的任何组织或个人信息，从而使被推荐人获得信息、改变态度，甚至影响购买行为的一种双向互动的传播行为”。

传统的口碑营销就是一种以口碑传播为途径的营销方式，通过购买者口口相传的传播方式将商品或服务的信息传递给亲人、朋友和同事等，促使其购买行为的一种行为模式。微博的用户关系和信息传播特点，使得它更接近于一个天然的口碑传播平台，在微博的内容更新中，一个用户发表的信息内容可以被好友或跟随者即时的看到并转发，而每个转发者或跟随者的好友又可以看到被转发的内容，信息就以极快的速度在微博用户中传开。因此，微博信息不再是从前的“一对一”或“一对多”的扩散模式，而是一种裂变式传播形式，这种传播模式具有其他媒体难以比拟的优势。只要产品足够好，在微博界面上设立一个互动话题，适当地切入引导，就很容易促成口碑营销。在微博口碑营销过程中最重要的因素是通过微博里的意见领袖或使用者，经他们对商品信息的评价或推广，可以影响“粉丝”的购买行动。

九、进行微博舆情公关

在信息传播日益迅速的今天，时时有舆情危机，事事有舆情危机，在这种情势下，利用微博进行舆情危机的公关就变得非常重要。舆情公关要坚持三个“第一”原则，具体如下。

第一时间发现：对于具有一定规模和影响力的企业，内部应该成立专门的部门或小组，每天主动在微博上监控和搜索与企业相关的关键词（如果工作量太大，则可以通过相关的软件来监控）。争取做到在用户发出信息的第一时间，就发现这些信息。

第一时间处理：对于一些常规的危机事件，企业应该提前制定相应的处理预案，当监控到信息后，马上按照预案进行处理。

第一时间上报：如果问题的复杂程度超出了自己的能力或权

限范围,则第一时间向上级汇报。

如果企业能够真正贯彻三个“第一”原则,那么无论出现什么样的危机事件,都能将其不良影响控制在最小范围内。

一般处理纠纷主要经历以下流程。

(1)担责:不要试图去和用户发生争论,不要企图推卸己方的责任。无论事实是怎样,先表示歉意肯定没错,至少要为给对方带去了坏心情而道歉。因为用户在微博上发信息,一定是很气愤的,这个时候去辩论,只会激化矛盾。

(2)沟通:当对方情绪稳定后,积极坦诚地与当事人或公众沟通,了解事情的经过,分析问题的原因。

(3)安抚:多安抚当事人的情绪,多表达积极的态度,尽量在初期把问题解决掉。

(4)暂停传播:不管事情是否解决,应尽早让信息停止传播。

(5)删信息:如果问题得到了解决,那么争取让用户将相关信息删除,或者发声明。

2018 年 3 月,知名女作家六六在微博发表《无赖京东》一文,指责京东“售假”并“玩弄”客户投诉,并附带发上了其朋友的投诉“血泪史”。该文引发了京东的极度不满,为此还发文“反诉”,态度强硬。而此后,六六更是爆出微信无法使用的事情,让人以为京东真的“神通广大”到足以逆天的地步。虽然,后来证实了这只是一场乌龙事件,但眼看京东的处理已经是向深渊越滑越深了,一场“撕”战即将展开,舆论导向对京东非常不利。所以,京东方面对于此次事件的态度来了个大转弯。3 月 17 日,京东集团 CMO 徐雷在微博发布消息称,针对作家六六投诉京东一事京东集团全体管理层专门针对此事进行了全面的反思和自我批评。而此后,作家六六也接受了京东的道歉,一场危机就此化解。

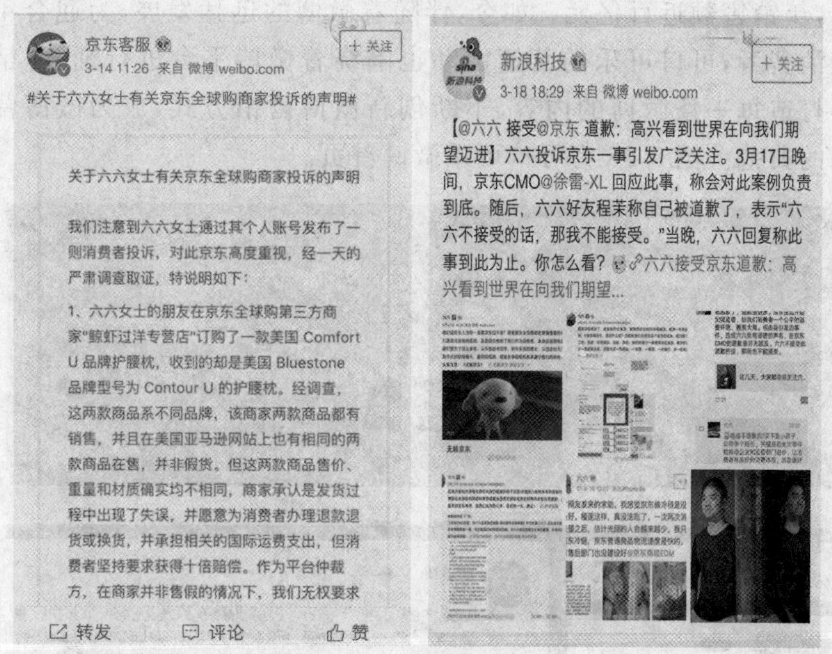

图 5-25　京东危机公关

案例分析

可口可乐

(一)企业概况

可口可乐成立于 1886 年 5 月 8 日，是全球最大的饮料公司，拥有全球 48%的市场占有率。可口可乐在 200 个国家拥有 160 种饮料品牌，包括汽水、运动饮料、乳类饮品、果汁、茶和咖啡，亦是全球最大的果汁饮料经销商。早在 20 世纪初“可口可乐”已在亚洲面世。1927 年“可口可乐”在上海及天津设厂生产，稍后更在青岛及广州生产。1933 年，在上海的可口可乐生产厂是美国以外最大的“可口可乐”厂，在 1948 年，更是美国境外第一家年产量超过一百万箱的工厂。1978 年可口可乐重返中国，经过几十年的发展，可口可乐公司已经在中国形成了辐射全国的生产基地和销售网,年销售额近百亿元。如今,伴随着微博的迅猛发展,为迎合年轻消费者,可口可乐的营销活动也围绕着微博平台进行铺开,精心打造每一条微博的内容,不断创新微博营销方式,成为微博营销的典范。图 5-26 为可口可乐微博首页。

图 5-26　可口可乐官方微博

(二)案例分析

1. 可口可乐受众分析

可口可乐的消费群体主要是学生、白领和爱好体育的年轻人等,他们年轻而富有激情,同时也是微博积极拥护者,是可口可乐微博营销的主要受众。这个消费群体整体年龄呈现年轻化,个性时尚、张扬且热爱运动,具有一定的商品知识,可通过营销手段教育对可口可乐形成品牌依赖。

2. 可口可乐微博的表现形式分析

通过对可口可乐所发微博的分析发现,可口可乐的微博形式有五种,分别是"文字+链接""文字+图片""文字+图片+相关链接""文字+音频+链接"和"文字+视频+链接",被链接的对象一般是博客地址或媒体网站。可口可乐的微博一般不存在纯文本形式的微博，以视频、音频、图片等多媒体形式出现的微博占据了微博数量的一半以上。可口可乐很重视“微博体”的打造，以凝练的文体框架进行信息的传播，迎合了受众们的微博文化诉求，达到了良好的传播效果。

3. 可口可乐微博类型分析

(1)互动型微博

可口可乐注重将产品的营销与当下热议的人物结合，与受众进行良好的互动，借助话题人物的热度进行病毒式营销，扩大了营销活动原有的传播范围和影响力。可口可乐微博对病毒式传播进行了正确的运用，这一传播模式正是对快消品行业单向度的传播模式变革，使受众参与到交流中来，受众在互动中得到了满足，所以这种方式更被受众所喜欢，品牌的营销效果也更好。

(2)线上推广型微博

线上推广型微博主要是为了企业产品推广而发布的，是线上营销和线下营销有力合作的证据。线上推广型微博在线上为产品的推广造势，产品在线下的销售活动也会带动线上的话题传播速度，两者形成了良性的循环，这就是微博营销的魅力所在。

4. 可口可乐微博特点

可口可乐微博营销的成功毋庸置疑，其所具有的特点值得我们思考与借鉴。

(1)注重微博质量与频率

可口可乐对每条微博的发布都进行严格把关，严格的选题和高质量的微博内容赢得了微博用户的关注，进而提高了可口可乐在消费者心目中的形象。另外，可口可乐在注重微博质量的同时，也把微博的发布控制在一个高频率上。高频率的微博信息发布让受众接触到了大量的营销信息，令消费者在高频率的信息接触过程中逐步加深对可口可乐的品牌认可程度。

(2)注重与粉丝的互动

在微博这个自媒体平台里,用户是微博传播模式的主导,互动性已成为微博重要特征之一,而不再是传统快消品行业中的单向传播模式。成功的微博营销不仅要把自己的内容推送给受众,也应该重视来自受众的反馈,消费者的认同才是微博营销的目的。

5.可口可乐微博营销策略及品牌塑造分析

(1)可口可乐微博营销的策略

第一,内容营销。可口可乐的微博文字凝练易懂,精彩的微博内容常带有社会流行语的时代特色;另外,可口可乐发布的微博选题也都是经过精心筛选、设计的新进产生的热门话题,具有很高的可读性,是能与受众产生共鸣、并有独特创造性的微博。通过优质微博内容在众多用户信息中最终脱颖而出得到关注,使得微博内容大规模扩散,赢得更多关注。

第二,互动营销。可口可乐利用微博的互动性使其成为企业与受众互动和沟通的媒介。互动过程中,受众可以直接接触到可口可乐微博内容以及品牌形象,可口可乐也可以在受众互动交流的过程中了解到受众的需求与感受,良好的互动行为在无形中提升了可口可乐的品牌形象。

第三,情感营销。可口可乐通过贴近目前微博用户的兴趣、爱好,不断发布包含所需内容的微博来进行微博营销。这种包含软营销理念的情感营销使得多数用户间建立的传播链是在相识人群、信任人群或有共同价值观人群之间的。一条微博通过转发、评论等功能可在这些具有特定联系的社交群体中广泛传播,内容中的情感因素也会随之扩散。

(2)可口可乐微博的品牌塑造路径

第一,通过微博的整体设计凸显品牌定位。可口可乐可以充分利用头像的可视性特征,将企业品牌标识直观地向受众展示,体现出可口可乐的品牌形象。

第二，通过微博内容塑造品牌形象。可口可乐微博准确把握受众心理，选择具有话题性的信息，以凝练的语言向受众传达信息，使受众可以在碎片化、浅阅读方式下不用深入思考，就能从某种角度理解信息的本质。对于受众来说，在这种费力程度低而高回报的模式下获取信息，理所当然付出的是对可口可乐更为主动、积极的关注，而与此同时，可口可乐则利用微博的内容向受众传播了自身的定位和理念，成功塑造了品牌形象。

第三，通过微博互动提升品牌形象。可口可乐曾多次尝试通过微博进行有奖互动，吸引了大量的受众参与话题的讨论与转发。不仅如此，可口可乐对于受众反馈的有效信息都会及时进行回应，鼓励受众群体的信息反馈。正是通过这些互动工作，可口可乐的品牌价值得到提升，获得了广大消费者的一致认同。

本章小结

微博的出现不仅仅改变了互联网中信息传播的方式与结构，也改变了互联网用户获取信息的习惯，并正在颠覆传统的营销方式。微博作为一种营销推广的工具，不但是帮助企业和个人与客户之间建立良好关系的平台，而且利用微博的特点来推广自己的品牌文化和产品服务以及危机公关，也必将为企业开拓更为广阔的品牌塑造与营销推广的空间。企业和个人要根据自身规律，积极寻找合适的微博营销模式和策略，努力实现微博营销价值的最大化。

第六章 社群营销之网络论坛

网络论坛营销，顾名思义，就是企业利用网络论坛，以图片、音频和视频等形式对自己的产品或服务进行推广的营销活动。社群营销是一个网络营销新趋势，网络论坛无疑为社群营销提供了良好的平台，因此，有必要对网络论坛营销展开研究与分析。

第一节 网络论坛营销的步骤和策略

一、网络论坛营销概述

（一）网络论坛营销的概念

网络论坛营销是指企业利用网络论坛来推广、销售产品，以文字、图片和视频等形式发布自己的产品信息和服务信息。在论坛发布企业信息，可以帮助客户更深刻地了解它们的产品和服务，从而促使客户产生消费行为。通过论坛营销，企业可以在节省成本的情况下宣传企业的品牌，可以开展各种网络营销活动。

相较于传统营销模式，企业通过网络论坛营销可以与客户进行更为独特的互动。在传统营销中，营销方法比较单一。而论坛营销可以根据公司产品的特点、特定的目标客户群以及企业文化来加强互动，能够有效地节约开支。另外，论坛营销的形式新颖多样，避免了传统营销模式的单一化。

（二）网络论坛营销的特点

网络论坛是网民交流互动的网络平台，他们可以在该平台上就某一主题进行讨论，从而使有相同兴趣或需求的人集聚在一起，形成各种社群。论坛可以成为一个网络营销平台，因为它有着很多特点，如图 6-1 所示。

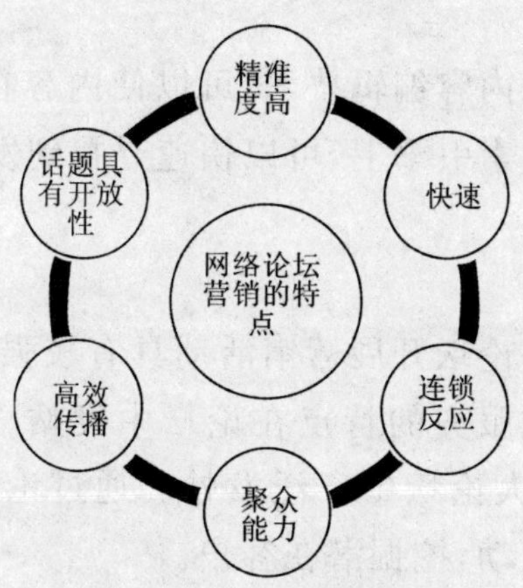

图 6-1　网络论坛营销的特点

1. 话题具有开放性

网络论坛的话题具有很强的开放性，因此企业通过论坛开展营销，其所有营销诉求几乎都可以通过论坛传播有效实现。

2. 高效传播

论坛帖子在论坛空间可以得到有效传播，无论普通帖、论战帖还是视频帖等，都可以在目标群体中高效传播。

3. 聚众能力

论坛可以实现人群集聚的目标，也就是说其具有很强的聚众能力，企业可以把论坛作为一个平台，在这个平台举办各种活动，调动网友与企业之间的互动。

4.连锁反应

企业可以通过网络论坛制造一些事件进行炒作,将自己的产品品牌以及活动植入内容中。当某一事件的关注度达到一定程度,就可能成为新闻事件,从而导致传播的连锁反应。

5.快速

通过搜索引擎内容编辑技术,可以使内容在论坛上发挥一定的作用。在主流搜索引擎上,可以快速寻找到发布的帖子。

6.精准度高

企业通过网络论坛开展营销活动具有较强的针对性,企业可以根据自身产品或服务的特点在论坛中发帖。为了引起较大的反响,企业可在各大论坛中广泛发帖。通过论坛这个平台,企业可以与网友进行互动,挖掘潜在客户。

(三)网络论坛营销的阶段

网络论坛在很早就已经出现,因此在很早之前就有企业通过发帖推广的方式开展营销活动,到现在发帖推广也是普及率比较高的一种方法。但是根据笔者的调查情况来看,有相当一部分朋友,没有掌握这种推广工具的正确使用方法,结果导致没效果。让我们一起来看一下学习和实践论坛营销时,通常要经历的几个阶段。

1.论坛群发阶段

随着科技的发展,人们的生活越来越便捷,但是人们在这样的环境中反而比原来懒惰。网络推广需要耗费精力和时间,为了更轻松地开展营销活动,就出现了各种群发软件。在论坛方面也不例外,BBS群发器早在八九年前就已经大行其道,相信运营论坛的朋友对此深有感触,甚至深受其害,对其深恶痛绝。虽然管理论坛的人讨厌它，但是很多新手却对其喜爱有加，省事嘛！甚至很多新人将论坛推广直接理解成论坛群发。

论坛推广的重点是质，并不是量。就算群发的数量再多，若是没效果还是等于做无用功。我们做推广也不是为了走过场亮亮相，而是为了追求效果。

从以上两点来看，单纯地利用论坛群发工具开展营销活动并不是明智之举，因为群发出来的垃圾信息就像“过街老鼠，人人喊打”。几乎所有论坛都会删除广告、打击论坛群发器。因此，营销人员必须开展更有效的论坛推广活动。

当然，还有一部分人用群发器是为了辅助 SEO，增加网站外部链接。对于他们来说，不管论坛好坏，只要不删除即可。但是外链还分质量好坏，留在这种垃圾论坛的链接，效果甚微。而且具体操作的时候，还要注意规避风险，如果突然之间增加大量的外链，是很容易被搜索引擎惩罚的。

因此，在开展论坛推广的时候，不可以盲目，不要随大流。关键在于明确自己的实际需求，要明确自己这样做的理由。

2. 手动群发广告阶段

很多营销人员发现了群发器的弊端。群发软件无法识别论坛类型和板块主题，导致发的论坛或板块不精准；而且胡乱群发会导致账号经常被封，甚至帖子几乎是发一篇删一篇。于是他们开始改用人工操作，有选择性地去发。这也是目前比较主流的一种推广方式。

虽然营销人员的意识有所上升，但本质却没有改变，推广的内容也仍然是广告，只不过由群发器无节制地乱发广告变成了由人工有选择性地发。最后的结果还是被删帖、封 ID，甚至直接封 IP 地址。

3. 手动发软文阶段

发展到这个阶段，才真正意义上推开了论坛营销的大门。能将发广告升级到发软文,说明营销意识已经越来越强。这个阶段的核心是“软文”,帖子发出去后会不会被删除、会不会产生效果,在很大程度取决于软文的质量和力度。软文在网络营销中非常重要,一定要注意软文能力的提升。

此外,还应该关注发布渠道的匹配程度,以及相关论坛管理员的监管力度。一般创建时间越久的论坛,对软文的敏感度越高。

4.互动发软文阶段

营销人员用软文代替了生硬的广告,可以在一定程度上降低被删除的概率,但是仅仅在论坛中发布软文远远不够,还需要与网友互动,以此保证营销效果。因为论坛推广的本质是互动,不是一个人自言自语。论坛的圈子文化决定了只有与论坛里真实的人产生互动,才会有效地将信息传递出去。

营销人员可以做到这一点,通常对论坛营销已经有了深刻的认识,并具备了一定的经验。最重要的是说明他的执行力非常强,因为和网友互动,并不是一项轻松的工作。

5.真正的论坛营销

随着网络论坛营销的发展,营销人员逐渐发现了该如何开展真正的论坛营销。真正的论坛营销必须有良好的效果,如果论坛营销可以同时达到以下几个标准,则说明是一次成功的论坛营销。

第一,不被删除。这是基本条件,如果帖子发完即被删除,则一切都是空谈。

第二,吸引眼球。虽然帖子不被删除,但是没人浏览,那么帖子等于无效帖子,论坛营销也不可能实现其营销目标。因此,软文的质量是关键。

第三,打动用户。帖子能吸引用户围观,但是触动不了用户的那根神经也属失败。论坛营销的最终的目标是要影响用户的选择和行为。

第四，网友互动。当营销人员发了帖子后却没人恢复，就会很快被其他新的帖子淹没。帖子没有获得更多展示的机会，自然影响的人群就非常有限。

第五，加精推荐。如果帖子能被论坛内的版主给予加精、加红，甚至推荐，那么说明论坛营销已经算基本成功了。

第六，网友转载。如果营销人员发的帖子能被用户主动转载到其他论坛或网站，那么说明这次论坛营销成功了，它已经基本实现了本次营销活动的目标。

二、网络论坛营销的步骤

(一)明确需求

网络论坛营销的第一步是之后一切工作的基础，属于论坛营销的准备工作。首先，企业必须明确以下几个问题。

1.明确营销目的

很多人在开展营销时，根本不知道自己想要什么，听到人家说哪种方法好，就盲目跟风上项目，最后没结果是必然的。在做任何营销活动之前，都先要明确目的。

第一，需要明确的是企业的具体营销产品，要确定该产品属于虚拟物品还是实体物品，属于什么品类等；第二，要明确营销的目标，是为了增加流量、注册量，还是增加品牌知名度，抑或是带动销售。

2.了解营销产品

明确营销目的后，必须了解产品，这样在后期的推广中，才可以将产品完美地展现给用户。要弄清楚以下几个问题。

产品的优势和劣势、产品的目标用户、产品的亮点、产品亮点是否能打动用户以及该产品可以帮用户解决什么问题等。

3. 了解用户

企业开展论坛营销前必须了解用户,只有把用户摸透了,才能做到有效营销。在网络营销中,用户是真正的核心。如果不能了解用户的各方面情况和实际需求,就不可能对症下药,也就不可能开展有针对性的论坛营销。

也就是说,企业必须明确用户聚集在哪些论坛、用户在论坛里做什么、用户喜欢什么样的资源和内容、用户群中最有共性的问题有哪些、哪些问题是最需要解决的、我们又能解决其中的哪些问题等。

4. 了解对手

知己知彼,百战不殆。企业开展论坛营销不仅要了解自己、了解用户,还要了解竞争对手,只有这样才能在营销战中做到进可攻,退可守,才可能获得这场战争的胜利。

例如,我们必须了解竞争对手有没有做过类似推广;如果做过,效果如何;大概是如何操作的;整个过程投入了多少人力、物力;其中有没有值得我们借鉴和学习的地方等问题。

(二)寻找目标论坛

在解决了第一步的问题后,企业必须寻找适合自己的目标论坛。对于论坛的选择,要注意以下几个原则。

首先,目标论坛的关键不在于数量而在于质量。企业在寻找目标论坛时,必须量力而行,视自身的人力、物力而定;否则太多的论坛,反而应付不过来。

其次,目标论坛也不一定越大越好,有时候大论坛,监控反而严。最关键的是论坛氛围要好,用户群要集中、要精准。比如我们要推广手机,那么就只找手机类论坛。

最后,就是要尽量找内容源论坛。内容源论坛更适合开展论坛营销，如果可以让自己的推广帖子在一个内容源论坛受到追捧，就会被大量的第三方论坛转载。

(三)熟悉目标论坛

论坛确定后，先不要急于注册账号发广告，因为这是很不明智的做法。所谓国有国法，家有家规，每个论坛的特点和规则都各不相同，如果贸然行事，很容易被禁言、封号。

第一，企业必须了解论坛的规则。要知道该论坛的管理尺度、允许和不允许做的事情、对于广告信息的监管力度、有无特殊说明等。一些论坛会设置专门的广告外链区。

第二，企业必须了解论坛内各板块的特点和差异。比如每个板块的主题特色是什么、每个板块的活跃程度、将信息和产品发到哪些板块最适合等。同样的内容发到不同的板块，效果可能会相差甚远。比如发到A板块，可能会被删帖、扣积分；而发到B板块，却又可能被加精推荐。

第三，企业必须了解论坛用户的特点。不同论坛的用户群会有不同的特点，即使这些论坛有相同的主题也是如此。企业必须了解并掌握论坛用户对话题内容的喜好，这样才能投其所好，赢得用户。

(四)注册论坛账号

这一步对于网络论坛营销来说十分重要，开展论坛营销的前提是有论坛账号，在必要时企业需要大量账号，利用大量马甲实现其营销目标。所以对于准备长期驻守的论坛，平常要注意多多注册积累账号。而且对于论坛来说，最重要的资源就是账号资源。如果有各大论坛的高等级账号，对于论坛营销来说具有巨大作用。

企业在注册论坛账号时，不可以用相同的IP地址大量注册。在注册之外，还应该注意以下3个要点。

1. 注册有特色的中文账号

账号的名字对于论坛营销来说具有重要意义和作用。如果名字简单易记、富有特色,并且具有亲和力,则能让论坛管理人员及坛友快速记住你。因为中国是人情社会,当大家对企业有良好印象时,在论坛上开展推广就会取得更好的效果。尽量不要用晦涩难记的名字,特别是不要使用看起来像群发工具注册的广告ID。

此外,最好不使用英文名或纯无意义的字母组合。英文ID不易记忆,很多论坛用户即使经常看英文ID也不见得可以记住。即使是那些在论坛有很老资历的会员使用英文ID,也可能被误认为新人。对于长期使用的主账号,最好实名。

2. 及时完善个人资料

企业账号注册成功后,应第一时间更新完善论坛内的个人资料。比如性别、联系方式、个人介绍、个性化签名等,越丰富越好,并且要显得真实,写得有亲和力。个人资料越真实、丰富,就越容易让大家对你产生好感与信任感。

头像是比较重要的一项个人资料,用一张个性而富有魅力的图片做头像,会让大家对你的印象及好感度再升一步。如果能用真人照片最佳,切忌不要使用可能引起别人反感和抵触情绪的头像。

3. 提升存在感

营销人员不可以在刚注册完账号后就急于推广产品,而是必须做一些前期的铺垫工作。应该利用几个星期的时间提升自己在论坛中的活跃度,提升等级,同时积极和版主及论坛用户互动。中国传统文化很讲究人情学和关系学,所以一定要先打感情牌。但需要注意的是,不要单纯地为了互动而互动,为了等级而灌水,单纯地追求等级没意义,关键是要融入论坛。

营销人员想要快速融入新论坛，一个有效途径是制造话题或适当地制造争议。但需要注意的是，不论是制造话题还是制造争议，都需要把握分寸，不能将话题和争议变成争吵。

(五)确定营销内容

在完成以上步骤后，企业需要开始准备营销产品的素材内容。一定要注意内容的针对性和高质量，下面重点强调两个问题。

1.寻求产品卖点与用户需求的平衡

营销人员在编写营销软文的内容时，必须要寻求产品卖点和用户需求之间的平衡点，以此为切入点开展营销活动，可以展现产品的亮点，同时可以满足用户的需求。

例如，企业推广的是减肥产品，目标用户的需求包括安全、无毒、不反弹、纯天然、快速等。而我们的产品最大的卖点是绿色、安全、不反弹，且三个月无效全额退款。那么在操作时，将产品的卖点及用户的需求和期待相结合，编写推广文章。

或者可以先使用恐吓手法向论坛用户展示不正确减肥的严重后果，之后再通过知识普及的形式向大家阐述所谓快速减肥的弊端和害处，讲解不良减肥产品引起的不良反应及后遗症，以及如何安全、健康地减肥等。在这个过程中，将产品一步一步引入。

虽然很多营销人员都知道这个道理，但是在实际撰写营销文章的过程中还是会遇到困难，无法准确地找到产品卖点与用户需求间的平衡。对于这一点，营销人员可以将产品所有的特色、优势、亮点写出来，并列好优先级。然后再把目标用户与所有的需求、期望、需要解决的问题写出来，也列好优先级。最后两相对比，看看这些卖点能帮用户解决哪些问题。先以解决优先级高的为主，能够抓住一个重要需求就可以作为切入点，撰写推广文章。

2.加强吸引力和互动性

论坛营销的本质是互动，所以内容一定要足够吸引眼球，同时能够引起用户的互动。针对论坛的具体特点,下面提出几个在撰写营销软文时需要注意的问题。

(1)娱乐题材

不管是什么类型的社区,往往最终都要回归娱乐,因为用户上网最大的目的是娱乐。过于严肃而没有趣味的论坛,黏性往往都比较差。所以娱乐题材,是比较受坛友欢迎及关注的一类内容。具体表现形式可以是充满娱乐味的帖子,也可以是结合娱乐新闻、事件等吸引眼球。

(2)社会热点

热点新闻或事件可以引起全社会的关注,当然也可以吸引论坛用户的注意。如果能与这些热点有效融合,效果是非常明显的。比如QQ大战360期间,凡是论坛内出现与之有关的内容,坛友都反响热烈。

(3)制造争议

各大论坛每天都会有用户针对某些问题展开激烈的讨论和辩论,这是用户在论坛上交流互动的乐趣之一,从这个角度来说,引发争议是开展论坛营销的一个重要切入点。此类内容最容易触动用户的神经,也最容易吸引用户参与。如果可以在一个论坛上发表一篇具有一定争议性的文章,那么会获得很多论坛用户的关注,甚至还会有一些网友专门为了前来讨论而注册论坛。可以看出,制造争议对于论坛营销来说具有重要意义。

(4)产生共鸣

对于能够让用户内心深处产生共鸣的内容,都会被热捧。比如网络上80后、90后怀旧一类的帖子,经久不衰。例如,在推一把论坛上有一篇某网校的推广帖得到了论坛用户的激烈讨论,其标题为《80后毕业生十大尴尬之事》,这就是通过引起用户共鸣实现营销目的。这篇文章说出了80后的痛处与心声,使论坛用户在看完后感同身受,帖子的回复异常踊跃。

(5)分享互助

在任何时候,如果你愿意帮助别人,或者将好东西与大家分享，都会赢得大家的信赖与认可。论坛营销也是这样，如果能在论坛中经常帮助用户解决问题，或者分享一些好的资源、经验，必然会对企业的营销活动产生有利影响。

（六）利用马甲炒作

即使内容再好，也有可能受冷落。所以企业必须做好准备，如果推广软文没有达到预期效果，那就需要采用马甲战略。一旦帖子没人关注，赶紧上马甲来自行制造话题。

在具体操作时，马甲也不要只是一味地回复一些“顶”“路过”之类没有营养的话。要提前设计好对白，且对白要有看点，要能激发用户的参与热情。

对于企业来说，不仅要通过发帖的形式开展产品营销活动，还需要利用一切可利用的资源进行辅助。例如，在平常与论坛用户的互动聊天中融入广告信息；直接通过论坛内置的站内短信功能，给用户推荐产品；在签名当中插入广告等。

三、网络论坛营销策略

（一）网络论坛营销策略的类型

企业开展网络论坛营销需要制定适合自己的营销策略，如产品策略、价格策略、渠道策略等，如图 6-2 所示。如今，论坛营销在中国企业中的应用正逐步深入。然而，相比国际优秀企业而言，国内的网络营销应用刚刚进入起步阶段。随着网络营销对于传统营销的渗透，国内企业应该更充分、有效地利用低成本、高效率的网络营销手段。

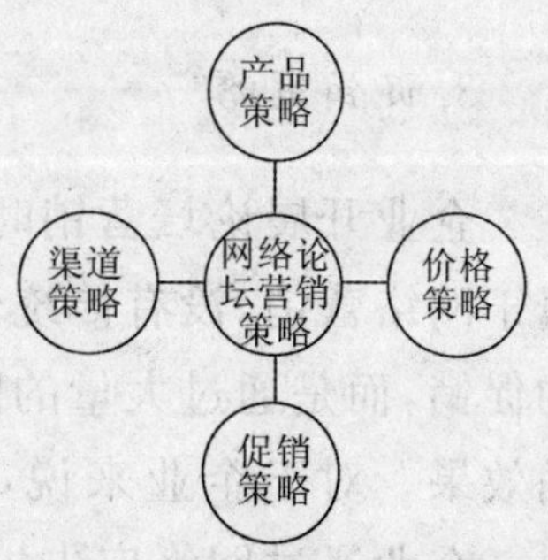

图 6-2 网络论坛营销策略

1. 产品策略

企业开展网络论坛营销的重要前提是明确要开展营销活动的产品或者服务项目,以此为基础确定营销的目标群体。与其他销售渠道相比,通过论坛这个渠道来销售产品,企业可以节省费用。如果产品选择得当,企业可以通过论坛营销获得更大的利润。

2. 价格策略

价格策略是企业在论坛营销中不可忽视的方面。论坛营销中,价格策略是成本与价格的直接对话,由于信息的开放性,消费者可以轻松掌握同行业各个竞争者的价格区间,因此,价格很多时候是引导消费者做出购买决策的关键所在。

企业在开展营销时会受到来自竞争者的冲击,因此必须根据实际情况对论坛营销的价格策略进行适当调整,按照营销的目的,可以在不同的时间可以制定不同的价格。例如:在自身品牌推广阶段,可以用低价来吸引消费者,在计算成本的基础上,减少利润而提高市场占有率。当品牌有了一定的积累时,企业可制定自动价格调整系统,降低成本,根据市场供需状况以及竞争对手的报价适时调整价格。

3. 促销策略

企业开展论坛营销时还需要制定相应的促销策略,论坛营销属于网络营销,没有传统营销模式下的人员促销或者直接接触式的促销,而是通过大量的网络广告这种软营销模式来达到最佳促销效果。对于企业来说,这样可以节省大量人力支出和财力支出。企业通过网络广告挖掘潜在消费者,可以通过网络的丰富资源与非竞争对手合作,以此拓宽产品的消费层面。

通过开展论坛促销,可以促使促销活动更多样化,企业可以根据自身的文化以及与相关宣传网站的企业文化相结合,从而达到最佳的促销效果。

4. 渠道策略

在开展论坛营销时，应该以“让消费者方便”为基本原则来设置营销渠道。为了在网络中吸引消费者关注公司的产品，可以根据本公司的产品，联合其他企业的相关产品，作为企业的产品的外延，相关产品的同时出现能够有效地吸引消费者的关注。

（二）网络论坛营销实施过程中的关键

开展科学有效的网络论坛营销，需要从各方面入手。其中有一些在论坛营销的整个过程中起到关键作用的环节，包括论坛数据库的建立、论坛软文营销、论坛账号信息的维护以及论坛营销组合策略（图 6-3），我们必须充分重视这些环节。

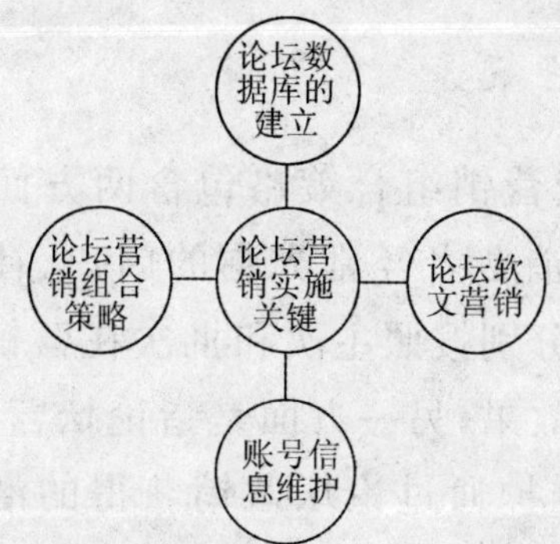

图 6-3　网络论坛营销实施的关键

在网络论坛营销中每个环节都十分重要，只有重视每个环节才能获得比较好的营销效果。正所谓“细节决定成败”，在论坛营销这方面，每个细节都会影响到最终结果。

1. 论坛数据库的建立

在企业明确营销方向后，就可以开始选择合适的论坛。因此，论坛数据库的建立是论坛营销的基础，数据库建立的质量高低关系到论坛营销能否顺利开展。

开展论坛营销，不可能注册一个论坛发一个帖子，这种推广方式的效率太低,并不能真正起到良好的营销效果,对产品的宣传并没有明显效果。同时,一些论坛为了防灌水、防广告,对论坛注册以及发帖设置了多重限制。例如:注册时间少于1小时、2小时或者24小时就不可以发帖,注册用户的积分累计不到100不可以发帖,以及注册必须进行邮箱验证等限制。因此,建立论坛数据库很重要。

建立论坛论坛数据需要收集相应的关键信息,包括论坛的名称、论坛的地址、论坛的分类、论坛的核心板块列表、论坛的活跃指数(论坛星级),只有充分了解并掌握这些论坛信息,并进行科学有序的整理,才能更好地开展营销推广。

一般来说,数据库中的论坛所使用的用户名、密码以及注册时使用的邮箱需要保持一致,这主要是为了方便后期的营销和推广。

2. 论坛营销组合策略

一般来说,论坛营销组合策略包含两方面的含义:一方面是指通过科学地组合消费者经常光临的门户、社区以及网站,根据它们的人气、流量,分别按照主次和批次在营销推广中选择组合,使推广达到最佳的效果;另一方面是指论坛营销要与其他的营销方式结合起来,要维护通过论坛营销获得的潜在用户,从而达到自己的营销目的。例如:你发布了信息,然后有人给你回帖了,但是并没有表示自己的明确意向,这时你就要尽可能地查找对方的信息,然后通过QQ、MSN、邮件对这些用户进行营销。

对于企业开展的论坛活动来说,最重要的组成部分之一就是论坛营销组合策略。在开展论坛活动时,必须有论坛官方的支持和配合。通过论坛活动来进行营销推广,取得的效果是明显的。论坛活动能够很好地调动网民的积极性,即使做一个纯粹的商业性广告,也能使网友很好地参与进来,从而提高互动性。论坛线上营销要与线下营销推广结合起来,这样,举办研讨会、招聘会等,都可以促进营销推广。

3. 论坛账号信息的维护

想要开展有效的论坛营销,一个关键就是加强论坛账号的管理和维护,注册论坛账号不可以单纯地为了发布广告信息,还需要对其进行定期的全面维护。除了发广告之外,还要尽量去论坛活动,争取成为论坛的核心会员,这样就能更方便地推广产品,可以对自己的帖子进行加精、置顶等操作。除了在论坛活跃之外,还可以与其他的论坛会员进行沟通,加入论坛的官方 QQ 群,加强交流与合作。

论坛账号的维护还包括对个人信息的完善,包括账号设置的年龄、昵称、个性头像以及个性签名等。完善了个人信息之后,会使人觉得有亲切感。

企业在自己论坛账号的个性签名中,可以用简洁易懂的文字说明自己的产品或者企业信息,这样可以很大程度上降低作为垃圾账号而被误删的可能,同时也是广告发布的一个好方式。另外,可以顺便把自己网站或者论坛的网址放在个性签名里,这样搜索引擎在搜索这个论坛或者所发的帖子时会顺便把个性签名里的网址搜索到,这有助于网站的 SEO 优化。

4. 论坛软文营销

软文营销是当前论坛营销中最常见、最主要的方式。软文营销相对于硬性广告而言,采用唯美的语言将产品形象化,激发阅读者的兴趣,进而使其产生消费的欲望。软文写作的目的是把企业的产品和形象通过精美的文字进行包装,从而达到宣传的效果。软文写作的最高境界就是言之无物,实则有物。

就当前的企业营销来说,软文是企业或者产品营销推广中一种较为实用的方式,通过软文营销,可以达到做广告的效果,还能提高企业的知名度和美誉度。

营销人员在撰写营销软文时,首先需要注意的就是选择合适的切入点,要通过最合适的方式将需要宣传的产品、服务或品牌等信息完美地嵌入文章的内容中。其次,设计文章结构时,要把握整体方向,控制好文章的走势,选择冲击力强的标题。另外,要注意完善整体文字,根据框架丰富内容,使用恰当的语言来润色内容。论坛软文的推广是论坛营销是否可以成功的关键,有了论坛数据、营销软文,就可以把企业的产品和品牌传播出去。

当前软文营销已经成为最常见的营销方式之一,人们对这种营销方式开始有了一定的免疫力,同时论坛管理人员对软广告的判断能力也越来越高,因此营销人员面临的一个难题就是应该如何在论坛中正确地发布产品信息。

大部分网络论坛都设置了专门的灌水区、杂谈之类的板块,如果企业在论坛中并没有找到与自己所发布的信息完全相符合的板块,则可以在这类板块中发布产品的推广信息。另外,若内容广告性较强,选择的论坛又没有广告专栏,也可以发布在这样的板块里,这样能提高帖子的存活概率。当然,若这个论坛有广告专栏,就可以把广告性较强的软文发布到广告区里。

很多营销人员并不喜欢在小论坛或者地方性论坛发帖推广,但其实在这类论坛开展营销会也会取得不错的营销效果。因为论坛都是由网民组成的,网民有着很大的互通性。地方性论坛的网民也可能成为企业的潜在客户。一般来说,地方性论坛的限制较少。

企业不仅要发布软文,更重要的是学会如何正确地运用这些软文。若发布软文的论坛活跃度较高,就可以多注册几个账号,然后在自己的帖子后边回复。每次回复帖子,帖子就会被翻到整个板块的文章列表首位。对于软文或者广告,还可以在那些比较热门的帖子后边以回帖的方式发布,但这样的回帖存活的概率一般不高。利用软文进行营销推广,要分阶段、分层次进行。在整个推广周期中,不同时期可以发布不同的软文。

第二节　网络论坛营销的实例

一、利用百度贴吧开展社群营销

(一)贴吧的产生

百度贴吧对于中国网民来说,几乎人人皆知。当前已经有超过 10 亿网民成为百度贴吧的用户,拥有 810 多万个兴趣贴吧,且日均话题总量近亿。随着互联网的发展,以及贴吧创始人俞军的奇思妙想,百度贴吧就此诞生进入了人们的视线,图 6-4 为百度贴吧搜索首页。

图 6-4　百度贴吧搜索首页

2003 年,俞军正在百度公司任职百度首席产品设计师,他将搜索引擎作为基础,构建了一个可以使用户进行在线交流的网络平台,让那些对同一个话题感兴趣的人聚集在一起,相互交流。这个想法在当时非常奇特,后来经过不断地测试,平台逐渐成熟,百度贴吧的雏形就这样形成了。

在对该平台不断测试过程中,用户的体验反映良好,在此基础上又进一步对贴吧的设计理念和相应技术进行了完善和提升。工程师的信心不断增强,用户体验反馈越来越好,更激发了俞军的兴趣。他与团队不断技术跟进,改善百度贴吧的用户习惯。

随后,百度贴吧于2003年12月正式上线。按照当前网络发展思潮定义,贴吧完全是一种用户驱动的网络服务,强调用户的自主参与、协同创造及交流分享,也正是因为这些特性,百度贴吧得以以其最广泛的讨论主题,聚集了各种庞大的兴趣群体进行交流。所以贴吧的诞生,在一定程度上也顺应了互联网发展的趋势。

(二)利用贴吧开展营销

百度贴吧是基于关键词而形成的主题交流社区。它与搜索之间具有十分密切的联系,通过准确把握用户需求,以用户输入的关键词为基础自动生成讨论区,使用户能立即参与交流,发布自己所感兴趣话题的信息和想法。

由此可见,只要用户对某个主题感兴趣,就可以在百度贴吧上建立相应的讨论区。正是这种特性,使得百度贴吧成为很多企业的一个营销载体。它与搜索紧密结合,能够准确把握用户的需求,同时拥有较强的针对性和互动性等优势。因此,在贴吧中做社群传播,一定能够获得更精准的效果和服务。

以百度贴吧为平台开展社群传播,会为企业带来很强的粉丝凝聚力,这是一项十分重要的营销优势。不管是在企业的贴吧里推广内容,还是在其他有一定影响力的贴吧中做宣传,做得好则效果很强,做不好则前功尽弃,更会为企业带来负面影响,所以把握好贴吧社区传播的准确性也是非常重要的。

例如,很多人都知道褚橙传奇的营销故事。褚时健生于1928年,是一个充满传奇色彩的风云人物,担任云南玉溪卷烟厂厂长时,用18年时间将一个陷入亏损的烟厂打造成鼎鼎大名的红塔集团。后因贪污入狱,从人生顶峰跌入了人生谷底。意外的是这位老人并没有垮掉,他积极获得减刑,后因病保外就医,75岁时承包了 2400 亩荒山种植橙子,造就了今天的褚橙传奇。

虽然褚橙的故事本身就具有一定励志色彩,但是使其取得巨大成功的关键在于实施了正确的网络营销。褚橙的"触网"进京源于与本来生活网进行的一次电商合作。也就是从这时起,褚时健和褚橙的新闻开始见诸媒体。本来生活网提供的一组销售数据显示:褚橙开卖当天,前 5 分钟卖出去近 800 箱,一天之内就销售了 1500 箱。

通过这一数据就可以看出褚橙在本来生活网上销量的火爆程度。本来生活网的核心层成员很大一部分都是曾经的媒体人,这就使他们很会使用媒体营销手段,知道媒体的关注点在哪里。于是,他们借媒体宣传褚橙并标出了每箱 138 元的高售价,实际上更多是为了网站的宣传。褚橙的销售使得本来生活网也成了大赢家。当然,褚橙掀起的这股热潮,很快辐射到了其他省市,如成都、厦门等地.就宣传效应这一方面来讲,此次"触网"进京对褚橙品牌的影响将延续数年。

通过这个案例我们就可以看出,只有那些具备企业家精神的人,才可能思考并实践农作物的创新种植,也才可能以此为基础实践创新的生产模式和销售模式。如今褚橙借势网络社交平台快速累积品牌知名度,再通过线上渠道售卖,走上了真正的品牌之路。

由此可见,在网络发达的今天,利用互联网开展营销已经是一个发展趋势,并且也是使自身产品取得良好营销效果的重要途径。但是文章一定要引人入胜,就如褚时健的"励志橙"故事,必定能吸引粉丝聚集,形成社群口碑传播,从而达到宣传品牌的效果。

还可以看出,对于产品营销来说,正确地利用名人效应可以事半功倍,褚橙的成功很大程度上依靠于褚时健的知名度。因为在贴吧里有着最大影响力的就是明星效应,比如流行歌手、知名企业家等的贴吧人数高达十几万,甚至几百万。这些庞大的人群每天都会在贴吧里关注明星的生活、作品、代言等情况。所以借助名人做营销宣传,能引发更广泛的传播效果。

(三)利用贴吧寻找目标客户

百度贴吧集聚了很多不同的社群,当前有很多企业都将其作为营销圣地。而通过事实可以看出,百度贴吧的确拥有很强的营销威力。比如,百度贴吧中魔兽世界吧里的一个"贾君鹏,你妈妈喊你回家吃饭"的帖子,在短短五六个小时内被 39 万多名网友浏览,引来超过 1.7 万条回复,被称为"网络奇迹"。

通过实践可以看出,贴吧是一个很好的营销平台,如果企业可以正确地利用贴吧开展营销活动,会获得十分好的营销效果。当然,"贾君鹏事件"的网络奇迹不是那么容易实现的。要在贴吧制造热门事件是有技巧的,尤其是对贴吧要有透彻的了解,才能挖掘出贴吧中隐藏的目标客户。

1.利用别人的贴吧

在贴吧中做社群营销,一个有效的方法就是到别人的贴吧中去发帖。不过在别人的地盘发帖子,你需要注意以下几点。

(1)选择正确地点

利用百度贴吧开展营销,必须选择合适的地方。内容的撰写虽然重要,但是没有选择正确的地点也不会得到良好的营销效果。因为即使内容再好,如果选择的地点不对,同样会遭遇不是被删除就是没人关注的境况,所以一定要选择好与帖子内容相关的贴吧。

(2)保持帖子热度

营销人员选择正确的地点后就要开始发帖,论坛营销并不是发帖后就结束了,而是必须要保持帖子被看到,也就是要保持帖子的一定热度,不然发了帖子也没有起到实际的营销作用。因此,主题帖发完后,用自己的其他小号去顶一顶,这样做的好处是帖子很快会被百度抓取。在被百度收录后,你还需要注意一个问题,即没有回复的主题帖很快就会被百度删除,因此发主题帖一定要消灭零回复。

(3)不要添加链接

营销人员在发帖时一定不要随便添加链接,因为百度内部存在一个链接收集系统,如果你的帖子带来了大量的链接,很快就会被拉入“垃圾池”。因此,发帖一定不要给自己的帖子加上链接。

2.建立自己的贴吧

在别人的贴吧中发帖比较被动,因此很多企业开始选择更为主动的发帖方式,也就是建立自己的贴吧,并利用自己的贴吧开展营销活动。在别人的贴吧会受到各种限制,主动权不在自己手里,而建立自己的贴吧则完全可以由自己做主。当然,建立贴吧并非易事,你需要做好各方面的准备。

(1)了解排名

对于百度贴吧来说,贴吧排名是一个很重要的指标,直接决定了贴吧的影响力。因此,营销人员必须采取相应的措施。首先,除了精品帖,不要去顶旧帖,否则容易被百度扣分,降低排名。其次,主题帖的回复最好达到 11 楼,也要有一定的点击率。尤其要注重每天的发帖量,发帖越多,排名越靠前。

(2)掌握技巧

百度贴吧对贴吧回帖有一定要求,设置 15 字为有效回帖的最低字数,也就是说,少于 15 字的回帖是没有意义的,属于无效回帖。最好的办法就是图文结合,有图即便没有文字也算分,图文结合则能得到双倍的积分。另外,当天的帖子必须当天回,否则也不算分。还有就是不要匿名发帖,一个匿名帖扣相当于 10 个帖子的积分。

这是百度贴吧回帖的技巧,开展论坛营销时必须熟练掌握这些技巧,只有这样,企业发布的营销帖子才有可能火起来,才能够在贴吧中找到目标客户。

二、利用豆瓣网开展社群营销

(一)豆瓣网的特征和优势

2005 年 3 月,豆瓣网正式成立,杨勃作为豆瓣网的创始人,最开始他创建豆瓣的目的只是“想看看有多少人和自己读同样的书”,而豆瓣网的名字也只是他以工作地点——北京豆瓣胡同而命名的,豆瓣网如图 6-5 所示。经过不断地发展,如今,豆瓣已经成为一个书籍影视音乐的评论网站。豆瓣网能取得这样的成绩与其传播特征和营销优势是分不开的。

图 6-5 豆瓣网首页

1. 主要传播特征

企业想要利用豆瓣网作为平台开展社群营销,首先需要了解豆瓣网,因此,营销人员必须掌握豆瓣网的传播特征,以此为基础才能好开展切实有效的营销活动。豆瓣网的主要传播特征如图 6-6 所示。

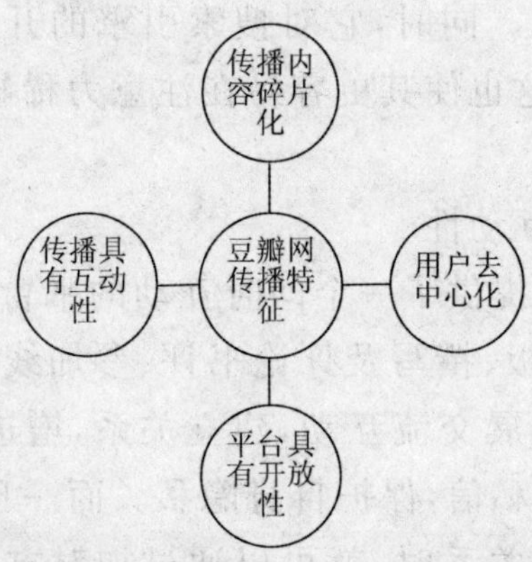

图 6-6　豆瓣网的主要传播特征

(1)传播内容碎片化

由于豆瓣上的内容主要由用户生产,每个个体在知识储备、兴趣爱好、生活环境等方面的不同导致了其内容产出的差异。再加上网络信息的海量化,尽管豆瓣相较其他社交网站具有小组这一天然的信息分类系统,但是由于小组的首页内容主要是按照由近及远的发帖及最新回帖的时间顺序来排的,导致大量信息被埋没,信息雷同与碎片化就随之而来。

(2)用户去中心化

在豆瓣上,用户的社交关系主要是以其个人兴趣及特质为基础的。豆瓣小组的小组管理员权限主要用于维护文明的网络环境,因此相对来说,并不存在绝对权威。再加上豆瓣网不像常见社区网站那样,为了增加访问量而设置积分和升级体系,而是通过用户的收藏和评价,依靠自动排位使用户内容上升,那些具有原创内容生产力的用户可以获得更多关注,进而往往也拥有更多的友邻。用户之间关系的形成主要由其创造内容决定,社交关系呈网状分布,没有一个绝对的中心。

(3)平台具有开放性

豆瓣网整体上来说都是对游客完全开放的,只有个人定制内容的部分会根据设置不同选择是否对外开放。用户在浏览网站内容时,只在点开新页面时会弹出注册申请对话框,关闭对话框之后可以继续浏览页面。这种开放性使得它可以通过内容吸引到更多的潜在用户。同时,它对搜索引擎的开放,使得其页面内容可以被检索到,这也使其更容易在注意力稀缺的互联网环境中被用户注意。

(4)传播具有互动性

豆瓣网为用户提供了一个即时互动的平台,他们可以通过小组发言、主页留言板、撰写及评论书评、参加线上活动等方式,与有相似兴趣的人开展交流互动,建立关系,增进感情。用户还可以通过"豆油"进行私信,保护自身隐私。而一旦用户之间希望缔结更为亲密的人际关系时,就可以通过加对方为友邻的方式,进一步确认关系,接收彼此的动态广播。

2. 豆瓣网的营销优势

当前很多企业将豆瓣网作为营销平台,一个主要原因就是其具有十分显著的营销优势。豆瓣网是以兴趣社交为基础的交流互动平台,并且具有很强的开放性,其主要营销优势如图 6-7 所示。

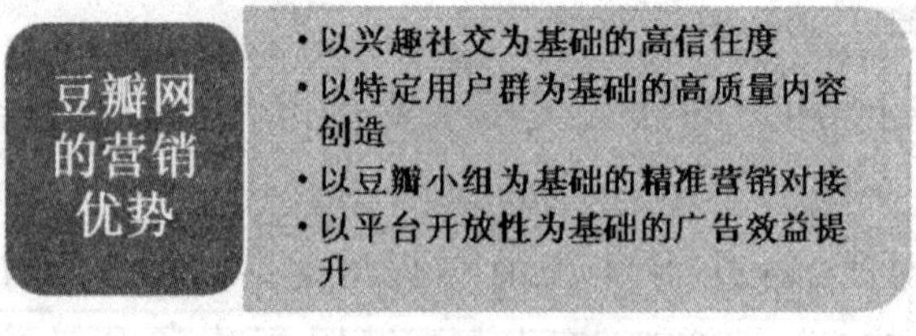

豆瓣网的营销优势	·以兴趣社交为基础的高信任度 ·以特定用户群为基础的高质量内容创造 ·以豆瓣小组为基础的精准营销对接 ·以平台开放性为基础的广告效益提升

图 6-7 豆瓣网的营销优势

(1)以兴趣社交为基础的高信任度

企业可能同时在不同网络平台展开推广、营销,相较于其他网络平台来说,豆瓣网对网络营销的接受程度更高一些,一些接受程度比较低的营销形式,如"水军"等,可能会被更好地接受。这是因为在基于共同兴趣爱好的社交关系下,用户非常乐于接受豆瓣友邻的推荐内容,且对其信任度很高。

(2)以特定用户群为基础的高质量内容创造

豆瓣用户以高学历的年轻人为主体,他们以对流行的敏感和独特的创意,在豆瓣网上创造了大量高质量的内容。同时这批人群正处于事业上升期，相对来说对生活品质更为注重，其内在的相似性使得彼此更容易产生吸引力，由此也在客观上增加了网站用户的黏性。

(3)以豆瓣小组为基础的精准营销对接

豆瓣小组是以某个主题为中心而构建的，对于这个主题并没有特别的规定，可以是一个文化人或文化现象，也可以是实际的生活需要，这样由用户自主进行的市场细分，更为真实也更为稳定。通过豆瓣小组进行这样的用户“群组化区隔”，将为实现精准营销提供更多可能。

(4)以平台开放性为基础的广告效益提升

豆瓣网是一个半开放的网络平台，同时对搜索引擎也比较友好，这种网站架构决定了其对匿名访问的高度开放性，因此，豆瓣网的热点信息的曝光度会比较高，有利于实现广告投入价值的最大化。

(二)以豆瓣网为平台开展口碑营销

豆瓣网是非典型的SNS网站，以平等的方式满足了用户的文化与生活需求，它所传达的亚文化不是旨在抵抗强势文化，而是出于对自我价值的追求与认同。豆瓣作为国内最大的兴趣社交平台，兴趣互动营销与兴趣精准广告是豆瓣营销的两大特色，这些条件使豆瓣具备了很好的营销优势。

据统计可知，豆瓣网的主要受众人群的文化水平相对比较高，大部分用户是受过高等教育的大学生、知识分子。用户年龄相对年轻，精神层次的交流愿望和行为较为强烈、集中。这群人热爱生活，除了阅读、看电影、听音乐，更活跃于豆瓣的各个文艺特色小组、小站。他们热衷于各种有趣的线上、线下活动，拥有各种天马行空的创意，是互联网上流行风尚的发起者和推动者。所以，从自传播社群营销的角度来看，豆瓣就如同一个文艺社群营销者的天堂。

基于豆瓣网的用户构成特征开展营销活动，一个关键就在于吸引更多成员并组成社群,不断扩大社群的规模、增强社群的力量,从而实现社群中的口碑传播。这是一个长期积累的过程,是积累关注者的过程,也是积累人气的过程。我们可以从以下两个方面来实现营销的高效口碑传播。

1.开展丰富多样的线上活动

线上活动是豆瓣网的一个特色板块。线上活动,是指多人以网络为基础开展的集体活动,这种活动通常会有明确的时间和主题。它的意义在于集结众多有着共同兴趣爱好的人,然后进行产品营销。用户可以在豆瓣上自行发起一个线上活动,不过,想要获得更多线上用户的参与,并且高效传播,还应该想一个更能吸引文艺青年的标题和活动。

例如,Burberry 的风衣艺术展,通过在线上建立传播阵地(动态视屏+静态图片,邀请各路明星集中示范展示品牌风尚服装搭配,引发用户的讨论,产生口碑传播),在线下发布同城活动(国内最大发布平台依附豆瓣优势产品——豆瓣同城,为品牌的线下艺术展获得充分曝光),吸引豆瓣潮流人士传播关注并参与。

在这样的模式下,Burberry 的风衣艺术展借助了 51 位明星资源在线上建立了自己的品牌传播阵地,在豆瓣平台上以明星、风衣、时尚为主题的讨论迅速大规模展开,风衣相册被用户喜欢、推荐累计 4418 次,充满时尚气质的摄影作品在站外获得大量转发。延展至线下的风衣展同城活动吸引到 1183 位用户关注,633 人报名参加。

2.以有趣话题为基础建立小组

豆瓣小组是豆瓣网的一个特色(图 6-8),企业开展社群营销时应该充分利用豆瓣小组这一特色板块,它会为企业带来显著的营销效果。如果想要在豆瓣网进行营销,则建立豆瓣小组是一个很好的方法。豆瓣网每天都会出现很多新的小组和成员,在这些小组中,每天上演着精彩的话题和内容,一些好的话题还会被更多小组成员观看和转发。这些小组成员活跃度较高，传播度也高，如果能充分利用起来，就可以为企业带来意想不到的口碑传播。

图 6-8　豆瓣小组

例如，随着国货回潮的趋势，很多人又开始穿回了海魂衫、回力鞋，又开始用百雀羚、郁美净，吃大白兔，喝健力宝。而这股国货风潮最开始就是从豆瓣的经典国货小组酝酿发散的，这个小组有近 17000 人，他们每天在小组里讨论各种价格公道量又足的国货，最终在全国范围掀起一股国货热风潮。

因此，企业在开展营销活动时，应该充分利用小组的作用，通过设定合适的主体来吸引并聚集一群有相同爱好的成员，并通过发表一些趣味话题，吸引用户关注并让他们加入豆瓣小组，转发高质量内容，以此提升传播的效率和质量。不过，企业也应该明白，豆瓣是一群文艺青年汇聚的地方，在这里进行营销，一定要向文艺风格靠拢，这样才能更好地实现口碑传播。

三、利用豆果美食开展社群营销

(一)以“食”聚集用户

就我国网络平台发展来说,豆果美食是第一家以发现、分享、交流美食为主题而建立的网络互动平台,同时也是我国唯一一个达到高品质食材的供应商,豆果美食官方网站如图 6-9 所示。网站为用户提供了一个在线的厨艺交流平台,一个分享美食、心情故事的倾诉之地,为喜爱美食、热爱生活的人提供了一个展现自己厨艺的舞台,也为吃喝发愁的新手提供了学习的课堂。

2014 年,豆果美食 App 下载量超过 8000 万,成为所有美食应用 App 排行榜的第一名。随着移动社群的不断发展,人们的需求也在不停地变化,而豆果美食能获得这样的成绩十分不容易,因为单纯地依靠一些另类食谱并不能充分满足用户不断变化、不断提高的要求和需求。尤其是随着移动应用的发展,出现了大量美食 App,同质化严重。这时候豆果美食看到了社群的影响力,运用社群理念开辟了一个全新的美食类 App,使得这个“以食会友”的圈子,成为越来越多“精准营销”客户的投放平台。

图 6-9 豆果美食官方网站

1.找准用户"痛点"

豆果美食花费了3年多的时间用于构建自己的美食社群。豆果美食在成立之时明确了自己的目标群体定位，即为25－35岁的公司白领或者家庭主妇。这群人以"80后""90后"为主，消费能力较强，且能跟上潮流，能够接受新事物，因此是最有可能加入豆果美食社群的一群人。

为了让目标用户长期留在社群中，豆果美食采取了相应的行动。它采取的行动是关注粉丝的"痛点"，即"买不到好食材，烹饪水平低，懒于择、洗、切处理工作，更没有时间做饭"。豆果美食针对这些问题推出了选择好食材与做好菜的途径——为粉丝提前做好处理工作，送货上门。就这样，从建立社群到将其转化为销量，豆果美食成功地拥有了客户。

除此以外，豆果美食还为用户提供了自主创造菜谱的机会，也就是说，以社群为主，每个注册用户都可以在该应用上发表自己的菜谱、料理经验和心得等。然后会有很多粉丝关注，形成用户的一个社群，而这些小社群又全都在豆果美食这个大社区中。因此，豆果美食顺其自然地成为用户分享美食的人气社区，并以社群的名义打开了一片市场，成了亲民且高人气的分享社群应用。

2.与高端平台开展合作

豆果美食一直以来都非常重视与优质品牌的合作，从一开始就与西门子建立了合作关系。现在看来，早期的准确定位和部署对豆果美食现在的发展非常有利。豆果美食也一直严格遵守"高品质、高知名度"这一原则。

例如，豆果从《舌尖上的中国》这档节目中看到了商机，随着《舌尖2》的播出，它展开了一场合作。此次豆果不再是借势《舌尖1》，而是与《舌尖2》展开了深度合作，《舌尖2》的菜谱在豆果PC、App的多端披露已是基于双方合作进行的再营销。眼尖的豆果用户在《舌尖2》片尾鸣谢中看到了豆果的身影,在豆果员工加班看《舌尖2》上线的同时,发现用户活跃度监控的版图上原来比较寥落的西部地区也亮起了许多红点。

除此以外,豆果美食还会经常找一些美食达人或与美食行业相关的微博大V展开合作,通过这些人的影响力帮助品牌进行推广,在微博平台上展开与用户的交流互动,同时还会组织一些线下活动,帮助粉丝完善拍照细节,甚至还组织粉丝去摄影工作室学习公开课及食品摄影。通过这样的深度宣传和合作,豆果美食的粉丝社群越来越大。

(二)豆果美食的成功启示

豆果美食之所以获得大众的好感,一个关键原因是其致力于“不着痕迹”的推广,也就是隐性推广。豆果为其用户提供了丰富内容和多样形式,为用户带来了良好的体验,将新鲜产品与食材展现给所有用户,让用户在接收到这些信息的时候,即便知道这是一个广告,也不会产生反感,并且认为这是他们真正需要的。

例如,豆果美食与西南古方红糖开展合作,联合推广古方红糖。为了更好地让用户接受这个产品,让用户感受到购买这个产品存在一定必要性,豆果美食从2012年5月开始就发布与红糖相关的菜谱,目前已经有超过100个这类菜谱。而在“三八妇女节”期间,豆果还进行了介绍红糖的热量、营养价值与功效,红糖菜谱等一系列的活动预热。豆果网微博甚至发起古方红糖有奖转发微博活动,共计5969人参与转发,部分用户获得了古方红糖奖品。这种预热推广引爆了客户的需求,得到了客户的认可。

此外,豆果美食获得大众好感的另一个关键因素,是其快捷的物流服务。如今,国内生鲜电商平台众多,但由于生鲜对冷链物流的要求非常高,产地食材的规模很难铺开,所以做得好的生鲜平台不多。

豆果美食认为自己作为一个生鲜电商平台,不仅需要可以覆盖某产地区域的物流,还需要为客户提供快速的物流服务,冷链物流保障非常好，这样才能充分保证食材新鲜。对豆果来说，最开始与生鲜电商平台合作也存在这样的问题，如果用户看到了相应食材的宣传信息想购买，但是商家无法送到，那么客户的体验就会大打折扣。豆果美食为了达到这一目标，采取了相应的措施。

一方面，通过豆果美食 App，可以根据客户的区域向其提供具有区域针对性的内容展示，在生鲜电商伙伴拓展产地食材区域范围的阶段，尽量只给已经可以进行服务的城市进行内容推送，并增加赠券、购买方式等引导，从而避免了用户看到想买却无法购买的扫兴。

另一方面，随着移动端的快速增长、用户群的快速增长，豆果美食在用户不能及时买到商品的情况下为其介绍一定生鲜食材内容，这样可以让用户对其产品保持一定热情和期待，也就是说，在用户消费前培养他们的消费行为。随着豆果与顺丰优选等平台合作的不断深入，相应的针对性推广也结合产地区域不断丰富与拓展。

例如，豆果美食之前和顺丰优选开展了主题为“摇一摇大闸蟹爬上桌”的活动，该活动先后分为中秋前、中秋节和国庆节前三个阶段，在豆果美食 App 焦点图及社会化媒体上推广。此外，三个阶段分别在百度手机助手、91 手机助手和豌豆荚三个渠道进行多层面宣传。最终，活动总参与人数超过 8 万人，摇奖次数超过 22 万次，活动分享超过 7 万次。

豆果美食之所以获得了良好的营销效果，首先是因为他们注重隐性推广，在不知不觉间培养自己的消费群体；其次是加强自身的物流建设，满足了客户对产品的需求，让客户可以随时买到自己想要的生鲜产品，并得到优惠，从而在客户心中建立起了好感。

本章小结

社群营销随着网络社群的发展而成为网络营销的新趋势,这种营销模式也的确为企业带来了不错的效果。本章对社群营销中论坛营销进行具体分析和研究。具体来说,首先对网络论坛营销的步骤和策略展开分析,随后以百度、豆瓣和豆果的营销实践为实例进一步分析。通过理论结合实践的方式,全面系统地研究了当前的网络论坛营销,为理论理解和实践探索提供了科学依据。

第七章　社群营销之 QQ 社群

QQ 社群是 QQ 的重要组成部分，截至目前，随着 QQ 的不断发展，QQ 社群在容量上不断地提升，QQ 社群本身不仅具有聊天的功能，同时还可以在线直播、共享文件、组织各种群活动、群签到等功能，QQ 社群的功能越来越丰富，QQ 巨大的注册用户数和在线人数已经成了 QQ 社群发展的强大基石。

第一节　QQ 社群的构建

一、QQ 即社群

几乎所有使用过 QQ 的人都会加入一些自己感兴趣的事或者是工作的 QQ 群。在这些 QQ 群中，人们能够投入进去，然后聊得很尽兴，甚至会比在现实生活中与朋友聊天都愉快。一旦熟悉了，还会经常组织聚会，或者是一起出游，从而成为现实中的朋友。

QQ 群之所以有如此大的魅力，是因为 QQ 群本身就是一个社群，加入都是有共同兴趣爱好的或是有共同目的的个体，有的个体还来自同一个群体组织。当这些人聚在一起时就特别有话题聊，彼此熟悉了，自然就能够聚到一起。

因此，不要小看 QQ 群，虽然它是虚拟的，但很多人的人际关系都是从这种虚拟的网络中发展出来的。QQ 群里的成员存在共性,是一个有着相同爱好或需求的社群团体。因此,这对企业营销来说,一样可以起到很大的作用。

但是,要想在QQ群里进行营销并不容易,主要是因为QQ群在运营过程中,要想成为一个合格的目标社群很难。很多QQ群在建立初期有很旺的人气,但是随着时间的推移,就会悄无声息,这种状态下的QQ群是无法经营成功的,因此,如何解决QQ群不消失这个问题就成为QQ营销成功的关键。可以从以下两个方面来进行。

(一)建立本地群,创造线下见面机会

很多企业家或者是商家在QQ群初期的目的就是营销,虽然想法是好的,但是要想取得成效,却并不容易。比如,QQ群里的人都是因共同爱好或兴趣而聚在一起的,他们来自五湖四海,地域不同,因此很难进行线下活动,对营销的帮助不大。

解决这个问题的办法,就是建立本地群,这样才能使群成员有见面的机会。在虚拟世界中,无论聊得有多深,如果不能在现实中接触,就很难建立起深厚的感情和彼此间的信任,企业也就无法实现营销的成功。

因此,利用QQ群进行营销,最好是建立本地群。比如,QQ群群主是上海的,就可以把群名称改为"上海+名称",群管理员就得严格遵守只让在上海的人员加入,群名片可设置为"上海+昵称+职业"。这样的QQ群才容易实现线上关系转化为线下关系,成员聚合得越来越紧密,营销才更容易成功。

(二)找好关键词,吸引更多的目标粉丝

QQ群有很多的分类,如果想加入自己感兴趣的群体,就要通过搜索关键词来寻找最常见的。所以,企业或者商家为了使更多的人能够搜索到自己,吸引更多的分析和关注,一个好的关键词是非常重要的。设定关键词,首先要给自己的QQ群定位,比如,你的QQ群打算做什么、要有哪些特点、专注于哪些方面。设定

好这些,然后找出搜索率较高的关键词作为自己的群名。比如,你想建一个有关户外的群,就要加上“户外”二字。可是户外群实在太多了,你的群如何才能脱颖而出呢?因此确定好主要的定位后,就要确定群的核心是什么。比如,户外有跑步、登山、自驾等。将这些修饰关键词作为自己的群名,目标粉丝的精准度就更高了。

此外,在设定关键词的过程中还可以加上地点,这样就有针对性与目的性,可以使同一地方的粉丝在线上进行交流,为组织线下活动创造很多有利的条件,提高群成员的活跃度和黏度。

二、利用“附近”功能,随时随地找圈子

QQ 拥有很多的功能,同时 QQ 营销的过程中也可以使用这些功能。比如,使用 QQ 上的“附近”功能来寻找粉丝。“附近”功能其实是一种 LBS 应用,这种 LBS 应用可以分析出一个人的消费习惯和消费水平。比如,一个人每周户外骑行一两次,那么,把有关骑行装备的信息推送给他,就能起到一定的效果。

对企业来说,用户的消费行为是重要的营销依据。因此,QQ“附近”功能对企业的社群营销来说是必不可少的一环。“附近”所具有的功能如下。

(一)筛选附近的人

在 QQ“附近”的功能中,用户可以根据自己的喜好来筛选附近的人。例如,企业产品主要面对的目标人群是年轻女性,则可以选择“性别:女;年龄:23—26 岁;兴趣:爱美食”,选择完之后,点击“完成”按钮,QQ 就会向企业推送附近比较适合的人群。所以,企业可以根据“附近”的筛选功能选出合适的社群成员,并且以兴趣为核心,精确查找离企业最近的用户,与之交流,建立感情,将其拉入社群中,使其成为忠实的社群成员。

(二)新鲜事

QQ“附近”这具有一个“新鲜事”的功能,这个功能与“说说”相似,可以在其中发表一些文字、图片以及视频直播。通过“新鲜事”可以了解附近的人都在做什么,并且可以对发布的内容进行点赞或者是评论。

企业想要让自己的QQ群经营得比较有人气,可以多发布新鲜事。不过发布的内容一定要足够有吸引力才好,而不要全是生硬的广告,这样才能得到附近人的关注,得到点赞或是评论,吸引更多粉丝。

(三)更多

QQ“附近”里还有一个“更多”的功能,里面的一些内容,对营销非常有利,比如附近的群、活动、漫游等。

1.附近的群

QQ中“附近”中的“附近的群”,这些群都是在企业附近的用户所建立的,企业可以有选择地加入到附近的群里进行聊天,在里面参与聊天活动,与群成员成为好朋友,与群主搞好关系,进而将成员拉入到自己的社群里。企业还可以建立起自己的群,让QQ用户主动寻找自己,附近的群有很多种类型,企业可以根据自己的需求进行选择建立。

2.活动

在“附近”的“活动”界面,有5种类型的活动,人们可以根据自己的需求来进行选择。如果企业所设定的目标用户是单身的年轻用户,企业就可以找到关于派对的活动,企业可以参加报名,也可以加入这个活动群参与讨论,这样,企业就可以为自己的社群营销铺设道路了。

另外,企业除了通过加入别人的活动来挖掘自己的社群成员之外，还可以自己创建一个活动，而加入企业活动的人群，必然是有共同爱好的人群，企业可以与他们共同交流、玩耍，建立起一个社群。

3.漫游

同时，还有“漫游”这个功能，当进入这个“漫游”时，就会出现腾讯地图的界面，企业可以根据自己的需求，来拖动地图上的“小人”标签来选择自己要去的地方，当选定目标地点后，将“小人”标签放在选定的位置上，就能搜索到企业停留地点的所在人群，这是一种按照地理来筛选的方式。

“更多”功能里的其他功能就不一一介绍了。但可以肯定的是，这些功能都能很好地帮助企业或商家进行营销。企业应该把更多的功能玩转起来。

三、增加 QQ 空间的人气

很多人都对腾讯 QQ 拥有一份独特的记忆，即使现在很多人都更加倾向于使用微信，但并代表着 QQ 退出了。有数据显示，2014 年，腾讯 QQ 的活跃账户就达到了 8 亿，同时在线用户突破 2 亿。如今，随着智能化、移动 QQ 的发展，QQ 的使用人数还在持续上升。

由于 QQ 用户数量庞大，因此，它成为很多企业的营销渠道。不少企业纷纷将 QQ 当成最有效也最直接的一个传播平台。说起腾讯 QQ 的传播，在社群方面，QQ 空间是一个很好的营销平台。

例如，2013 年，小米公司的红米手机在腾讯 QQ 空间开卖。当时，雷军将营销阵地转移到了几亿人同时在线的 QQ 空间。仅用半小时，100 万用户就参与到了红米手机的竞猜预约活动中。活动 3 天，QQ 空间内预约资格码已经疯抢 500 万，使得红米手机的销售也迅速创造新高。

通过这个案例,可以看出 QQ 空间所具有的社群威力。QQ 空间是一个人气旺盛的平台空间,对企业传播内容来说,QQ 空间就是一个非常具有价值的平台。

比如,如果企业是一家月嫂会所,则可以很好地利用 QQ 空间来进行社群营销。首先通过图片或者视频在 QQ 空间进行广告推广,用户只要打开 QQ 空间首页,就会在右侧看到月嫂会所的广告。感兴趣的用户会点击观看,来到月嫂会所的官方 QQ 空间首页,浏览信息内容。

此外,企业还可以建立一个官方 QQ 空间或者个人账号,然后在 QQ 空间中通过发表说说、日志、图片等方式来引发人们的关注。

可以看出,QQ 空间是企业社群营销的重要部分。因此,企业要重视 QQ 空间的作用,才能获得好的口碑,企业要定期更新 QQ 日志与说说内容,这些板块才是最能吸引 QQ 粉丝的之直接原因,只有不断更新的 QQ 空间,才会引起人们的关注。

第二节　QQ 社群的营销方法

一、QQ 社群——强大的营销圈子

腾讯 QQ 的诞生,伴随了很多人的成长。如今,“腾讯企鹅”已经成为许多人的宠物。有了 QQ 这款交流工具,人与人之间的交流更加方便。

对于相隔千里的亲人来说,QQ 语音、QQ 视频的出现,缓解了人们的思念之情。而企业版 QQ 还使企业与个人的办公便捷化,使产品推广快速化。

QQ 缩短了人与人、企业与企业、企业与人之间的距离,无论走到哪里,只要拿着手机等电子设备,就可以走进畅聊的世界。

总的来说,QQ的出现将人们传统的交流方式进行了改变,取代了人们以前所依赖的通信工具,QQ也已经与人们建立了深厚的情感。一旦离开了这项工具,人们就会感到不适应。

从QQ产品所具有的功能来看,过去的QQ主要进行的是点对点的单向沟通。但是现在,QQ已经推出了QQ群、兴趣部落以及各种QQ公众号等功能,这些新出现的社群,群体间的沟通会更加方便快捷。

如果说QQ账号是个人在网络上的一个虚拟身份,那么依托QQ群、兴趣部落、公众号建立的社群就相当于网上的虚拟组织。三位一体的QQ社群平台编织起一张很大的网。

各个社群是网络上的一个个节点,社群与社群之间也可以通过某种属性或者某种工具应用连接起来,形成社群生态圈。

无论是微信的崛起还是QQ的兴盛,都抓住了互联网与移动互联网的浪潮。很多人的成长环境都"不差钱",因此他们有着独特的性格,追求自我个性的彰显。年轻人大多都会使用QQ,他们会主动寻找与自己有共同兴趣的部落人群,通过彼此间的兴趣点进行连接,相互交流,这是构成QQ社群的重要因素。

QQ空间、QQ群、兴趣部落以及QQ公众号等构成了强大的QQ社群,为用户提供了社交网络营销平台。通过社群营销,企业或个人均可以轻松地推广产品,获得收益。

可以说,QQ社群是一个虚拟的世界。QQ社群是人与人、企业与客户、企业与企业之间的纽带。信息在强大的QQ社群中流动,产品被推广,企业或个体营业者自然可以获得相应的红利。人们可以在QQ社群里交换兴趣,可以通过QQ社群平台开展有意义的活动,网络这张无形的网把人们连接在一起。人们通过网络技术创造了QQ社群,维持着社群纽带。

从某种角度上来看,QQ社群与现实的物理世界中存在的社群没有本质上的区别。对于QQ社群来说,其实就是一种社会关系的连接,是对线下人与人交流沟通的一种补充与支撑。现今,已经是移动社群的时代,QQ来引领社群的发展,步入一个新的时代,QQ社群营销已经全面爆发。

在多对多的沟通当中,存在着两种不同的形态,一种是微信群或讨论组,另外一种是以QQ群为代表的社群。

对于微信组和讨论组来说,每一个成员间都是平等的,同时也没有组织概念,没有组织ID,同时也没有管理员。但是QQ群不一样,是有组织、有管理的,同时这个组织是稳定的,有ID还有其相应的制度。

如今,QQ移动群体系由QQ群、兴趣部落以及QQ公众号三驾马车布局而成。QQ群在各种场景中有天然的垂直属性,游戏、运动、办公等被打上标签,和关键词的同好或兴趣使用户聚集在一起,这就促进了移动社群的爆发。

以兴趣部落为例,兴趣部落是基于兴趣图谱发展而来的典型的移动社群产品。兴趣部落不以亲友、相识之人为建立社交的入口,突破了时空、地域、甚至代际差别的限制,将有共同兴趣的人连接在一起,组成志趣相投的组织。

从某种角度来说,贴吧和兴趣部落之间存在着一定的差别,贴吧是一种根据搜索衍生出来的信息聚合需求。而兴趣部落是在QQ群基础上衍生出来的,兴趣部落可以把分散在各个QQ群中具有相同兴趣的用户更加紧密地连接在一起。

二、QQ公众号的崛起

现今,QQ平台已经推出了很多的公众号,这会带给社群营销者们提供发布信息的平台与渠道,通过这些公众号的传播,社群经营者可以对内容进行更多的传播。

部落与公众号不同,部落是人们主动地浏览,而公众号则是被动地进行推送,如果将这两者相互结合起来,就可以使QQ的移动社群体系变得更加丰满。有群、有部落,再以话题为中心,将所有群都组合起来,更加丰富了QQ的整个生态。

微信公众号和QQ公众号有很大的区别,主要体现在以下几个方面(表 7-1)。

表 7-1　微信公众号与 QQ 公众号的区别

微信公众号与 QQ 公众号的区别	
区别	概述
人群定位的区别	QQ 公众号延伸了一些新的玩法,例如:QQ 公众号信息推送更加精准。而微信公众号的信息只能群发
功能的区别	更多的社群功能可以集中起来支撑 QQ 公众号,例如:QQ 群、QQ 热聊、QQ 兴趣部落等。而微信公众号就是独立的个体
移动化的区别	在手机端,通知类的公众号或者应用是很有需求的,例如:银行刷卡确认信息、快递物流跟踪等,QQ 公众号在这个领域会有延伸。QQ 公众号会针对大量的通知类消息做出新模板
推广的区别	微信公众号缺乏一个中心化的入口,运营者很难精准找到目标受众。而 QQ 公众号和社群的结合在一定程度上解决了推广的问题,一方面,QQ 公众号可以与 QQ 群、兴趣部落打通,可以让运营者之前的单向信息传递变成更为紧密的双向互动;另一方面,可以通过 QQ 群以及兴趣部落精准找到目标受众和潜在粉丝

自 2002 年腾讯推出 QQ 群聊服务至今,已存在数百万个母婴群和行业交流群,数千万个同学群,运动群也已覆盖数千万运动爱好者,办公群更是覆盖 30 万个企业。

同时,QQ 群的开放平台将会直接地投入垂直场景的第三方应用中。通过使用 QQ 群来开放 API 政策,腾讯将会在应用服务、变现渠道、腾讯云基础技术解决方案等方面提供基础支持。在变现方面,腾讯推出 QQ 群伙伴分成计划:接入 QQ 钱包支付,群应用内支付平台零分成,收益全部归开发者所有;另外,腾讯还接入广点通广告投放,与 QQ 社群伙伴共享广告收益,移动社群的商业化想象空间也将随之打开。

三、QQ 群的社群功能

通常,QQ 只是为人们提供交流的平台,但是现今为何会使用 QQ 群来进行社群营销呢？主要原因有以下几个方面：

(1)QQ 群的覆盖面非常广,几乎涉及了每一个年龄段。年轻人、老人、小孩儿等几乎都有一个专属的 QQ 号,QQ 成为人们日常生活的一部分。

(2)QQ 群的容量较大,一个 QQ 群最多可以容纳 2000 人。

(3)QQ 群的管理采用灵活的方式,QQ 群主有着多种权力,例如:修改群名片、发布群公告等。

(4)QQ 群有着较强的交互功能,支持多个群同时互动。

(5)在许多场景下,QQ 群便于与社群成员互动。

(6)在 QQ 群进行群分享的内容,可以快速汇总,变成对外传播的文字分享版。

通过借助 QQ 群,人们之间、企业之间、企业和个人之间都可以即时进行沟通,群体内的各个成员还可以进行单独的聊天。同时由于 QQ 群是话题集中的地方,所以,QQ 群是一个理想的社群营销平台。

通过 QQ 群来进行社群营销可以从四个方面入手(图 7-1)。

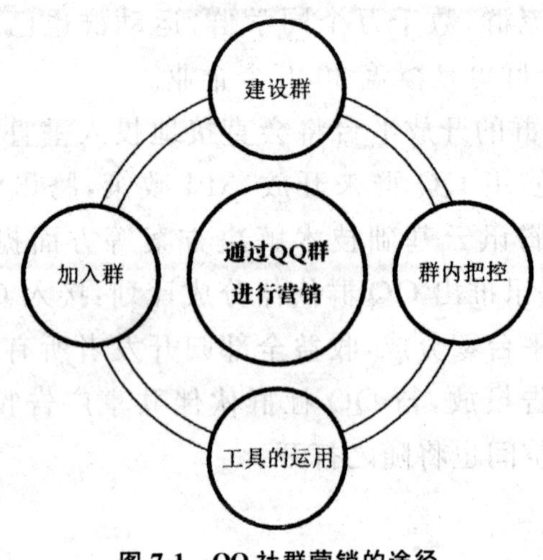

图 7-1　QQ 社群营销的途径

需要注意的是:不要为了建群而盲目地乱建群,企业建立 QQ 群要有自己的目的才行,否则就是做无用功。

有意义的 QQ 群包括:进行产品的研发、使用、学习、交流以及讨论为目的的群;为了增进用户地区交流为目的性的区域交流群;以会议、展会等组织性活动为目的的群。

那些以娱乐、交友、兴趣等为基础的 QQ 群,适合从事美食推广、服务的宣传。

企业要建立 QQ 群,首先要了解 QQ 群的相关规则,了解 QQ 等级以及相应可加的好友数量(表 7-2)。

表 7-2　QQ 等级以及相应可加的好友数量

QQ 等级以及相应可加的好友数量	
QQ 等级	好友上限人数
0～15 级	500
16～19 级	550
20～23 级	600
24～27 级	650
28～31 级	700
32～47 级	800
48 级以上	900

(一)建群技巧

要想用 QQ 群来进行营销,建设群是基础。其实,建设群也是有技巧的。QQ 群如何建设,如表 7-3 所示。

表 7-3 建设 QQ 群的技巧

建设 QQ 群的技巧	
技巧	概述
定位营销对象	根据产品来定位营销对象,分析对方的购买能力,确定对方的活动时间
建高级群	企业建群,最好建一些高级群,例如:200 人、500 人的高级群。若开通 QQ 会员功能,一个会员可以额外多建 4 个 500 人的群
选择 QQ 群的类型	QQ"兴趣群"有多种分类,企业可以创建品牌产品群或行业交流群
起好名字	QQ 群的名字应符合产品推广的定位,要有特点,容易记住
享受会员政策	尽情享受 QQ 会员的政策,可以创建超级群
制定群规则	制定 QQ 群的群规则,在一定程度上约束群成员
管理员要让群活跃起来	QQ 群的管理员要活跃群,多与群成员进行沟通,要及时掌握群成员的动态,维持群的和谐氛围。QQ 群有活跃度,才适应进行产品推广
及时清理不适合待在群里的成员	如果有的成员在群里乱打广告、捣乱生事,那么就要及时清理。另外,还要清理一些不太活跃的成员

(二)提高群质量

人们无论是建立一个新的群,还是加入一个群,都要注重群的质量。拥有高质量的群,才可以增加服务、产品和社群成员间的黏性,进而长久地维持好社群营销的关系。

那么,进行 QQ 社群营销的企业或个人,应该从以下几个方面入手(图 7-2)。

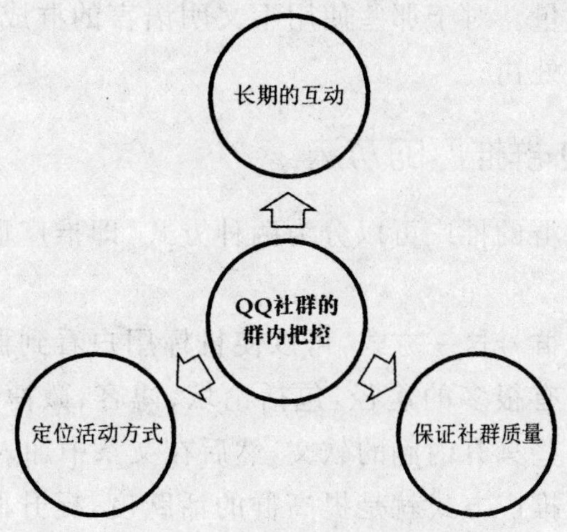

图 7-2　QQ 社群的营销方式

1. 长期的互动

无论是企业自身所建立的群，还是加入的其他群，都要定期组织讨论相关的话题，长期与社群成员间进行互动。当大家都比较空闲时，QQ 群的组织者可以发起话题进行讨论。作为组织者，要懂得带动气氛，调节群成员的情绪。

2. 定位活动方式

若是产品群，就可以通过开展活动来推广产品。若是学习群，就能以培训的方式开展活动。若是服务群，就可以提供服务资讯。也就是说，要根据群的定位来开展活动。

3. 保证社群质量

对于社群成员间所交流的话题，企业应该进行把控。重要的话题占到 70%，不太重要的话题，如一些讨论与企业无关的话题占据 30%，这样有了对比后，就可以使社群成员放松一些，社群的氛围也会更加和谐温馨。

由于社群是一个公共的平台，所以群内有形形色色的成员，要建立群规，要求每个社群成员都应该使用文明的语言，这样才能保证社群质量。对于那些使用不文明语言的群成员,社群的管理者应该予以处罚。

(三)QQ群推广的方法

自建QQ群的推广可以分为两种方式,即推广群号和提高群活跃度。

利用推广群号这一方式,可以使目标用户看到群号而加入群中。推广群号有很多的途径,包括论坛、博客、微博平台等,同时还可以配上一些具有内涵的软文,然后在文章中加入群号。

另外一种推广方式就是提高群的活跃度,提升群等级。通过设置群标签、关键词等方式,可以提高群号在“群查找”中的排名,能让用户更易看到群号并主动加群。

下面详细介绍一下推广QQ群号的几种方法。

1. QQ群推广

企业通过利用类似的QQ群来推广自建的QQ群,如果用户已经添加了类似的QQ群,同时这样的QQ群与自建群具有一定的属性关联,例如:投资群与股票群、证券群有联系。采用类似QQ群来推广自建群,可以选择做群文件、群相册以及群论坛等推广方式。在推广的过程中,应当要控制好频率,以免使用户产生反感的心理。

2. 论坛推广

对于百度贴吧、天涯、猫扑等论坛来说,具有很大的流量,在运用这些论坛进行推广的过程中,要注重帖子的质量,要将帖子写得真实有意义。可以通过帖子对QQ群做个简单的介绍,并且附上群号。需要注意的是,群的介绍应该和帖子内容有一定的关联。例如:化妆品群发帖的内容应该是皮肤保养、美容养颜等与化妆品相关的内容,群的介绍要承接帖子内容。论坛推广的另外一种方式是回帖推广,企业可以关注论坛精华优质帖,回帖时附带群号和群介绍即可。

论坛推广是一项长期的推广工作,因此不建议直接发大量的广告文,还要注意每个论坛的发帖、回帖规则,避免账号被封。

3.微博推广

通过微博来推广自建 QQ 群与论坛推广有很大的相似性,但是微博的内容比论坛要短,所以,企业应当提炼出精华内容发布到微博上,并且要注意与一些相关联的大号进行互动,从而提升企业 QQ 账号被用户看到的概率。与论坛推广相同,微博推广也是一项长期的工作,一旦企业有了关注自己的用户群,推广工作就会顺利进行。

4.博客推广

随着微博、微信以及论坛的兴起,如今使用博客的人越来越少,但是博客也是推广 QQ 号的一个平台。企业可以专门建立一个博客账号,然后把在论坛中发过的精华帖发到博客中,附上 QQ 群号即可。通过博客这个渠道进行推广,可以设置合适的关键词,使博客被百度收录,并获得关键词排名。

5.微信推广

如今,越来越多的人开始使用微信,企业同时也可以利用微信的内部渠道来进行推广。在个人微信号中,通过利用附近的人、摇一摇、漂流瓶等可以利用的渠道。在获取一些用户之后,企业可以利用红包来吸引用户,还可以利用微信公众号进行推广。

6.QQ 兴趣部落

QQ 兴趣部落是 QQ 在 QQ 手机端推出的渠道。由于 QQ 手机端有着巨大的用户基数,因此 QQ 兴趣部落这个渠道的引流效果比较好。由于用户是在手机端进行浏览,因此内容可以短一些。

四、QQ 群营销攻略

通常来讲,人们会有两种加入 QQ 群的方式,一种是主动加入,一种是被动加入。当人们看到宣传时,会主动搜索并加入到某个群,这属于主动加入。而 QQ 用户突然接到某个 QQ 群的要求,被邀请加入该群,这就是被动加入。

一般情况下,QQ 用户被动加入某个群时,会看一看情况,若觉得不适合留在该群,有权利主动退群。

对于企业而言,若在某个圈子内比较有名气,那么就有机会被拉进一个名人多的 QQ 群中,这个群中有许多大佬级别的人物。

如果企业要用 QQ 群来进行社群营销,就要掌握相关的加群技巧。QQ 群就是销售的平台,只要加对了群,企业就可以找到合适的销售对象。企业最好进入一些人气高的群,因为这样的群,群质量较高,有利于进行社群营销。

(一)加入 QQ 群的途径

如果一个企业想要利用 QQ 群来进行社群营销,首先要做的第一件事就是加群。那么,如何主动加群呢,主动加群的途径有哪些?这里主要介绍三种(图 7-3):

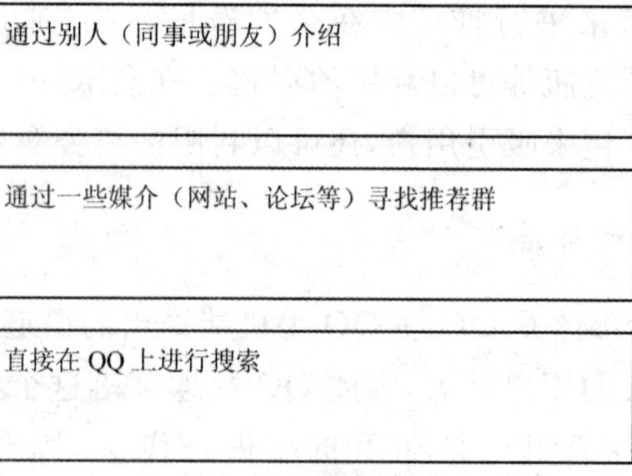

图 7-3　QQ 群的添加途径

如果是服装企业，可以在 QQ 界面上点击“查找”按钮，然后输入群号码或关键词，点击“查找”按钮，这时就会出现相关行业的一些 QQ 群。另外，企业还可以通过“同城”或“热门”等条件进行筛选。

在选择群的时候，企业可以根据活跃度来选择需要加入的群。有很多群中的成员都不发表言论，这样的群就不太活跃，不适合加进去。对于一些活跃度高的群，群成员的发言频率一定要高，群成员的人数也比较多，这些活跃的群就适合做产品的推广。

因此，企业在选择加入群的时候，要注意以下四种性质的群不能加（图 7-4）。

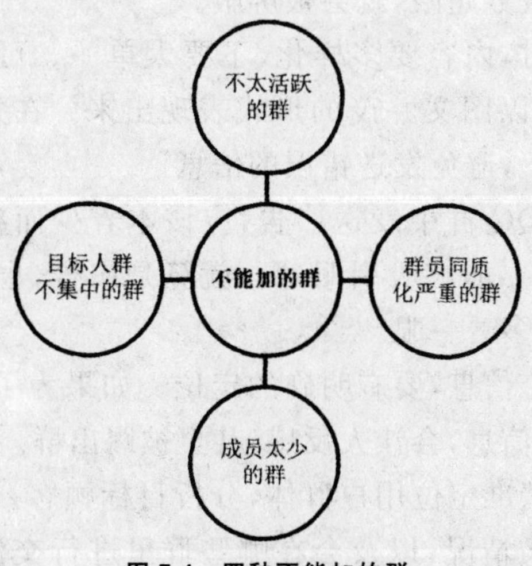

图 7-4　四种不能加的群

（二）推送产品信息

通常在加入群里面后，要了解群具有的特点、群主的特点以及群内的成员，企业通过与群主和群内的成员进行交流成为朋友，再适当地发布一些产品推广的消息（图 7-5）。

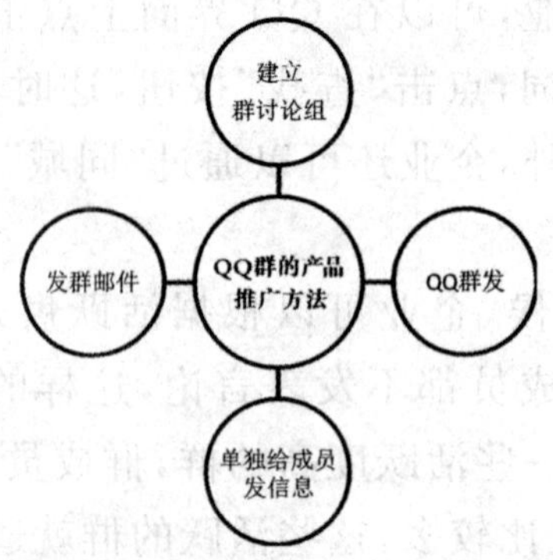

图 7-5　QQ 群的产品推广方法

企业在 QQ 群内发送信息的时候,尽量不要带网址,因为一旦发送网址的次数超限,就会被屏蔽。

群发消息时,内容要多样化,不要太单一。可以在内容中添加一些广告语,以图文并茂的形式表现出来。在发送内容之前,要仔细核实一下,避免发送错误的信息。

如果要在 QQ 群中发送广告,应该本着少而精的原则,一天只发一次,广告要能够吸引眼球。就算是广告,也要编辑得很有吸引力,让人想多看一眼。

别滥发推广信息,要有明确的定位。如果为了推广企业的产品,一味地乱发信息,会让人反感,甚至被踢出群。

企业应当精准定位用户群体,分析目标顾客。通过分析目标顾客的日常聊天情况,以及会在哪些群里进行交流,然后按照关键字来提取。例如:若企业是卖化妆品的,那么就可以搜索美容、化妆品等词汇,通过这些关键词的搜索,可以找到许多和化妆品相关的群。

只要在群里发送消息,所有群成员都可以看到。为了不给别人造成困扰,企业可以挖掘潜在客户、供应商等群内成员,加他们为好友,然后私下进行交流。

同时,在加入群里面后,通过一段时间的观察,可以了解有哪些人会在群里进行聊天,然后企业可以针对这些人来推出产品与服务。需要注意,腾讯公司为了保障用户的账户信息安全,做出了有关的规定,用户每天添加好友的次数是有限的。一旦超过了限制，就会出现操作无效的情况，甚至账号还可能被锁定（如表 7-4 所示）。

表 7-4　加入营销注意事项

注意事项	描述
要注意群昵称和签名	最好润色一下昵称和个性签名，去除那种明显的广告气息
填写个人资料时，尽量避免给人一种非主流的感觉，最好正式一些	有些群很注重群成员的质量，在审核加群申请的时候，群主往往会仔细看一看申请人的个人资料
群主批准入群后，企业要介绍名称、业务以及联系方式	企业还可以改一改群名片，在群名片中，可以介绍一下详细的业务信息
进入一个新群时，要注意发言内容，不要违反群规	刚刚加入一个新群时，千万不要着急发广告，要等混熟之后，循序渐进，试着发一些容易被人接受的广告
初步了解群	刚刚进入一个新群时，可以看一看群之前的聊天记录、共享文件以及群活动
进群后获取客户信息	在一个新群里，可以把群的通讯录整理一些，重新建一份文件，存一下通讯录信息。另外，还可以获取群共享中的信息

五、运用工具，调动社群气氛

在 QQ 群这样的社群中，除了可以发送消息以外，还可以使用很多的工具来调动社群中的氛围，有效加强成员与企业间的感情。

在 QQ 社群中，具体的工具如表 7-5 所示。

表 7-5 QQ 社群中的工具

工具名称	使用方法及作用
群公告	企业可以通过群公告来发布特价商品、促销活动以及线下活动等。可以直接把网站的名称或者网址放在群公告里。作为群主或者管理员,应该懂得通过群公告来拉近与群成员之间的关系
群相册	在 QQ 群相册中,可以放一些与群主题相吻合的图片,这些图片均可以打上关于企业产品的水印。要注意,放上去的图片不要为纯广告
群共享	通过 QQ 群的群共享,可以分享一些专业知识,还可以植入商品链接或者网站链接
QQ 表情	在 QQ 群中,企业可以与社群成员进行交流,发布搞笑的、有意思的、好玩的 QQ 表情。若表情到位,就可以吸引关注
群邮件	企业可以通过群邮件,把邮件发送给所有社群成员。需要注意的是,应群发有价值的内容。若内容较多,可以用附件的形式来群发文档。另外,通过群邮件,企业可以单独给社群成员发消息
群活动	在 QQ 群中,企业可以创建群活动,每个社群成员都可以自愿参加,只要在群里报名就可以了。通过群活动,可以增进企业与社群成员之间的感情
讨论组	讨论组是 QQ 群中的一个细分部分。当社群成员太多的时候,企业无法与每个社群成员都成为好朋友,在这种情况下,就可以找到几个人,组建一个讨论组,在小范围之内与几个人进行交流
QQ 红包	QQ 红包有着无穷的力量,通过发红包,可以将许多在群里潜水的人呼唤出来,有效活跃社群的气氛。无论红包里面的金额有多少,都能够起到一定的作用,带动气氛
群共享演示	通过群共享演示,能够使线上的群分享多元化,更加直观。企业可以使用群通话应用中的 PPT 演示功能,实现语音加 PPT 演示的群分享
匿名聊天	通过匿名聊天,可以说出很多有意思的话,其他群成员都不知道说话的人是谁。通过匿名聊天,可以激发社群的活跃度,引起人们的注意

六、精准的 QQ 空间

当还没有出现微信这个交流工具时，QQ 空间是很多年轻人记录心情的理想之地，可以看出，QQ 空间同时具有较高的营销价值。

QQ 空间有许多功能，通过 QQ 空间，商家可以打广告、推广品牌，通过种种方式吸引用户，实现精准营销。

对于企业而言，QQ 空间是一个适合营销的社群。这个社群是基于 QQ 好友而形成的，具有以下三个优点（图 7-6）。

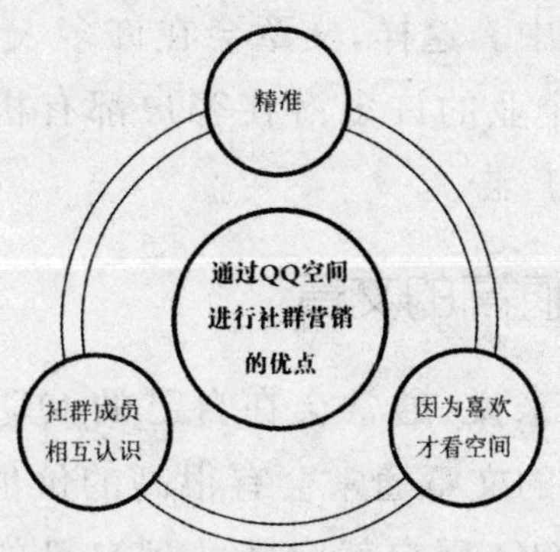

图 7-6　QQ 空间社群营销的优点

根据腾讯 QQ 空间发布的数据显示，在 2017 年“五一”假期，QQ 空间的照片单日上传量竟然突破了 7 亿，这实在令人震惊。

对于旅游景区而言，如果可以了解景区内会有哪些游客，就可以针对这些游客进行精准营销。

QQ 空间基于亿万用户行为和旅游相册大数据，推出了一份《中国玩货报告》，通过一张图就可以读懂“五一”旅游那些事，其实这就是一种“社群＋大数据＝精准”的营销方式。

QQ 空间旅游相册的大数据显示：

（1）2017 年“五一”期间出游的女性占总体旅游人数的 65％，高于出游男性的比例。

（2）在年龄上，80 后占据了总体旅游人数的 51％。

（3）大学生群体占据了总体旅游人数的 32％。

QQ 空间有着多种功能,包括说说、日志、相册、访客、评论、分享、转载等基本功能。企业可以深入挖掘这些功能的营销价值,实现 QQ 空间社群营销。

企业运用 QQ 空间的功能进行社群营销的方法如下。

(一)学会分享文章

对于 QQ 空间来说,很多的文章都可以进行“分享”,社群成员利用移动端来分享 QQ 空间的文章时,就可以分享到 QQ 群或者微信群等多个地方。如果社群成员在 PC 端“分享”空间的文章,既可以把文章分享到自己的空间,还可以分享给指定好友,或者分享到腾讯微博中。这样,文章会在许多人的 QQ 空间中自动形成病毒式传播,企业的许多潜在客户都有机会看到文章,进而通过超级链接看到广告。

(二)转载价值高的文章

对于一些用户来说,通常会在自己的 QQ 空间内写文章,文字功底好的人写出的文章通常会有很高的价值,对于这些具有价值的文章,很多的 QQ 用户就会转载到自己的空间内。然后,好友的好友看到了文章,又会转载。就这样,一篇文章会出现在很多人的 QQ 空间里。

“转载”具有高效传播的功能,一个人在好友的空间看到一篇非常有吸引力的文章,可以转载到自己的空间。需要注意的是,把文章转载过来之后,要对这篇文章进行编辑,企业或个人营销者可以在文章末尾留下广告链接。

(三)写日志

如果想要运用 QQ 空间来进行社群营销,就要写好原创文章。QQ 空间的日志是私人化的,大多数人都会写心情日志,心情日志往往都能够深入人心,作者会把自己的想法写出来,这样的日志容易获得别人(包括企业潜在客户)的信任。

对于企业来说，不能总在 QQ 空间发布心情日志。有时候，企业可以适当写一些商业文章。若商家有阿里巴巴等企业的博客，可以将它们博客当中的文章转发到空间里。

商家写文章时，可以把一些广告信息融入进去，可以在文章中适当插入一些产品的图片，还可以在文章的结尾留下企业的联系方式。另外，在文章的结尾，可以给带有广告性质的文章做超级链接，这样，其他 QQ 用户看到超级链接，点击一下就可以看到相关文章。

有价值的日志，可以吸引许多 QQ 用户阅读、分享或转载，这样的日志就能在许多人的 QQ 空间传播。通过发布日志，企业可以详细介绍产品特征以及产品使用说明。

通过使用 QQ 空间的日志来进行社群营销，主要一点就是向社群成员传递有价值的信息。要想办法让社群中的成员养成每天都阅读企业日志的习惯，如果能够合理地植入营销信息，社群成员每天都会看到。

其实，通过 QQ 空间的日志进行营销，就相当于软文营销。企业用日志进行营销的时候，应遵循软文书写的规则，要用有吸引力的文章打动消费者。

（四）QQ 相册

在使用 QQ 空间进行社群营销，通过使用 QQ 空间相册这一功能，将产品信息以图片的形式上传上去，人们就可以看到产品。同时除了在相册中显示照片外，还能在个人资料中显示最近更新的照片。

若是想要推广时尚前卫的衣服，可以上传模特的美照，这样会有很多人看到照片，从而起到良好的宣传效果。在上传照片到空间相册时，可以给照片起一些好听的名字。

上传照片到空间相册时，在不影响照片美观的前提之下，可以加上带有网址的水印。还需注意的是，要选择较为美观的照片作为相册的封面。若想要让更多的人看到 QQ 相册中的照片，就不要设置密码。照片应该给人一种艺术感,避免有过于强烈的广告气息。

企业把产品照片放在QQ空间相册进行营销的时候,应在这些产品的图片上添加标签,做好相册分类,这样可以使用户的浏览更加方便。

(五)QQ说说

在QQ空间里有"说说"这一功能,说说是搭建企业与用户间相互沟通的桥梁。通过利用"说说",企业可以获得用户的信任,进而获得高质量的社群用户。

下面举例说明如何通过"说说"进行社群营销。

若一个企业想要推广化妆品,就可以通过"说说"发表一些化妆的小技巧,可以是纯文字的形式,也可以是图文并茂的形式。除了通过"说说"为社群成员讲解正确的化妆方法之外,还可以发布一些美容的小知识。

发布"说说"应该注意以下几点:

(1)每天发布的数量应为2~5条。若为大篇幅的文章,每天发布一两篇即可。

(2)提供有价值的信息,包括新闻或资讯。

(3)编辑"说说"时,应注重内容的质量。

(4)可以通过发送赠品的方式鼓励社群成员转发"说说"。

(5)上下班高峰期,人们在公交、地铁上一般都会看手机,因此上下班高峰期是发布"说说"的好时机。

总而言之,质量高的"说说"更能吸引读者,促使读者进行转发,从而使推广信息在QQ空间传播。

(六)QQ空间的访客和评论

企业通过访问别人的QQ空间来获取信息。无论是哪个人,在进入到别人空间查看后,会留下访客记录。对方在看到访客记录后,也会点击访客的头像,进入企业的QQ空间,阅读企业所发布的一些"说说"、日志，浏览企业的相册等。

其他用户可以对企业QQ空间的"说说"进行评论，企业也可以评论用户QQ空间的"说说"。通过评论"说说"，可以有效增进企业与用户之间的感情，双方可以及时地沟通。

（七）生日提醒

QQ空间具有生日提醒的功能，通过生日提醒，可以知道哪个好友要过生日了。对于企业而言，当得知某个社群成员要过生日时，可以赠送礼品，献上生日祝福，从而拉近与社群成员之间的距离。

（八）地理位置

此外，QQ空间还具有签到功能，企业可以快速地了解社群成员的地理位置。

QQ空间的地理位置功能为企业提供了巨大的商机，地理位置服务可以用于大型的营销活动之中。

第三节 兴趣部落营销

一、兴趣部落的含义

"兴趣部落"之前的名字叫"QQ群联"，"群联"是指将很多群都关联起来，进而形成某种形式上更大规模的矩阵。"QQ群联"的主要功能是群联主能够同时向群联内所有的成员发送通知。群联官网于2012年9月正式上线，中间几经关闭和开放，一年后改名为"QQ部落"，功能有所改变，又经过一年的测试后，2014年"QQ部落"改名为"兴趣部落"。

官方给出的兴趣部落定位是基于兴趣的公开主题社区，并鼓励兴趣部落与拥有共同兴趣标签的QQ群实现了打通和关联,形成以兴趣聚合的社交生态系统。QQ用户可以在“兴趣部落”里实现交流讨论,也可加入相关联的QQ群进行实时聊天;同时用户还可从相对私密的QQ群里走出来,加入公开的兴趣部落,扩展社交边界。

(一)兴趣部落的主要功能

兴趣部落一上线,其主要的目标针对的是使用手机QQ的年轻群体,腾讯的目的是让庞大的用户依据自己的兴趣分散到各个“部落”中,能够形成一种互动的形式,在“部落”中,用户可以按天签到、发表评论、分享话题,同时还可以找到与该话题的“部落”相关的QQ群,通过二者的联动满足用户对于某一兴趣话题的所有诉求,进而得到更高的用户黏性。

此外,兴趣部落的主题众多,拥有很广泛的兴趣。目前,兴趣部落建立起了游戏、情感、城市、兴趣、运动、明星、动漫等众多分类,在针对年轻人的游戏话题的“部落”中用户可以与LOL、CF、酷跑等游戏近百万玩家互动,官方宣称情感部落已经覆盖了70后、80后、90后、00后各年龄阶段。

腾讯官方对兴趣部落是非常重视的,甚至为兴趣部落开发了手机端的App,此前只有QQ空间和腾讯微博享有单独的App。显然,兴趣部落的未来不仅仅是基于QQ,可能还有更广泛的发展空间。

(二)兴趣部落的建立

打开“手机QQ—动态—兴趣部落”,点击右上角的“搜索”,在搜索框内输入你想建立的部落的名字,如果该名字尚无部落,用户即可建立,如图7-7所示。

〈返回　　　搜索

QQ营销发展

相关部落 (1)

随声科技

随声科技是基于互联网和服...　　关注

成员 62 今日话题 1

相关话题 (81)

问答·有没有营销包装好的QQ，来一批

来一批包装好的QQ，最少半年，1037190079

全网营销部落QQ群

qq群：56902949【全网营销实战研究中心】一一点击...

夜鱼　60　65

黑客帝国有什么需要联系我

黑客联系方式.qq：3282243632 熟悉WINDOWS编程...

丽妞呀　0　3

图 7-7　搜索简历兴趣部落

官方声明是申请提交后 5 个工作日之内完成审核，但通常一般审核提交当天即可完成建立。兴趣部落还有另外两种建立方法：一种是下载兴趣部落的 App，通过搜索查找自己想要创建的兴趣部落，如果尚无部落，则可以直接创建；另一种是打开电脑端的兴趣部落首页(网址:http:buluo. qq. com),在“创建部落”选项下开始创建,如图 7-8 所示。

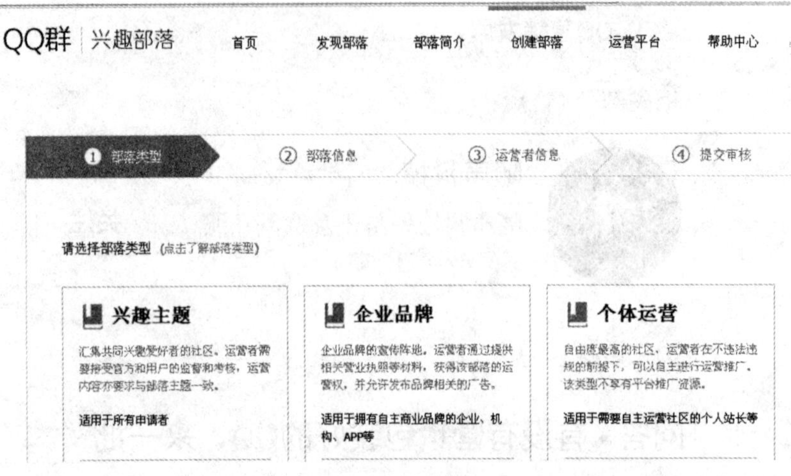

图 7-8　创建部落步骤

在兴趣部落首页创建部落,有三种部落形态的可供选择。分别是兴趣主题、企业品牌、个体运营。看到这里也许有人会想到 QQ 公众号的创建过程,显然兴趣部落的布局不仅仅是兴趣主题,官方还希望它未来能在企业品牌和自媒体方面进行拓展。

在“推广资源”项目下还可以看到这样的介绍:“部落可以通过积极运营获得积分奖励,积分可以用来兑换部落推广资源(包括但不限于排行榜推荐、搜索热词推荐等广告位),增加该部落的曝光量”,如图 7-9 所示。这显然是借鉴 QQ 群排名的规则,这也为其后兴趣部落的发展规划好了蓝图。

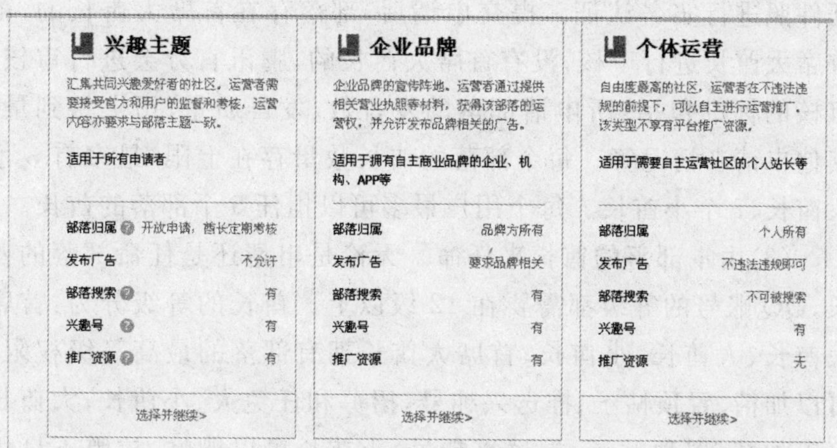

图 7-9　“推广资源”发展

需要注意的是：与一个 QQ 号可以建立多个 QQ 群不一样，一个 QQ 号只能建立一个兴趣部落，而且如果想让自己的 QQ 部落出现在排名里或者被人搜索到，还需要申请人上传手持身份证的照片以通过实名认证。

兴趣部落也可以发送给微信好友、QQ 好友或分享到微信朋友圈、QQ 空间，还可以采用链接、二维码的形式邀请好友加入部落。

（三）首席酋长、大酋长和小酋长的含义

兴趣部落在建立后，为了能够有效地管理成员，也设置了类似“贴吧”形式的管理员，部落酋长可以通过以下三种方法获得。

（1）创建部落的用户直接成为酋长。

（2）官方建立的兴趣部落如果尚无酋长，用户可以直接申请成为首席酋长，但只限于在手机 QQ 提交申请，依次点击“手机 QQ—动态—兴趣部落”，查找感兴趣的兴趣部落，进入该部落后如果发现置顶的帖子“首席酋长招募啦～快到碗里来”，点击进入就可以直接申请成为该部落酋长，不过申请酋长也要求用户手持

证件照进行实名认证。提交申请后,部落存在首席大酋长的,由首席大酋长进行审核;没有首席大酋长的,腾讯官方会进行审核,审核的标准包括:所申请部落的发言数、发言质量、历史签到量、其他申请者情况等。每个部落的酋长数量存在上限,最多有 3 个大酋长、7 个小酋长。每个用户最多可以担任 5 个部落的酋长。

(3)由本部落的酋长来任命。无论是申请还是任命部落的酋长,QQ 账号的等级都需要在 12 级以上。酋长的等级分为:首席大酋长、大酋长、小酋长;首席大酋长拥有部落的最高等级权限,可以加精、置顶帖子、推送兴趣号,招募和任免大、小酋长;大酋长可以加精、置顶帖子、推送兴趣号;小酋长可以删帖、拉黑不良用户,协助大酋长管理部落。

大酋长建立的 QQ 群还可以跟其管理的兴趣部落关联,出现在这个兴趣部落的相关群里,不过 2016 年 5 月 17 日起,相关群不再只限于大酋长建立,任何一个部落成员都可以建立兴趣部落的关联群(新建群)。需要注意的是:群名字和简介要出现关联部落名称,否则很难通过审核,关联成功后要邀请好友进群。

(四)兴趣部落的相关群

相关群是兴趣部落中最大、关注度最高的一项功能,能够将部落中的精品帖子推送到群中,方便群成员从群内转化到兴趣部落中。同时,由于兴趣部落是开放式的 BBS,可以吸引新人入群。腾讯官方对 QQ 群以及兴趣部落做出了如下定义:

兴趣部落的特点是:异步、公开、大社区。而 QQ 群的特点是:实时、私密、小团体。

异步,是指异步通信,这是无线通信领域中的一种联络方式,其实现的结果是发报人和收发人能够在不同的时间段内进行响应,也就是说,互动不需要立即响应,只要在某一段时间内给对方回应即可。

公开指的是面向所有人,无论用户注册与否都可以查看帖子,而 QQ 群则要求通过验证进群后才可以实现互动,大社区的构想借鉴了百度贴吧和豆瓣小组的模式，打破了QQ群人数的限制。这种社区和群交叉发展的模式很多公司都在使用，例如百度贴吧推出了用户群功能（只限手机端用户），陌陌也推出了类似贴吧的系统。

但是目前发展最好的莫过于兴趣部落了，无论从活跃人数、板块涉猎范围，还是其他方面，兴趣部落都有超过百度贴吧的态势。

当成功创建部落群并与部落关联后，群的信息将会在部落首页和相关群页进行展示，在获得主体部落大量曝光的同时，将会吸纳更多的粉丝，同时还有机会获得群搜索、群查找更多的曝光倾斜。

二、兴趣部落的运营案例

由于兴趣部落发展迅速，很多对互联网运营、QQ营销感兴趣的人开始关注兴趣部落。兴趣部落的“酋长”制度刚一推出，便有很多人去申请一些热门部落的“酋长”，这其中有很多人是当年在百度贴吧担任过吧主或者了解贴吧“吧主”一些潜规则的，有人获得了不止一个热门部落的“酋长”。还有些商家准备利用兴趣部落吸引粉丝、发布新品、解答问题等。

（一）利用部落推广品牌

很多电商开始利用部落来推广自己的产品，如3C、数码行业的兴趣部落粉丝众多，且粉丝比较关注产品的使用感受，交流意愿强烈。针对这种情况，华为旗下的高性价比、针对年轻人的“荣耀”手机开始试水兴趣部落推广。

目前，华为官方建立的“荣耀手机”兴趣部落关注人数超过了85万，发表话题6万余条，兴趣部落成为“花粉”继贴吧、微博后又一大聚集地，“荣耀”品牌的推广团队顺势利用兴趣部落开展了“晒手机有奖”和“关注、@官方微博有奖”的活动，并与其他的社会化媒体相结合,利用兴趣部落的活跃用户撬动用户对"荣耀"的关注。

"荣耀"品牌推广团队每天都发布"荣耀手机部落"日报,介绍荣耀手机的新闻或者新鲜事,并联合"大学生"兴趣部落("大学生"兴趣部落注册人数 280 多万,是兴趣部落较为活跃的社区)开展了"有奖盖楼——描述你心目中的手机!赢取荣耀手机大奖!"等活动,成功提升了"荣耀"的品牌影响力。

(二)地区部落的运营

"北京"部落是兴趣部落较为活跃的板块,其注册人数已经达到 156 万。其酋长"荡网"是一位有着丰富网络公众平台运营经验的酋长,曾在 QQ 聊天室、城市达人、公开群等平台做过运营工作,后来成功应聘为北京部落的大酋长。

据"荡网"介绍,通过对用户发帖习惯和所使用的语库进行数据分析,发现北京部落的用户以年轻人为主,发起的话题都是年轻人关注的话题,内容方面主要是吸收、转载网络上的热门文章和话题,整个部落鼓励会员回帖,对于优秀的回复会给予奖励,对过激言论也会给予提醒。

此外,线下活动是本地部落得以壮大的最重要因素,通过游玩和聚会,大家对网络上结识的朋友有了更深的了解,增进了彼此之间的感情。部落的活动大多是"以老带新",每次活动都会尽量保证新、老用户各一半,活动回来后会鼓励大家主动上传照片,并评选推出"红人榜",以表彰活跃的部落成员。

"北京"部落的老用户每天都会提醒大家去签到、发帖,以激发部落活跃度。酋长还会适时联系一些商家开展联合活动,比如"北京"部落最近就和爱卡汽车网联合举办了免费参观改装车车展的活动。

(三)利用部落引流

随着兴趣部落的日益活跃,很多人和团队就开始有意识地申请热门部落的酋长职位，通过利用兴趣部落中大量的粉丝来吸引流量。例如，某人成功获取到 A 和 B 两个部落的酋长后，在 A 部落话题里加入 B 部落的链接、软文、相关群等，并将文章置顶或加精。借以将热门部落的人群有目的地导入自己的群或者部落。

但是，腾讯官方已经主义到这种互相引流的方式，只要官方一旦发现这种情况，腾讯将会予以惩罚。但是这种惩罚方式的出现只会使引流的方式更加隐蔽起来，而不会彻底消失，毕竟酋长具有删帖、加精的权利，通常运用 QQ 营销的人是不会只依靠一个号码来进行操作的。

总的来说，兴趣部落还只是腾讯上线时间不长的一款新的产品，虽然目前的用户群不够壮大，但是凭借 QQ 海量的注册用户，兴趣部落最终会聚集更多的人，甚至超越 QQ 群具有的影响力，成为 QQ 旗下的又一发展平台。

三、兴趣部落与 QQ 群营销

在中国互联网发展的早期，网络上的社交方式有很多种形式，例如校友录、开心农场、天涯论坛、各种形式的聊天室，随着互联网的发展，尤其是移动互联网的发展，用户已经不需要通过传统的页面来浏览新闻，而是可以通过一个应用查询到更多内容，同时希望所有的功能能够集中到一个入口里，作为国内即时通信领域的领导者，QQ 一直都努力迎合用户的需求，不断丰富自己的功能与内容，兴趣部落就是在这一背景下推出的。

很多人说兴趣部落是模仿了百度贴吧，但在实质上有很大的区别，贴吧的作用是给用户讨论的空间，且讨论的内容是长期稳定的，因此，贴吧的作用可以提高用户的黏度和活跃度，这与 QQ 群那种即时讨论、话题转换快、管理监控难的特点存在差异，腾讯所推出兴趣部落的目标不仅是与百度贴吧同台竞争，更是对 QQ 群的有力补充。

在互联网时代，社交的场景被提到了十分重要的位置，因此可以将互联网的虚拟场景分为以下四种。

(1)一对一的聊天场景,以QQ和陌陌这种即时聊天为代表,强调用户聊天的私密性。

(2)一对一的轻度互动场景,以朋友圈、QQ空间说说为代表。这种场景下用户之间虽然是一对一交流互动,如点赞、评论、打赏等,但是也希望被熟人或者社交网络中的部分人看到,以增加彼此的亲密度,获得社会认知。

(3)一对多的场景,包括微博、公众号和开放的QQ空间。这种辐射式的社交场景要求发布人谨慎发布言论,注意措辞和观察角度,发布的内容注重原创性和独特性。发布者同时十分在意受众的反馈,受众的反馈会影响发布者和受众的情绪和舆论方向。

(4)多对多的场景,以论坛、贴吧和群为代表。一群陌生人由于共同的兴趣爱好、行业、话题、学习经历、所在地域等属性汇聚到一个圈子里,在这个圈子里沟通信息,进行娱乐,寻求解决方案。相比于QQ群的即时性,贴吧由于存在管理员和吧主的控制,讨论氛围更容易掌控,不会因为个别人、个别事件造成圈子的崩溃,所以对于陌生人来说,在贴吧或兴趣部落这种场景里进行沟通讨论更加合适。

在兴趣部落中,往往通过一篇好的文章就能吸引众多的粉丝,腾讯将兴趣部落与QQ群紧密地联系在一起,兴趣部落有关联群,如果对话题感兴趣可以通过兴趣部落加入QQ群,成为关系更紧密的群成员,这就将多对多场景中的两种平台模式连接了起来。

通过利用兴趣部落来吸引群成员的做法并不违规,这与百度贴吧是不一样的,兴趣部落不但不会限制部落成员进入到QQ群中,还会在一级类目下展示相关群,来鼓励大家进群沟通。在兴趣部落发布文章也可以标注QQ群的群号,因此很多人利用这些便利条件对QQ群进行引流。

目前由于兴趣部落开放了注册申请,很多人开始大量地注册行业性、地域性以及品牌性的部落,并努力申请酋长等管理身份,进而获取用户的关注以及黏度,这些也都是当前兴趣部落的红利。

案例分析

vivo 手机:v 粉的极致交互——品牌认同效应

(一)企业简介

2011 年 vivo 智能手机品牌正式推出,它是一个专注于智能手机领域的手机品牌,追求乐趣、充满活力、年轻时尚的群体一起打造拥有卓越外观、高业级音质、极致影像、愉悦体验的智能产品,并将敢于追求极致、持续创造惊喜作为 vivo 的坚定追求。

自 V 粉社区出现以来,就一直为 V 粉提供了 vivo 智能手机关于安卓软件、安卓游戏下载以及手机玩家交流的社群平台,让 V 粉进一步了解 vivo 品牌,让品牌文化“乐享极智”成为 V 粉心中共同的理念。下面就来进一步了解 vivo 手机的 V 粉社区中社群营销与运营。

功能解析:

(1)首页:向 V 粉提供编辑推荐、售后服务、热门板块、V 粉评测、手机拍照、V 粉热议等服务。

(2)论坛:V 粉可以在论坛中发布关于 vivo 手机的帖子,V 粉还可以基于帖子而相互交流。

(3)板块:包括 V 粉玩机、V 粉俱乐部、社区站务 3 个板块。

(4)V 粉会:在 V 粉会板块中,V 粉可以在里面看到关于 V 粉社区社群成员下线活动相关的帖子。

(5)V 摄影:在 V 摄影板块中,V 粉可以查看拍摄的影集相片,可以了解相应的摄影师,还提供了相应的摄影教程供 V 粉学习。

(6)V 精华:在 V 精华板块中,V 粉可以查看精华栏目信息以及相应的热门文章,了解关于 vivo 更多的精华信息。

(二)案例分析

随着社群红利时代的到来,不少企业在试水社群营销的过程中发现,品牌推广占据了社群营销的重要部分。

所谓品牌推广,是指企业为了塑造自身和产品的品牌形象,让广大消费者产生广泛认同的一系列活动和过程。一般来说,品牌推广有三大要素,分别是树立品牌形象,其中包括船舶、执行、评估等环节;提高品牌知名度;将产品销售出去。

品牌推广需要利用社群营销思维进行分析,而品牌粉丝是最优质的目标消费者,若品牌粉丝因某个品牌聚集成为一个圈子,那么他们会对品牌或产品在一定程度上注入了感情因素。他们不会嫌弃品牌或产品中的缺点,只会支持、拥护以及帮助企业改进。

社群中的粉丝会对自己喜欢的品牌或产品产生高度的热情,并且还会在自己的朋友圈中传播该品牌或产品,从而树立形象良好的口碑。

因此,企业要从根源上来打动保持漠视态度的社群成员,有 5 点是需要注意,分别是:要将品牌定位精准;使产品具有差异性;让社群成员积极参与到产品的评测中;渠道布局符合客户最高期望;社会营销规划以品牌化为基准。

下面进一步了解 vivo 在社群品牌方面所采取的措施,如图 7-10 所示。

在 vivo 社群中,目前 V 粉会的成员已覆盖 26 个省份,由各地粉丝队长进行管理,而粉丝队长都是从 V 粉中挑选出来的,他们需要定期组织摄影外拍、粉丝聚会、登山等活动。这样就能让粉丝感觉到自己融入 vivo 中,而不是与 vivo 只有一条线的连接,相反,却是多条散发式的连接,于是造就了粉丝品牌的社群。

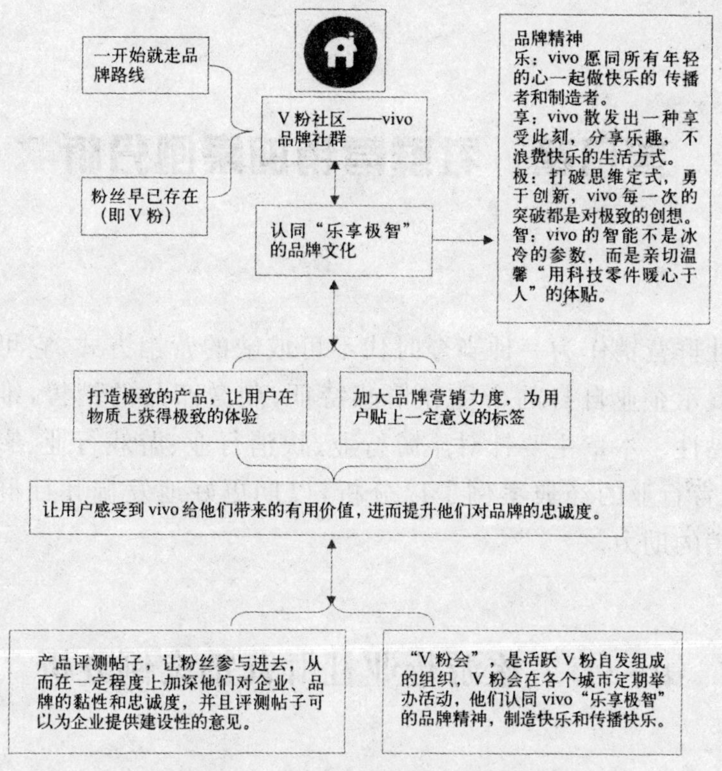

图 7-10　V 粉社群营销与运营方式

本章小结

本章主要是从三个方面来讲述社群营销中的 QQ 社群，分别是 QQ 社群的构建、QQ 社群的营销方案、兴趣部落营销。关于 QQ 社群的构建首先是要建立本地群，创造线下的见面机会，同时可以借助 QQ 上的各种功能，随时与其他群体进行交流。QQ 社群在营销的过程中，借助 QQ 公众号、QQ 空间上的各种功能推广 QQ 社群，进而达到营销的目的。在兴趣部落营销方面，先是要建立起兴趣部落，然后发展各种部落群，利用部落来推广产品、品牌，不同地区应用不同的方式来进行，只有这样，才能更好地经营 QQ 社群与兴趣部落群，实现 QQ 社群营销的目的。

第八章　社群营销的案例分析

社群营销作为一种当今时代不可或缺的营销方式，它可以更好地展示企业自身的个性和情感特征，刺激产品的销售，维护客户的黏性。本章主要针对旅游行业、快消行业、游戏行业、影视行业、教育行业的经典案例予以分析，以期更好地发掘其社群运营对营销的助力。

第一节　旅游行业社群营销案例分析

一、途牛旅游

（一）企业概况

途牛旅游网是 2006 年 10 月创立的，其是一家旅游线路和自助一站式旅游服务提供商，它从近千家的旅行社可以精选出性价比更高的优质线路，组成丰富的产品线，满足不同客户不同的国内外出游需求，为消费者提供由北京、上海、广州、深圳等 64 个城市出发的旅游产品预订服务，并提供相应的后续服务和保障。途牛旅游向用户提供了 7 万余种旅游产品，其中包括跟团、自助、自驾、邮轮、酒店、签证、景区门票以及公司旅游等，已成功服务累计近千万人次的出游。

(二)社群功能

途牛旅游社群的功能包括首页、分类、目的地、发现、我的五大类,具体如图 8-1 所示。

图 8-1　途牛旅游的社群功能

第一,首页。用户可以根据自己的需求,选择对应的旅游模式及服务,例如,跟团游、自助游、邮轮、自驾游、签证、酒店等服务。

第二,分类。非常精细的分类,用户可以根据自己的需求迅速找到对应的信息。

第三,目的地。用户可以根据自己想去的国家,查看当地比较热门的目的地,并提供相应的旅游折扣。

第四,发现。在发现中,用户可以进入社区寻找同伴结伴旅游、进行旅图分享以及攻略问答;用户还可以自己撰写游记,也能查看其他用户所发布的游记;还提供了一个出游榜,便于用户选择一个适合自己去的旅游地点;旅游百科,为用户提供一些出行攻略。

第五,我的。用户可以看到一些优惠活动,修改个人资料,查看会员特权,找到自己的优惠券,查询自己的订单,还可以联系客服。包括打电话与客服联系、在线联系客服、进入途牛旅游服务号,以及进入相关的群组在线与有共同需求的用户交流等。

(三)案例分析

在旅游社群中,其实可以进行搭配营销,这样能让用户更容易接受企业所提供的营销产品。例如,在一篇游记的下方或者是开头,就放置关于游记目的地的相关旅游折扣,这样的搭配,更具有场景,更能触动用户的心弦。

途牛旅游社群的运营,如图 8-2 所示。

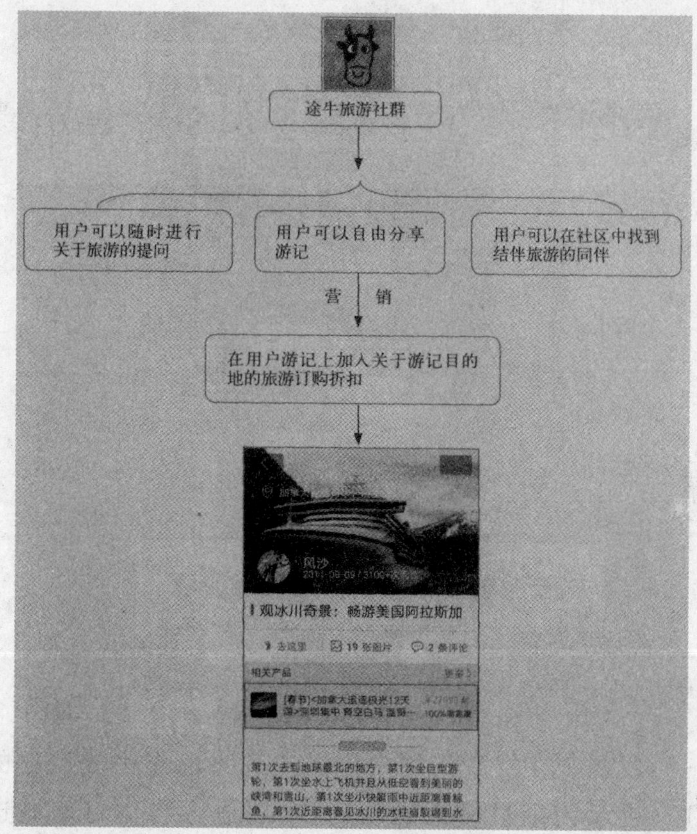

图 8-2 途牛旅游的社群运营

二、蚂蚁窝自由行

(一)企业概况

蚂蚁窝自由行是蚂蚁窝旅行网旗下的 APP 软件，以自由行为核心，提供全球至少 1000 个旅游目的地的旅游攻略、旅游问答、旅游点评等资讯，以及酒店、交通、当地游等自由产品和服务。

(二)社群功能

蚂蚁窝自由行的社群功能包括发现、当地等，具体如图 8-3 所示。

图 8-3　蚂蚁窝自由行的社群功能

第一,发现。在发现中用户可以找到自己想去旅游目的地的旅游攻略,可以预定目的地的旅店,可以进入自由行商城选购适合自己的旅游相关用品,可以看其他去过的用户写的游记、发的相关旅游照片,还可以针对一些疑问向专业的达人请教。

第二,当地。在这里可以为用户定位,推荐当地的特色景点、美食,一些好玩的娱乐、购物场所,还可以向达人提自己想问的一些问题,对附近的用户所发布的动态进行及时了解。

第三,我的。这是用户的个人中心,在这里可以记录用户去过的一些好玩的国家和城市,还能看到自己所下载的游记、攻略等。另外,用户还可以每日进行打卡,用来换取一个“蜂蜜”虚拟币,一定的“蜂蜜”虚拟币还可以兑换一定的产品。

(三)案例分析

一般来说,常见的旅游社群走向包括两种,如图 8-4 所示。

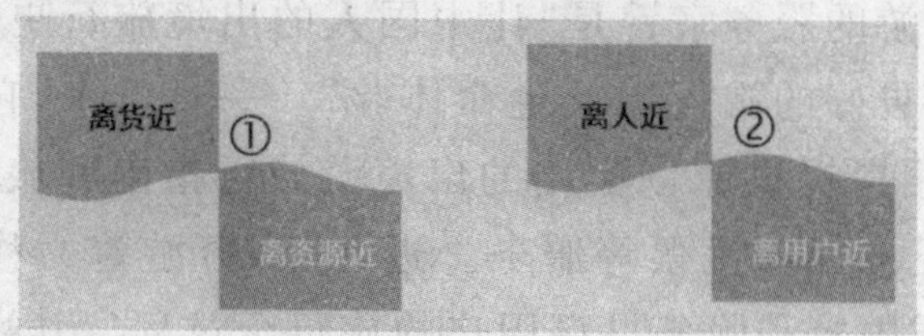

图 8-4　旅游社群的走向

对于旅游社群来说，一定要确定好社群的走向，不然即使产品再好也难以吸引忠实的用户，这就会影响一定红利的获得。蚂蜂窝自由行社群的营销与运营我们可以从图 8-5 中更为清楚地了解到。

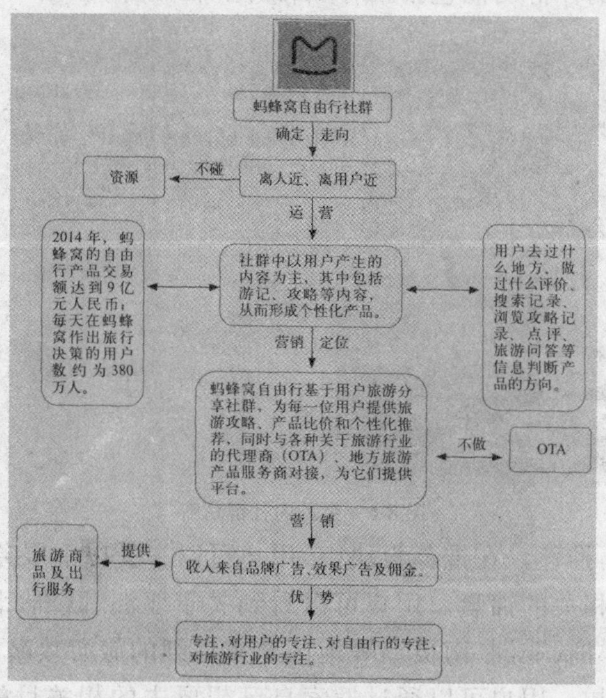

图 8-5　蚂蚁窝的社群运营

三、穷游

（一）企业概况

穷游网是 2004 年在欧洲成立的，它是国内目前最大的出境游社区。穷游的服务宗旨是“让中国人的出境旅行更加容易,帮助大家获得更好的旅行以及生命体验”。一直以来,它都秉持这一宗旨,为用户提供原创实用的出境游旅行指南和旅游攻略,并提供如签证、保险、机票等服务。近几年,穷游着力移动端穷游App,以优质内容和服务贯穿用户的旅行全过程。其社区用户已达4000万,移动端已达3000多万。

(二)社群功能

穷游的社群功能包括推荐、目的地、社区等,如图8-6所示。

图8-6　穷游的社群功能

第一,推荐。在推荐板块中,用户可以享受以下服务。

查看相关的锦囊。用户可以看到关于亚洲、欧洲、北美洲、南美洲、大洋洲、非洲、南极洲等地区非常详细的旅游攻略。

抢折扣。用户可以通过搜索自己想要去的相关目的地,查看相关目的地有关的折扣信息,从而节约一定的成本。

预订酒店。用户可以选择目的地社群酒店的入住日期与离开日期来查找合适的酒店。

旅途中,用户可以进行GPS定位或自己输入旅游所在地,进入那个地方的模块,可以找到攻略、景点、美食、购物与活动,并且还能进入该地的聊天室,让用户在旅游的地方,找到朋友,可以相约结伴。

第二,目的地。向用户提供关于亚洲、大洋洲、南极洲、欧洲、非洲、南美洲、北美洲中的热门城市。

第三，社区。用户可以选择自己感兴趣的主题，进行与其他用户之间的交互，并且还可以向其他旅游达人提问，寻找结伴旅游的同伴。

（三）案例分析

对于旅游社群来说，搭建一个用户与用户之间相互联系的平台，比企业单纯提供攻略，要受欢迎得多，用户所希望的是：在找旅游攻略的过程中，能与其他用户进行交流，甚至找到一起去旅游的伙伴。

下面就来分析穷游社群的运营方法，如图 8-7 所示。

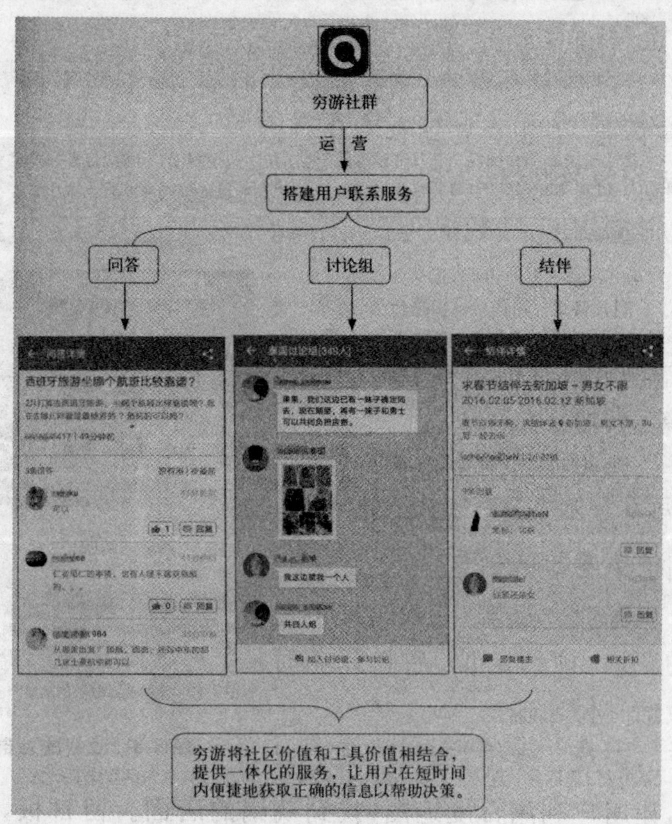

图 8-7　穷游的社群运营

第二节 快消行业社群营销案例分析

一、戏锅

(一)企业概况

戏锅,2015 年创立,专注于小火锅,源于一群人对生活与理想的倾心投入,坚定只走年轻时尚化路线。戏锅建立之初,内测了八个月,汇聚四面八方的建议,对菜品进行了一次又一次的调整,终于做到了自己满意为止,也正是这份执着让其真正形成了自己的“锅友会”社群。

“戏”意蕴传承与尊重,寓意玩味与时尚,融汇当下消费理念,提升用餐体验,引领全新饮食文化;“锅”是指一锅相容的载量,不限形式,不拘烦琐,就这样造就出了“戏锅”。

(二)社群功能

戏锅的社群功能包括“看戏”“有戏”“调戏”等,如图 8-8 所示。

图 8-8 戏锅的社群功能

第一,看戏。当用户点击“看戏”,即可以了解其品牌的缘起、新品推荐、餐厅环境、超值午餐等的信息。

第二,有戏。点击“有戏”,即可免费 WIFI 的获取、预约定位、品牌开业时的现场、微信支付通道。

第三,调戏。点击“调戏”,既可以一键导航,让用户利用百度地图,找到戏锅的店面。留言板,用户可以将自己想说的话、对戏锅的建议、对戏锅的疑问、对戏锅的反馈,全部写在留言板中,戏锅会一一回复,用户也可以回答留言板上的问题；戏锅还在微信公众号上发布了招聘信息；戏锅还提供了休闲小游戏，来提高用户的体验，主要用途是在用户进行等位时，提供游戏服务。

(三)案例分析

对于刚起步的餐饮社群来说，用活动来预热品牌，是一个不错的做法，这样能让用户把活动中的极致体验，衍生到品牌中，提高品牌的知名度，加强用户与品牌的黏性。在这种情况下所得到的社群用户，必然是“铁杆”。

对于餐饮社群来说，用户具有善变、不确定性等特点，因此，餐饮社群需要让用户找他们的同类，让他们觉得在社群具有“有趣、有料、有玩”的感受，这样才能让用户变为忠实者。

戏锅的社群营销与运作如图 8-9 所示。

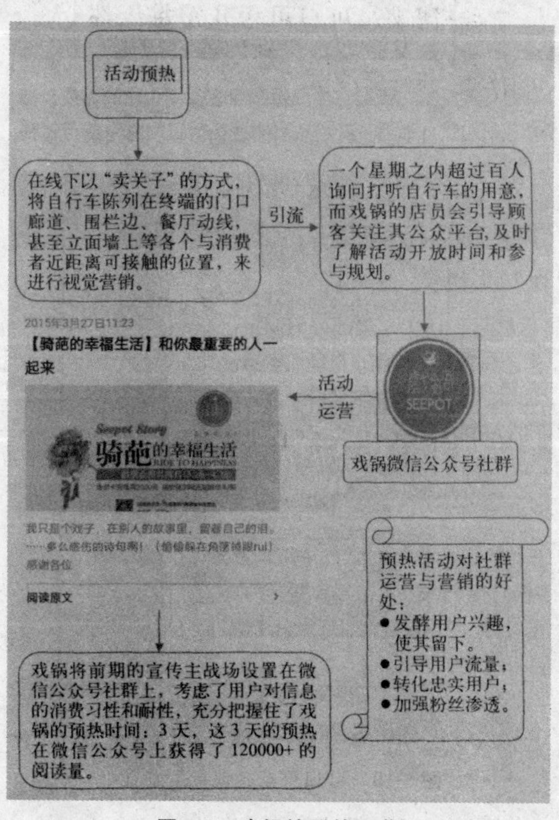

图 8-9　戏锅社群的运营

二、可口可乐

(一)企业概况

可口可乐起源于1886年美国佐治亚州亚特兰大城一家药品店。1892年,艾萨·凯德勒设立可口可乐公司,总部位于美国亚特兰大。全球每天有17亿人次的消费者在畅饮可口可乐公司的产品,大约每秒钟售出19400瓶饮料。

(二)社群功能

可口可乐微博社群的功能如图8-10所示。

图8-10　可口可乐微博社群功能

第一，客服：用户可以点击“客服”，直接与可口可乐对话，可以反馈信息、提出建议、单纯聊天等。

第二，他的热门：用户可以快速知道自己所喜欢的企业，发生的备受欢迎的活动内容及热门话题。

（三）案例分析

对于餐饮社群来说，内容其实是很重要的一部分。不过很多餐饮企业认为社群中的内容，无非就是企业活动、产品信息等甚至于企业或产品的内容，其实不然，企业需要确定自己的目标人群，根据目标人群喜欢的内容来进行借势投放。

可口可乐看中了微博的平台，分析出在微博上，以粉丝为人群划分的情况比较明显，由此，可口可乐就经常以明星为主，设计出与明星挂钩的、关乎可口可乐的广告，如图 8-11 所示。

图 8-11　明星广告

下面就来进一步分析可口可乐在微博上所做的社群营销，如图 8-12 所示。

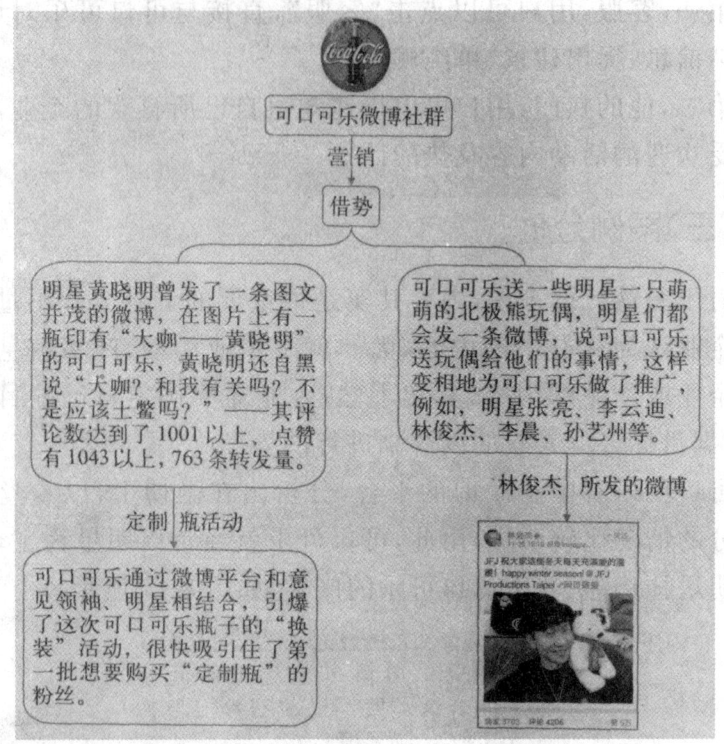

图 8-12 可口可乐的社群运营

三、海底捞

(一)企业概况

海底捞成立于 1994 年,是一家以经营川味火锅为主、融汇各地火锅特色为一体的大型跨省直营餐饮品牌火锅店,全称是四川海底捞餐饮股份有限公司。海底捞是较早试水 O2O 营销的餐饮连锁服务企业之一,凭借在微博、点评网等互联网平台的口碑,海底捞迅速聚集起了大量忠实粉丝。

(二)社群功能

随着社群时代的来临,海底捞看中了微信的市场,于是将社群放到微信中,进行比较有效果的微信社群营销。

在做微信社群营销之后，海底捞更是把极致服务从线下提升到了移动端线上平台，微信公众号粉丝数更是每日增长 4000 多人。

海底捞微信公众号社群的功能如图 8-13 所示。

图 8-13　海底捞的社群功能

第一，点餐。用户点击“点餐”，即可选择在线订餐、在线排号、订外卖、进入在线商城、在线查看菜单。

第二，我的。用户点击“我的”，可以获取到海底捞微信公众号的客服中心，用户可以回应相应的数字，即可获得用户需要的服务，即回复数字 1，用户可以进行意见反馈；回复数字 2，用户可以进行订单的查询；回复数字 3，用户即可获取人工客服服务。

除此之外，用户还能跳转到个人中心，可以看到会员须知、订单信息、进行会员牌号、优惠券的查询、查看积分、联系海底捞、查看自己的朋友、自己所发的说说等信息。

第三，发现。用户点击“发现”，即可选择 HI 门店，即显示用户所在地区的海底捞店面地址、HI 地盘(即用户的话题广场，提供用户交互的地方);HI 游戏,即用户可以在里面玩一下小游戏;HI 应用,即里面包含了几个维护用户体验的小应用,如 HI 愿望,用户能扔 HI 币许愿,也能捞币帮助其他人实现愿望,积极参与,将会在许愿池中捞到奖品;摇摇乐能提供用户玩真心话大冒险的游戏;美图打印,用户可以凭借消费码免费打印照片、HI 农场、DIY 印象等更多功能。

(三)案例分析

人们对于餐饮社群的要求其实是非常高的。毕竟生活水平在提高,用户对餐饮的要求也随之上升。因此,用户除了希望食物好吃,还希望能获取不一样的用户体验,这样才能将用户留在餐饮社群中。

下面就来分析海底捞微信公众号运用了怎样的创新来活跃社群,从而进行社群的营销与运营,如图 8-14 所示。

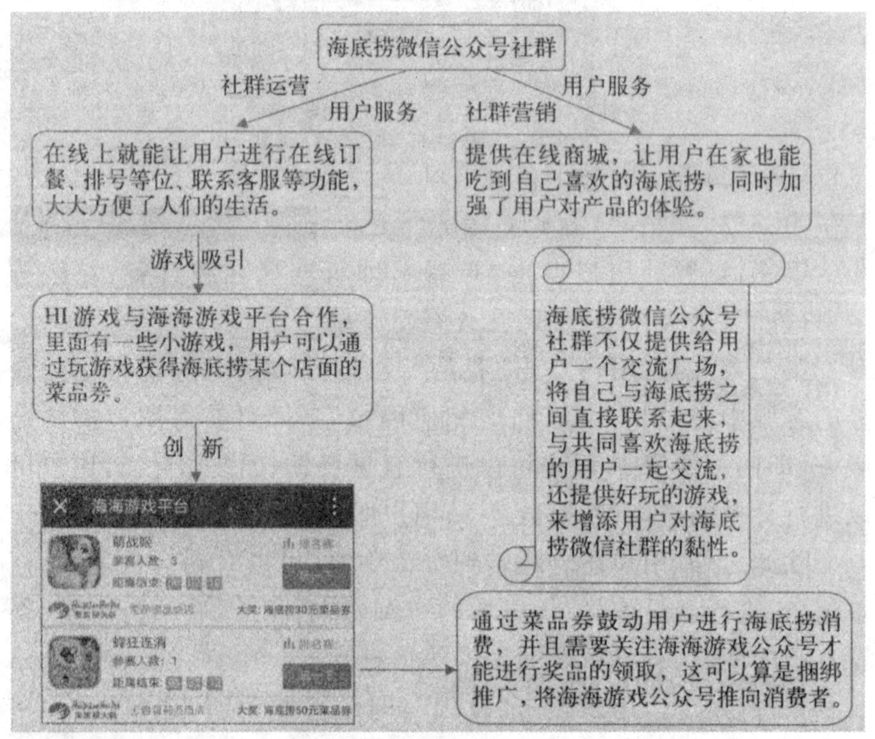

图 8-14 海底捞的社群运营

第三节　游戏行业社群营销案例分析

一、王者荣耀掌游宝

（一）企业概况

王者荣耀掌游宝是专为王者荣耀游戏打造的一个游戏攻略资讯平台，只为给王者联盟玩家们打造一个清新有爱，群魔乱舞的王者荣耀游戏社群。在这里用户可以自由发言、自由提问，分享游戏心得，提供游戏攻略，从而更好地调动用户在社群中的激情。

（二）社群功能

王者荣耀掌游宝的社群功能包括推荐、发现、广场、消息等，如图 8-15 所示。

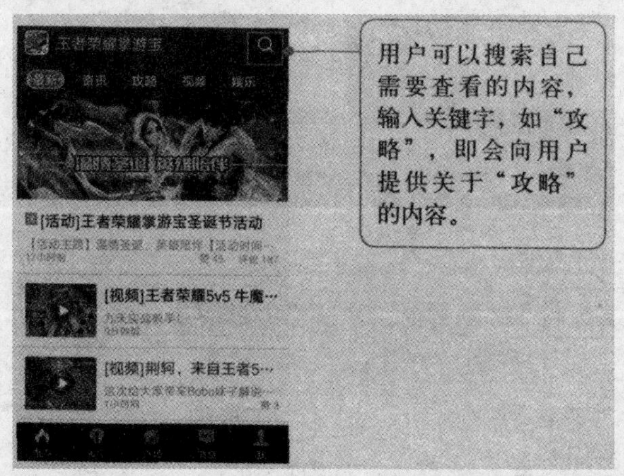

图 8-15　王者荣耀掌游宝的社群功能

第一，推荐。提供关于王者荣耀游戏的最新资讯、活动、攻略、视频，以及娱乐方面的内容。

第二，发现。向用户提供游戏中英雄的基本介绍、技能、装备、技巧、攻略，以及装备的用法等。

第三,广场。用户可以参与话题讨论、发布动态、结交好友。

第四,消息。用户可以在此畅所欲言,与其他用户交流心得。

第五,我。在此可以登录账号,然后绑定游戏名称,绑定成功后点击名称即可查看近期战绩。

(三)案例分析

在以攻略为主的游戏社群中,一定要及时更新内容,这样才能实时满足用户的需求,并且攻略不要一次性放送出来,可以将攻略分成比较多的层次,这样在一定程度上,能保持住社群中的活跃度,如图 8-16 所示。

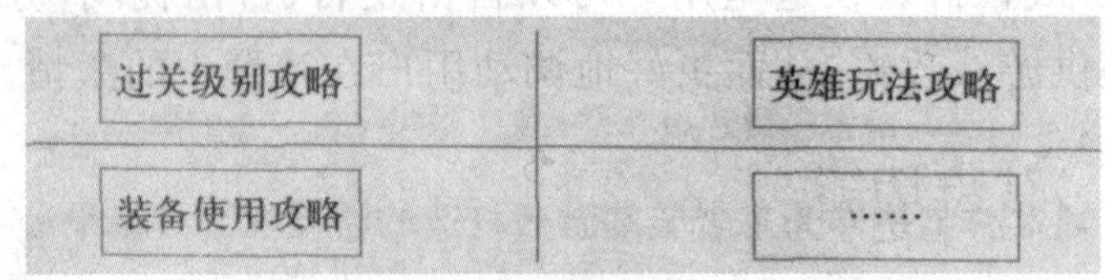

图 8-16 游戏攻略类别

下面就来分析王者荣耀掌游宝的社群的运营方法,如图 8-17 所示。

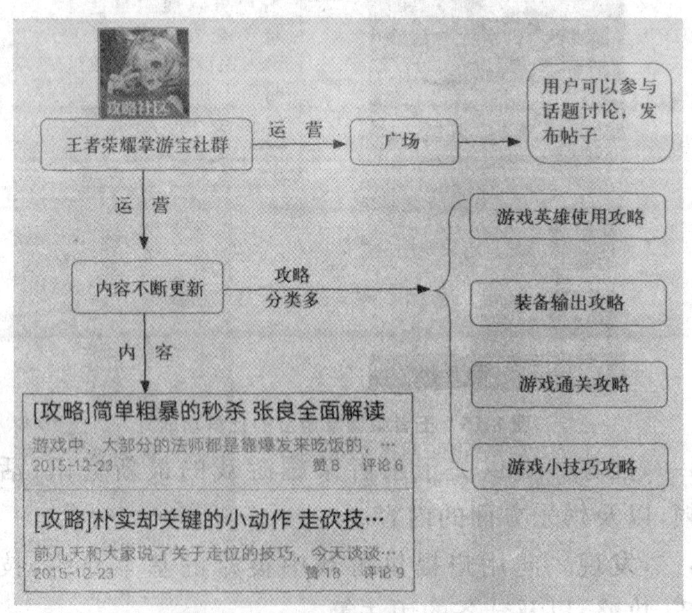

图 8-17 王者荣耀掌游宝的社群运营

二、多玩游戏

（一）企业概况

多玩游戏以最专业的游戏新闻中心，最具特色的 YY 语音社区，最强大的游戏论坛为重要组成部分，为玩家提供资讯娱乐全方位体验，迄今已建立了超过 200 个网游专区，涵盖了目前国内几乎所有网游，已成为游戏玩家首要选择的游戏资讯专业门户之一。

（二）社群功能

多玩游戏的社群功能包括专区、新闻、图库、视频等，如图 8-18 所示。

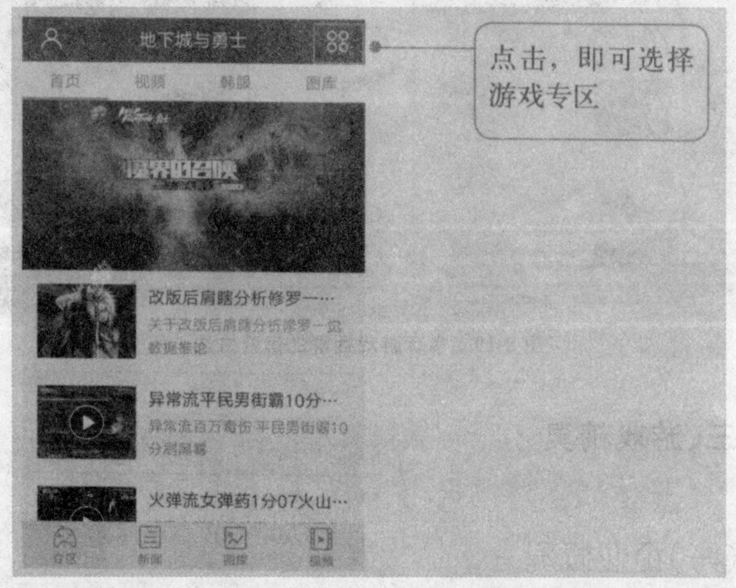

图 8-18　多玩游戏社群的功能

第一，专区。不同的游戏专区展现的内容不一样，一般都会放置游戏的资讯、攻略等。

第二,新闻。提供新鲜全面的游戏花边新闻。

第三,图库。向用户提供关于游戏、日常的搞笑图片。

第四,视频。用户可订阅主播,查看他们玩游戏的视频。

(三)案例分析

多玩游戏的社群运行方法如图 8-19 所示。

图 8-19　多玩游戏社群的运营方法

三、游戏精灵

(一)企业概况

游戏精灵是为重度手游玩家打造的服务社群,它集合了热门的手游攻略、评测、礼包等,为玩家搭建经验交流平台,使玩家更快地选定自己喜欢的游戏、更容易理解游戏玩法。

（二）社群功能

游戏精灵的社群功能包括礼包、游戏、“我的”等，如图 8-20 所示。

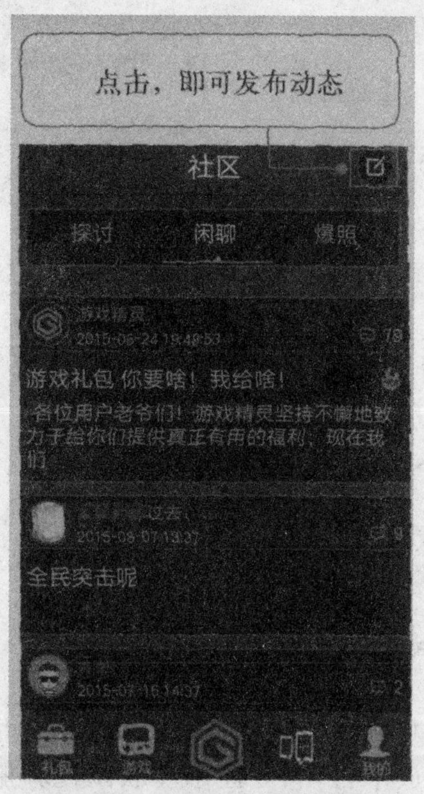

图 8-20　游戏精灵的社群功能

第一，礼包。礼包里面有着丰富的手游道具等，可以满足不同用户的不同需求。

第二，游戏。在游戏里用户可以进行的操作有多种，如查看游戏的评测文章、攻略等，此外，用户与用户之间还可以进行直接的交流。

（三）案例分析

对于一些用户来说，之所以会一直留在一个社群中的原因之一,就是这个社群能给用户好处,因此游戏社群就需要想办法给用户想要的好处。下面就进一步分析游戏精灵社群的营销与运营,如图 8-21 所示。

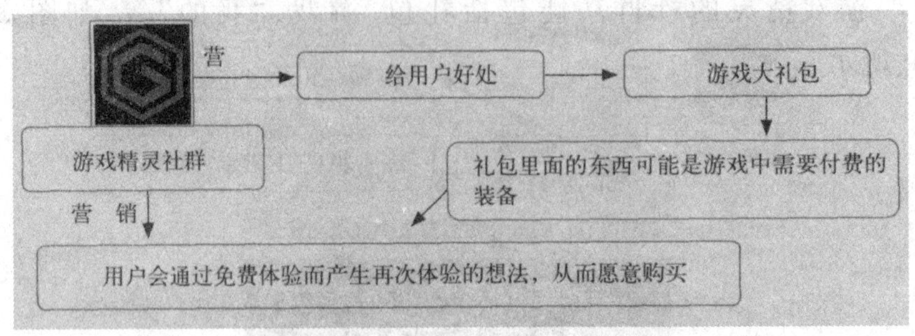

图 8-21 游戏精灵的运营

第四节 影视行业社群营销案例分析

一、暴风影音

(一)企业概况

暴风影音由北京暴风科技股份有限公司推出,它是中国最大的互联网视频播放平台,它专注于互联网视频服务,曾获得多项荣誉,如 IT 世界历年“年度装机必备软件”等。

(二)社群功能

暴风影音社群的功能如图 8-22 所示。

图 8-22　暴风影音的社群功能

第一，推荐。推荐电视剧、电影动漫、综艺、美剧、韩剧、咨询、娱乐、搞笑等一些精选视频给用户。

第二，频道。提供不同的影视频道，例如，电视剧、电影、动漫、综艺、VIP 专区、吐槽专区、微电影、音乐、左眼影院、3D 影院、精选专题、体育、纪录片、公开课、古装剧、亲子少儿、美剧迷、韩剧控等。

第三，短视频。提供一些关于娱乐、资讯、搞笑、科技的短视频。

第四，发现。用户可以用积分在积分商城中兑换商品；还推出“0 元商品任你选”的优惠活动；提供购物频道；可以实现不用数据线就能进行电脑与手机之间的视频上传功能；提供省流量模式；提供在同一个 WiFi 下进行设备共享。

第五，我的。用户可以进行“今日签到”，从而获得积分；用户还可查看自己的积分、播放历史、收藏、本地缓存；还会根据用户的搜索记录推荐影片；进入 VIP 端口；进入暴风论坛，从而实现用户与用户之间的交互；提供用户反馈信息的平台等功能。

(三)案例分析

一般来说,影音行业社群的营销模式,基本上都会从“会员”着手,让社群有一个等级分明的状态,这样才能让社群进一步找到忠实用户。

而“会员”制度,不管对于哪种行业来说,都是非常好的营销方式,它既能让企业收取到利润,又能让用户产生差别对待及不平等心理,从而更加促进用户进入会员的行列。

下面就来分析暴风影音社群的营销与运营,如图 8-23 所示。

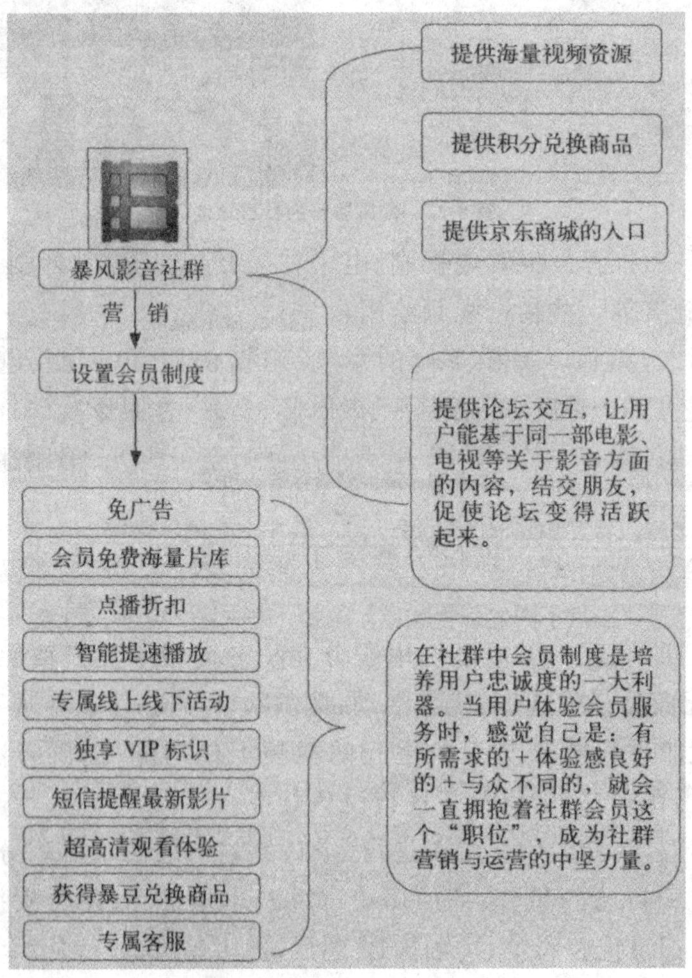

图 8-23 暴风影音社群的运营

二、虎牙直播

(一)企业概况

2014年11月24日,YY直播正式更名为虎牙直播。更名后虎牙直播转向Web端和移动端发展,以游戏直播为主。

(二)社群功能

虎牙直播的社群功能包括直播、娱乐、发现、我的等。

第一,直播。在“直播”板块上,用户可以看到关于英雄联盟、穿越火线、地下城与勇士、魔兽DOT、侠盗猎车手5等游戏直播视频。

第二,娱乐。提供一些真人秀的视频,例如,御宅、秀场、一起看等板块。

第三,发现。在“发现”板块中,会提供粉丝圈,让用户可以查看一些主播的动态以及自己也能发布动态。

第四,我的。用户可以查看自己的订阅板块、用户的观看记录、自己开播的视频、提供扫一扫让用户专注主播以及参与主播所举办的活动。

(三)案例分析

随着影视行业的快速发展,各大影视企业都纷纷想出新招,让用户对影视业保持新鲜度,于是出现了弹幕,慢慢地弹幕交友成为人们看视频时的必备良药。

下面就来分析虎牙直播社群的营销与运营,如图8-24所示。

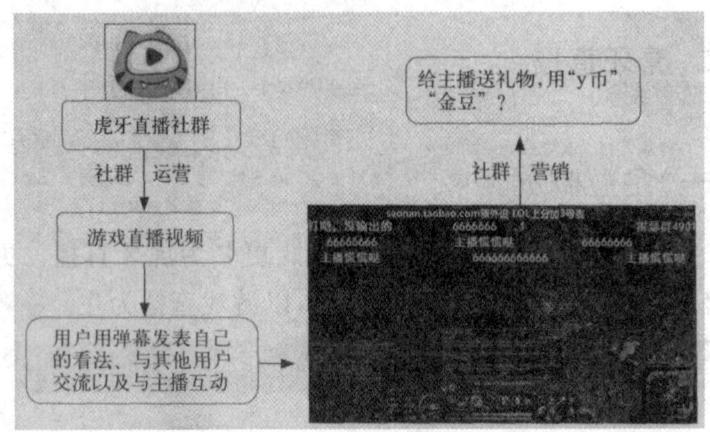

图 8-24　虎牙直播社群营销与运营

虎牙直播社群除了用视频弹幕做运营之外,还提供了粉丝圈,让用户随时随地看到自己喜欢的主播、自己关注的主播所发布的状态,并与之进行交互,用户自己也能发布动态,分享在游戏方面的见解,如图 8-25 所示。

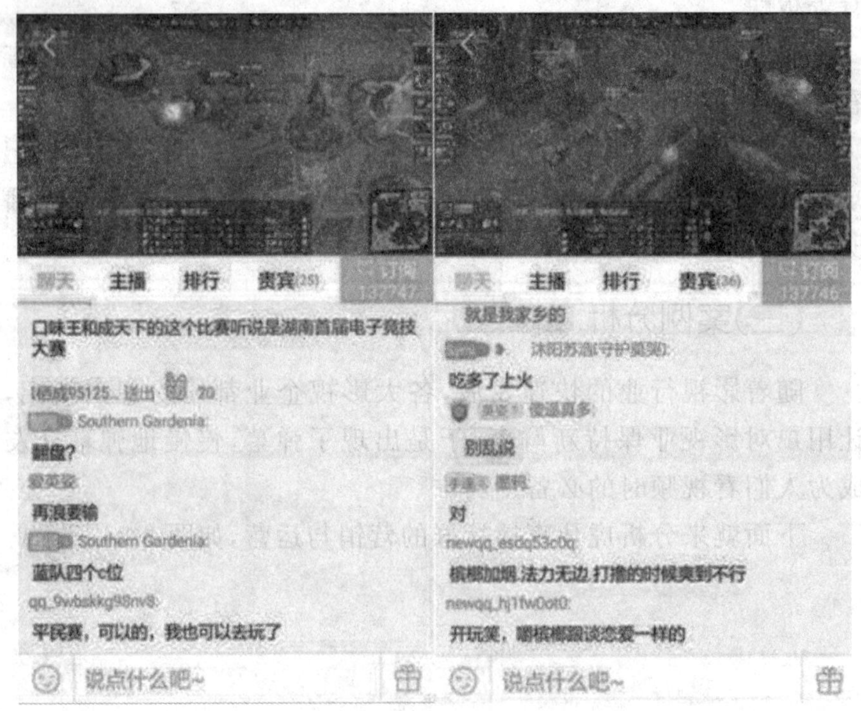

图 8-25　虎牙直播粉丝圈的运营方法

三、美拍

(一)企业概况

美拍是一款可以直播、制作小视频的软件。它颠覆了传统视频的玩法,让普通视频一秒可以变成震撼的大片。它由美图秀秀打造,用户也大多以年轻人为主。

(二)社群功能

美拍的社群功能包括美拍、我的关注、发现、“我”。

第一,美拍。美拍可以向用户提供热门、搞笑、美妆时尚、美食、音乐、舞蹈、宝宝、明星名人、女神、旅行、涨姿势、男神、萌宠乐园、二次元的美拍频道。

第二,我的关注。在我的关注中,用户可以找到自己之前关注的用户以及视频,让用户快速找到自己喜欢的内容。

第三,发现。发现中有着新鲜、热门的话题,在这里,用户看到自己感兴趣的话题可以参与,甚至还可以得到一份小奖品,因为在这里有一些话题是有奖品奖励的。在发现中,还提供最近美拍视频的排行榜,附近的美拍,新人报到,活动精选,向用户推荐可能想关注的人。

第四,我。用户可以查看自己所发布的美拍视频、自己的粉丝数量、关注的数量、草稿箱,找好友等。

(三)案例分析

对影视社群来说,能让用户玩起来,就是成功的,只有让用户在社群中拥有愉快的心情,才能让用户愿意留在社群中。

美拍社群的运营如图 8-26 所示。

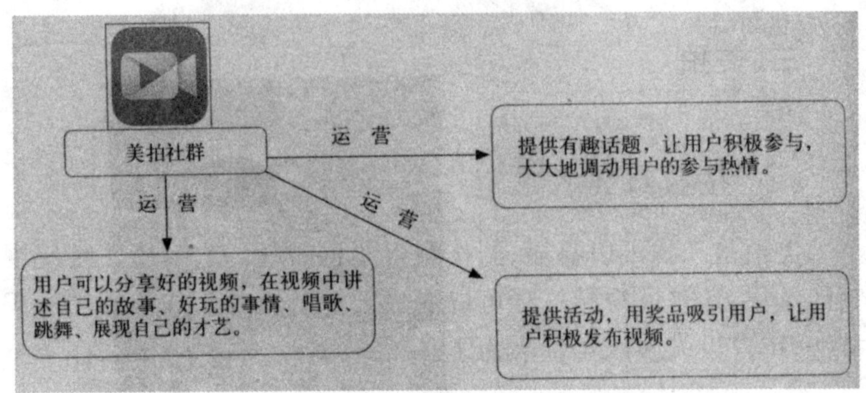

图 8-26 美拍社群的运营

第五节 教育行业社群营销案例分析

一、英语流利说

(一)企业概况

英语流利说是一款既好玩又有效的英语口语学习应用软件，它可让用户“忍不住开口说英语”，帮用户真正摆脱“哑巴英语”的尴尬。

从 2017 年 7 月 10 日开始，英语流利说在各大地铁站开始吸引大家的眼球，在地铁站经过的时候，总能看到它的海报。

(二)社群功能

英语流利说的社群功能包括流利吧、学习、发现等。

第一，流利吧。在流利吧中用户可以选择自己感兴趣的圈子，当加入这个圈子后，就可查看圈子中有意思的帖子或者是自己发布的相关内容的帖子。

第二，学习。在学习中采用的是过关的形式，这样更利于激发用户的学习热情来学习知识。

第三，发现。发现中包含有很多有意思的兴趣小组，用户可以针对自己的情况，依据自己感兴趣的相关内容加入或创建自己的小组，在小组中与志同道合的其他用户来共同学习、交流或参与兴趣话题讨论等。

（三）案例分析

英语流利说的运营如图 8-27 所示。

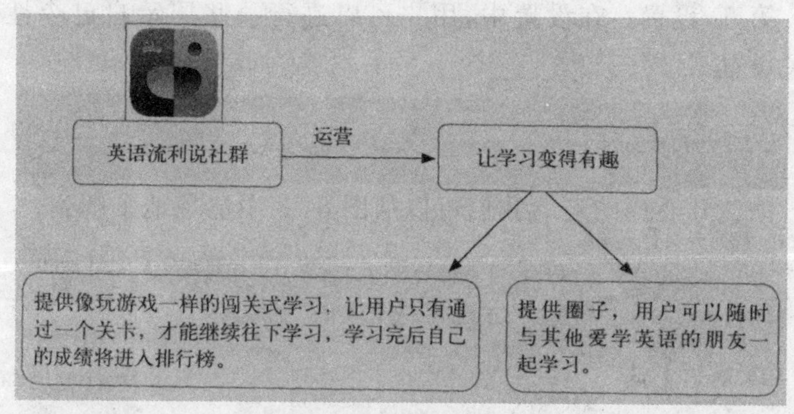

图 8-27　英语流利说的运营

二、沪江开心词

（一）企业概况

沪江开心词是由互联网教育平台沪江精心打造的一款多种语种背词应用软件，该软件的主题风格是游戏风，类似于一些闯关游戏。用户可以进行游戏化背词体验，与好友 PK 学习，一起出现在用户排行榜中，这样可以更好地激励用户的学习热情。

（二）社群功能

沪江开心词的社群功能包括 PK 竞技场、排行榜、生词体、社团、设置等。

第一,PK 竞技场。在 PK 竞技场中用户可以随机找对手,也可以与自己好友进行 PK。

第二,排行榜。在排行榜中用户可以查看与好友的排名状况。

第三,生词本。在生词体中用户可以随时查看相关词汇的信息。

第四,社团。在社团中,用户可以选择自己感兴趣的小组,进行一系列有意义的活动,如组队学习、发布相关兴趣的帖子等。

第五,设置。在设置中,用户可以进行一些展示自己个性的相关设置。

(三)案例分析

沪江开心词的运营我们可以从图 8-28 中清楚地了解到。

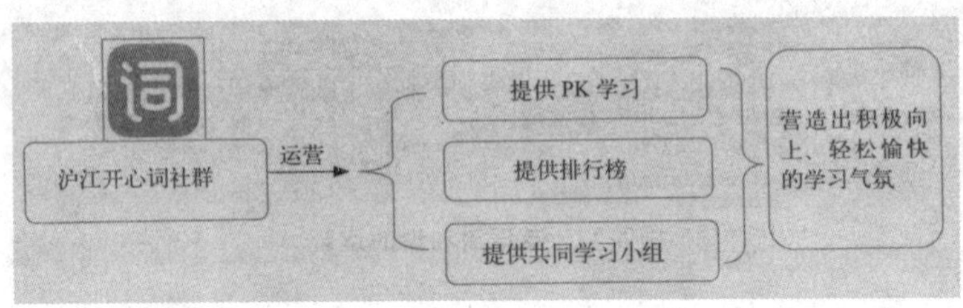

图 8-28　沪江开心词的运营

三、跟谁学

(一)企业概况

跟谁学是 2014 年 6 月由互联网公司的顶尖人才组建的一家专注于学习服务的创新科技企业,它跟踪每一位学员的个性化需求及偏好,利用海量数据挖掘技术进行精准匹配,帮助学员找到最合适的老师,帮助老师最大化地体现自身价值,致力于打造成一个每个人都乐用的学习服务平台。

(二)社群功能

跟谁学的社群功能包括首页、分类、社区、发现等。

第一,首页。在首页中,可以增加用户的兴趣,推荐课程。用户可以观看自己感兴趣的直播课。向用户提供附近的老师、课程、教育机构等。

第二,分类。在分类中,艺术、幼小、初中、高中、职高等相关课程等都可找到。

第三,社区。社区多种多样,在社区中用户可以进入自己感兴趣的话题小组,参与话题讨论。

第四,发现。在发现中用户可以进行签到、扫描二维码等。

(三)案例分析

跟谁学社群的运营我们可以从图 8-29 中清楚地了解到。

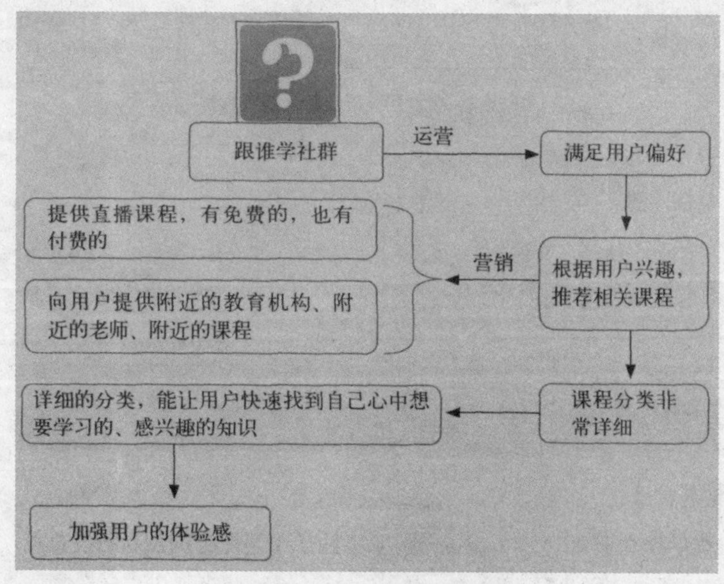

图 8-29 跟谁学社群的运营

本章小结

本章是对社群案例的分析,主要从五个行业的不同角度展开,精选五个行业社群营销做得相对成功的企业或平台举例说明。旅游行业社群营销以途牛旅游、蚂蚁窝自由行、穷游为主,分别从其企业概况、社群功能、案例分析进行了探讨。依此例,又分别对快消行业、游戏行业、影视行业、教育行业展开了研究。快消行业研究了戏锅、可口可乐、海底捞的案例。影视行业研究了暴风影音、虎牙直播、美拍的案例。教育行业着重对英语流利说、沪江开心词、跟谁学的案例给予了重点研究。

参考文献

[1]秋叶，邻三月，秦阳.社群营销实战手册从社群运营到社群经济[M].北京：人民邮电出版社，2018.

[2]秦阳，秋叶.社群营销方法、技巧与实践[M].北京：机械工业出版社，2018.

[3]陈刚，王雅娟.超越营销微博的数字商业逻辑[M].中国出版集团，2017.

[4]龚铂洋.左手微博右手微信 2.0 新媒体营销的正确姿势[M].北京：电子工业出版社，2017.

[5]张兵.社群营销兵法让社群成为你的印钞机[M].广州：广东经济出版社，2017.

[6]何志康.移动社群营销实战法则、技巧与经典案例[M].北京：人民邮电出版社，2017.

[7]武永梅.社群营销[M].天津：天津科学技术出版社，2017.

[8]陈晓暾，史超超.社群营销：强关系下的粉丝经济[M].北京：清华大学出版社，2017.

[9]马国良.玩法变了：淘宝卖家社群营销实战[M].北京：电子工业出版社，2017.

[10]向世康.移动社群电商[M].北京：北京联合出版公司，2017.

[11]秦阳，秋叶.微信营销与运营[M].北京：人民邮电出版社，2017.

[12]李一环.早该这样运营公众号:传统企业微信公众号的运营与营销[M].北京:北京联合出版社公司,2017.

[13]靳晋.QQ营销:矩阵营销、内容营销与社群化网络营销推广策略与案例[M].北京:电子工业出版社,2017.

[14]夏雪峰.全网营销:网络营销推广布局[M].北京:电子工业出版社,2017.

[15]中国愚人.赢在运营[M].北京:电子工业出版社,2017.

[16]销售与市场杂志社.粉丝营销社群时代营销新玩法[M].北京:机械工业出版社,2016.

[17]谭贤.社群经济社区O2O重构商业模式与营销实战[M].北京:中国铁道出版社,2016.

[18]刘福友.微商涨粉85招玩转微信社群和粉丝营销[M].北京:文化发展出版社,2016.

[19]朱安全,周德文.社群经济学:赢得粉丝的商业运营法则[M].北京:人民邮电出版社,2016.

[20]李世化.社群营销(引爆粉丝经济)[M].北京:中国商业出版社,2016.

[21]秋叶,萧秋水,刘勇.微博营销与运营[M].北京:中国工信出版集团,2016.

[22]江礼坤.网络营销推广实战宝典(第2版)[M].北京:电子工业出版社,2016.

[23]秦绪文.社群营销这样玩最赚钱运营推广商业模式盈利技巧[M].北京:人民邮电出版社,2016.

[24]鞠凌云.社群营销[M].北京:中国工信出版集团,2016.

[25]海天电商金融研究中心.社群分析与营销完全攻略[M].北京:清华大学出版社,2016.

[26]戴赛鹰.引爆新媒体企业社群运营模式[M].广州:广东经济出版社,2016.

[27]玄浩,申东山.云社群时代用数据引爆粉丝红利[M].北京:中国经济出版社,2016.

[28]刘华鹏.互联网+营销移动互联网时代的营销新玩法[M].北京:中国经济出版社,2016.

[29]卢彦,纳兰.社群+互联网+企业行动路线图[M].北京:机械工业出版社,2016.

[30]恒盛杰资讯.微信营销数据化精准运营[M].北京:文化发展出版社,2016.

[31]刘美鸽,郭利.微信营销理论与实务[M].西安:西北大学出版社,2015.

[32]郭春光.微信公众号运营与推广一册通:流程+技巧+案例[M].北京:人民邮电出版社,2015.

[33]林洁,胡粤川."微"金时代解密微信营销[M].北京:中国水利水电出版社,2015.

[34]李锋,葛静.社群营销:终端一公里的战争[M].北京:中国财富出版社,2014.

[35]卢九评.微信营销技巧及案例[M].上海:文汇出版社,2014.

[36]张誉琼,申思维.微信营销全案[M].北京:知识产权出版社,2014.

[37]武彬.微信营销[M].武汉:武汉大学出版社,2013.

[38]李舒格,王一鸣,袁小群.自媒体时代图书社群营销的发展逻辑及策略[J].编辑之友,2017(5).

[39]陶勇,刘娟.SCRM 新模式的特点与应用[J].商场现代化,2017(4).

[40]贾银峰.图书产品社群运营误区探究[J].出版广角,2016(23).

[41]王凯.基于网站小众聚合功能的网络社群营销——以豆瓣网为例[J].新闻研究导刊,2016(13).

[42]董玲.编辑的新身份——社群运营者[J].科技与出版,2015(11).

[43]骆瑞姣.社交媒体的营销策略研究——以豆瓣网为例

[J].新媒体与社会,2015(1).

[44]肖润松.新媒体时代的微信营销策略研究[J].商业时代.2014(23).